DUMONT
RICHTIG WANDERN

Elsaß

Ruth Mariotte

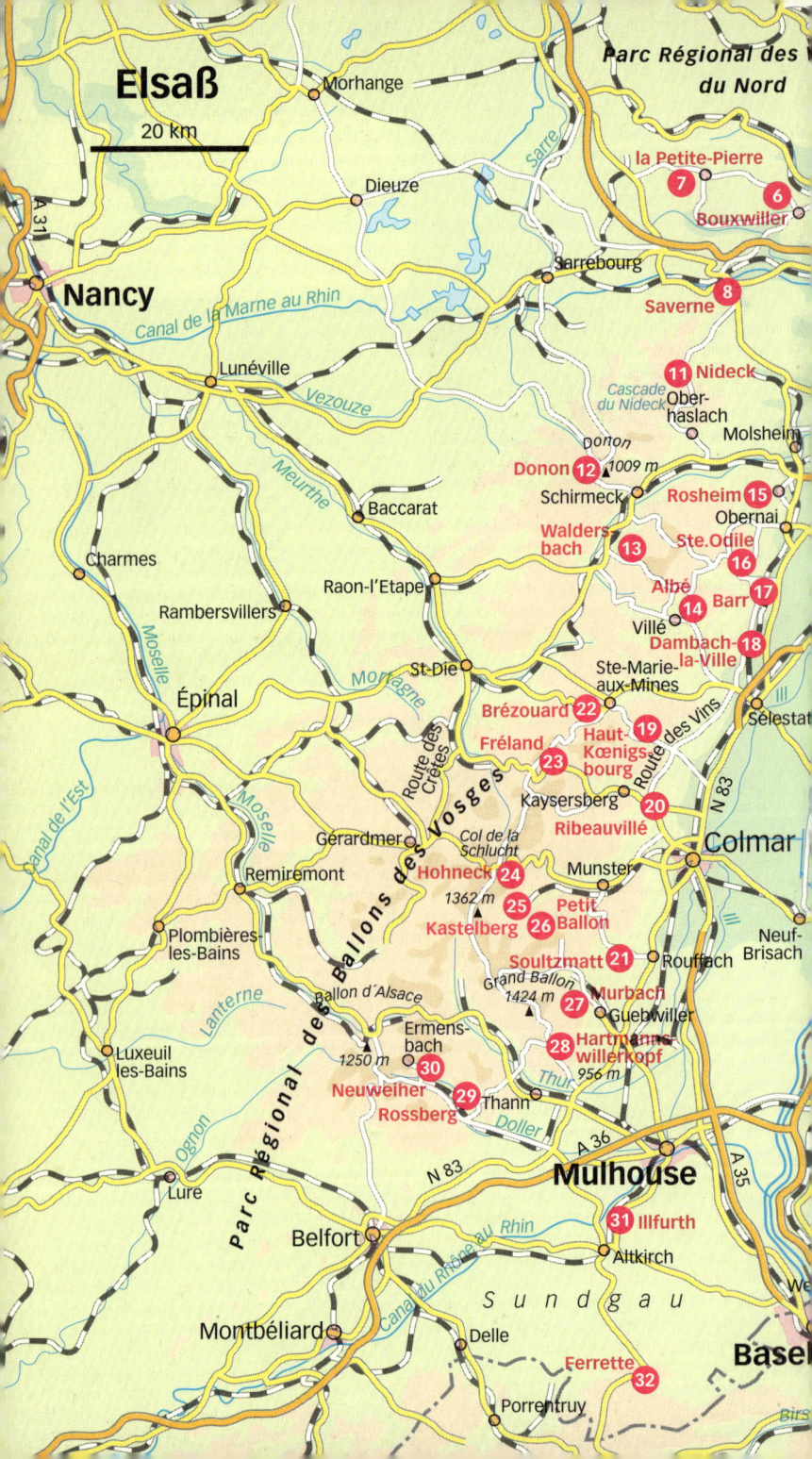

Titelbild: Weissbachtal bei Orbey
Titelvignette oben: Küchenschelle
Titelvignette links: Wirtshausschild in
Colmar
Titelvignette Mitte: Fachwerk in Colmar
Titelvignette rechts: Störche im Eco-
musée d'Alsace, Ungersheim

Über die Autorin: Ruth Mariotte-Löber,
1941 in Köln geboren, studierte in Freiburg Geschichte und Romanistik.
Die promovierte Historikerin lebt in
Straßburg.

Die Deutsche Bibliothek-
CIP-Einheitsaufnahme
Mariotte, Ruth:
Elsaß
Köln: DuMont, 1995
    [Richtig Wandern]
    ISBN 3-7701-2689-0

© 1995 DuMont Buchverlag, Köln
Alle Rechte vorbehalten
Druck und buchbinderische
Verarbeitung: Boss-Druck, Kleve

Printed in Germany ISBN 3-7701-2689-0

Inhalt

Die Wanderungen

Im Mittelelsaß – Rund um Straßburg

Im Naturpark Südvogesen

Wandern im Elsaß

Das Elsaß ist die kleinste französische Region, aber es besitzt, dank der unermüdlichen Tätigkeit des *Club Vosgien*, das dichteste Netz von Wanderwegen in ganz Frankreich. Über tausend Kilometer gut gekennzeichnete Pfade laden zur Entdeckung von Naturschönheiten und Sehenswürdigkeiten aller Art ein. Von den Gipfeln der Vogesen reicht der Blick an klaren Tagen bis zu den schneebedeckten Schweizer Alpen, auf den Hochweiden, zwischen schwarzweiß gefleckten Kühen und seltenen Gebirgsblumen, erwarten die rustikalen *Fermes Auberges* den hungrigen Wanderer, in einsamen Waldtälern verbergen sich die Spuren von Bergbau und Eisenverhüttung. Sagenumwobene keltische Denkmäler, mittelalterliche Ritterburgen, Kirchen und Klöster, geraniengeschmückte Fachwerkdörfer und Winzerstädtchen, gemütliche Weinstuben und Feinschmeckerrestaurants, aber auch Kriegerdenkmäler und Schlachtfelder – all dies und vieles mehr bietet das Elsaß dem neugierigen Wanderer.

Während die flache Rheinebene mit den Städten Straßburg und Mulhouse in der Hauptsache dem Auto und dem Fahrrad vorbehalten bleibt, sind die teils bewaldeten, teils freien Höhenzüge der Vogesen mit den davor gelagerten rebenbekränzten Vorhügeln und der ländliche Sundgau mit den Jurabergen ganz vorzügliche Wandergebiete. Hier kann der Wanderer aus der schier unübersehbaren Fülle bekannte und unbekannte Ziele wählen. Längere Spaziergänge, Halb- und Ganztagstouren, als Rundwanderungen angelegt und vielfältig variierbar, wechseln einander ab. Sie sind verbunden mit dem Besuch einer oder mehrerer Sehenswürdigkeiten, und keine Tour erfordert besondere bergsteigerische Leistungen – festes Schuhwerk und Regenkleidung genügen.

Noch ein Wort zu den Ortsnamen, die im Grenzland oft eine französische und eine deutsche Form haben: Straßburg und Strasbourg, Mülhausen und Mulhouse, Zabern und Saverne. Als Benutzer der modernen Straßen- und Wanderkarten halten wir uns ganz allgemein ans Französische, geraten im Einzelfall jedoch oft in Verlegenheit. Die vielbesungene »wunderschöne Stadt Straßburg« wird so wenig zu Strasbourg wie »das ewige Rom« zu Roma, die Bewohner von Mulhouse können wir im deutschen immer noch als Mülhausener ansprechen, und über die Benennung der zahlreichen mittelalterlichen Burgen, die in der Franzosenzeit meist schon in Schutt und Asche lagen, streiten sich die einheimischen Burgenforscher. Wasenburg oder Wasenbourg, beim Fehlen einer offiziellen Schreibweise, die es nur für die Gemeinden gibt, finden wir beides. Dieses tief eingewurzelte, manchmal verwirrende Nebeneinander beider Sprachen gehört bis heute zum Elsaß, und wir dürfen darum getrost einen gebräuchlichen deutschen Namen verwenden oder auf abweichende deutsche Namensformen hinweisen. Nicht erlauben dürfen wir uns dagegen, die Elsässer ganz einfach als Deutsche oder »Schwoben« anzusehen und anzureden. Dann könnten sie uns, mit André Weckmann, ziemlich derb antworten:

>»Was seid ihr nun? het de Schwob gefroit:
Franzosen oder Elsässer?
Elsasser, het de Elsasser xait.
Also seid ihr keine Franzosen,
het de Schwob xait un esch d deer nüsgflöjje.«

Auf dem Weg
nach Fréland: Wein-
gut in Kaysersberg

Land und Geschichte

Auf der westlichen Seite des Oberrheins, vom Städtchen Lauterbourg nördlich von Rastatt bis zum Rheinknie von Basel, entspricht die historische Landschaft Elsaß heute in etwa den französischen Departements Bas-Rhin und Haut-Rhin. Zwischen dem Rhein und den lothringischen Vogesen, dem Pfälzerwald und dem Schweizer Jura erstreckt sich ein Gebiet, knapp 200 km lang und nur 30 bis 40 km breit, das sich von Norden nach Süden in drei verschiedene Streifen gliedert: den Gebirgszug der Vogesen, das Vorhügelland und die eigentliche Rheinebene.

Vom Erdaltertum bis zur erdgeschichtlichen Gegenwart hat die geologische Entwicklung die Oberfläche des Landes in vielfältiger Weise geformt. Zusammen mit dem französischen Massif Central und dem Schwarzwald sind die Vogesen ein Teil des im Erdaltertum aufgefalteten Gebirges, dessen kristalline Gesteine später abgetragen und von mächtigen Sandsteinschichten überdeckt wurden. Als im Tertiär, beim Einbruch des Oberrheingrabens, das Land stark emporgehoben wurde, entstand nach Osten gegen die Rheinebene hin ein steiler Abfall, während das Gebirge nach Westen gegen die lothringische Hochebene in einer sanften Abdachung ausläuft.

Geologisch unterscheidet man die durch die Flußläufe in einzelne Tafeln zerlegten, nur mäßig hohen Sandsteinvogesen im Norden von den vorwiegend aus Graniten und Gneisen aufgebauten Südvogesen, die mit einer deutlichen Kamm- und Gipfelbildung bereits alpinen Charakter zeigen. Nördlich des Bruchetals, das in der Regel als die Grenze zwischen beiden Gebirgshälften angesehen wird, finden wir ausgedehnte Laub- und Nadelwälder, bizarr geformte rote Sandsteinfelsen und zahlreiche Burgruinen, die diese Felsklötze krönen. Im Süden liegen die charakteristisch abgerundeten, höchsten Gipfel des Landes, Grand Ballon 1424 m, Storkenkopf 1366 m, Hohneck 1363 m. Die langgestreckten, waldfreien Kämme (*Hautes Chaumes*) dienen der Weidewirtschaft, während am steilen Ostabfall des Gebirges schroffe Felswände über dunkle Eiszeitseen ragen.

VOGESEN

Zwei Naturparks sollen heute die Eigenart der Vogesen bewahren und die Fremden mit ihren Schönheiten bekannt machen: der *Parc Naturel Régional des Vosges du Nord* zwischen Wissembourg und Saverne und der *Parc Naturel Régional des Ballons des Vosges*, der im Süden außer dem Haut-Rhin auch die Nachbardepartements umfaßt. Hier führt, auf der Westseite des Hauptkammes, auch die bekannte *Route des Crêtes* entlang.

Noch ein Hinweis zum Verständnis für die Leser der Elsaß-Literatur. Entsprechend der Oberflächengestalt wird das Gebirge oft nicht in zwei, sondern in drei Hauptabschnitte aufgeteilt: Nordvogesen, Südvogesen und Mittelvogesen zu beiden Seiten des Bruchetals, vom Col de Saverne bis zum Val de Villé oder zum Tal von Ste-Marie-aux-Mines. In dieser Übergangszone wechseln sich Buntsandstein und Granit ab. Die meist isoliert stehenden, bewaldeten Berge – Mont Ste-Odile und Donon – sind deutlich höher als das Gebirgsplateau im Norden und niedriger als der südliche Hauptkamm, der am Brézouard endet.

VORHÜGEL

Zwischen den Vogesen und der Ebene erstreckt sich das beim Einbruch des Oberrheingrabens entstandene Vorhügelland bald als schmaler Streifen, bald als breites Bruchfeld. Seine größte Ausdehnung erreicht es im nördlichen Elsaß, wo seine sanft gewellten Höhenzüge ganz allmählich in die Rheinebene übergehen. Die fruchtbaren Lößböden des Kochersberger Plateaus im Westen von Straßburg wurden bereits in der Neusteinzeit kultiviert, und sie blieben bis ins 19. Jh. die elsässische Kornkammer.

Bekannter als das nördliche Ackerland ist jedoch der verhältnismäßig schmale Streifen der Vorhügelzone zwischen Marlenheim und Thann. Hier gedeiht, im Schutz der hohen Berge, der elsässische Wein, und hier liegen sie aufgereiht, die zahlreichen Landstädtchen und Dörfer der berühmten *Route des Vins*. Mit alten Toren und Türmen, mit Rathäusern und Kornhallen, mit Ziehbrunnen und Geranien, haben sie das traditionelle Bild vom »malerischen« Elsaß entscheidend geprägt.

Ein im Tertiär entstandenes Hügelland ist schließlich der Sundgau im äußersten Süden, der sich zwischen Jura, Vogesen und Rheinebene schiebt. Anders als im intensiv genützten nördlichen Ackerland wechseln die Felder hier mit Wiesen und Wäldern ab.

RHEINEBENE

Die dritte große elsässische Landschaft nach den Vogesen und den Vorhügeln ist die eigentliche Rheinebene, ein ca. 25 km breiter Streifen, der sich terrassenförmig am Ufer des Stroms hinzieht. Als Rhein und Ill und ihre zahlreichen Nebenflüsse während der Eiszeiten mit ihrem Geröll und ihrem Schlamm den Oberrheingraben auffüllten, entstanden ganz verschiedenartige Böden. Abwechselnd finden wir fruchtbares Ackerland (zwischen Straßburg und Sélestat wird neben Tabak und Zuckerrüben der Kohl für das berühmte elsässische Sauerkraut angebaut), wenig ertragreiche, meist bewaldete Schotterterrassen und schließlich die von sumpfigen Wiesen und Auwald eingenommenen Niederungen entlang der Flußufer, die ausgedehnten Riedlandschaften. Seit der Rheinkorrektur im 19. Jh. und dem Bau des Rhein-Seiten-Kanals sind sie immer mehr zusammengeschrumpft, und heute kämpfen die Naturschützer um ihre Erhaltung. In dieser Ebene, an der Ill, liegen auch die drei größten elsässischen Städte Strasbourg, Colmar und Mulhouse.

»Das Elsaß ist wie ein Eintopfgericht: Kelten, Franken, Römer, Alemannen, Helveter, Franzosen, Deutsche, Italiener und Juden haben ihre Spuren hinterlassen. Und doch hat diese Mischung eine stark ausgeprägte Identität. Kommt einer ohne Arroganz, ist er bei uns willkommen. Adaptiert…adoptiert!«, so der gebürtige Elsässer Tomi Ungerer in seiner jüngst erschienenen Autobiographie. Betrachten wir diesen historischen »Eintopf«, dem wir die reiche elsässische Kulturlandschaft verdanken, also etwas genauer!

Erste Spuren menschlicher Besiedlung

Früh, schon zu Beginn der Altsteinzeit (700 000 bis 600 000 v. Chr.), finden sich die ersten Spuren von Jägern und Sammlern. In der Jungsteinzeit, ab 5000 v. Chr., siedeln dann bandkeramische Ackerbauern und Viehzüchter auf den fruchtbaren Lößböden des Kochersberger Hügellands und des Sundgaus. Der Gebrauch des Eisens verleiht den keltischen Stämmen, die um 800 v. Chr. aus Zentraleuropa in das Oberrheingebiet einwandern, militärische Überlegenheit über die bodenständige Bevölkerung, und in den folgenden Jahrhunderten (Hallstatt- und La-Tène-Zeit) herrscht eine reiche, politisch mächtige Adelsschicht auf hochgelegenen befestigten Herrensitzen (Breisacher Münsterberg; Britzgyberg bei Illfurth, s. Wanderung 31) über die Menge der Bauern und Handwerker. Aus der Keltenzeit stammt auch die geheimnisvolle Heidenmauer auf dem Mont Ste-Odile (s. Wanderung 16).

Unter den Römern

Nach dem Sieg Caesars über den germanischen Heerführer Ariovist im Jahr 58 v. Chr. kommt das Elsaß für mehr als 400 Jahre unter römische Herrschaft, und im Schutz der Pax romana werden Militärlager (Castrum Argentoratum/Straßburg) und kleinere Abschnittskastelle, Fernstraßen und Raststationen angelegt (Tres Tabernae/Saverne, s. Wanderung 8). In der landwirtschaftlich ertragreichen Ebene und am Vogesenrand entstehen Badeorte (Niederbronn-les-Bains, s. Wanderung 4) und zahlreiche Gutshöfe, auf denen auch Obst und Wein angebaut wird. Die Gallier, so nennt man die keltischen Stämme im heutigen Frankreich, vermischen sich mit den römischen Soldaten und Handwerkern, und die alten druidischen Götter der Kelten bekommen römische Namen (Heiligtum auf dem Donon, s. Wanderung 12).

Teil des Frankenreichs

Als der Limes um die Mitte des 4. Jh. ins Wanken gerät, beginnen germanische Völker, besonders die Alemannen, den Rhein zu überschreiten, und nach dem Hunneneinfall von 451 und dem Verschwinden der römischen Autorität dehnen Alemannen und Franken rasch ihre Herrschaft über das ganze Land aus. Noch heute erinnern die zahlreichen Ortsnamen auf -ingen an die alemannische, die auf -heim und -hofen an die fränkische Landnahme.

Mont Sainte-Odile

Mit dem Sieg des Merowingers Chlodwig über die Alemannen im Jahr 496 wird das elsässische Gebiet Teil des mächtig aufsteigenden Frankenreichs, das in den nächsten Jahrhunderten durch Missionare für den christlichen Glauben gewonnen wird. Die Gründung der großen Klöster (Wissembourg; Hohenburg auf dem Mont Ste-Odile; Murbach, s. Wanderung 27) fällt in diese fränkische Epoche.

In der ersten Hälfte des 7. Jh. schlägt auch die »Geburtsstunde« des Elsaß als geographischer und politischer Begriff, als die fränkische Fredegarchronik den Namen »Alesacius« zum ersten Mal schriftlich erwähnt, und als sich etwa um dieselbe Zeit ein erstes elsässisches Herzogtum bildet.

Staufer und Habsburger

Beim Aussterben der ostfränkischen Karolinger kommt das Elsaß zu Beginn des 10. Jh. an den deutschen König Konrad I., und es wird dann bis in die frühe Neuzeit gemeinsam mit dem rechtsrheinischen Südwestdeutschland ein Teil des Heiligen Römischen Reiches Deutscher Nation. Zusammen mit dem Herzogtum Schwaben bildet es unter den Staufern ein Kernstück der königlichen Hausmacht: nach 1170 baut Friedrich Barbarossa die später durch Ludwig XIV. zerstörte Kaiserpfalz in Haguenau, eine der schönsten Residenzen ihrer Zeit. Es entstehen, überall im Land, die festen Burgen mit den charakteristischen Bergfrieden.

Wie das übrige Reich zerfällt das Elsaß nach dem Aussterben der Staufer in eine Vielzahl kleiner und kleinster Herrschaften, von denen einige zu beiden Seiten des Rheins liegen (z. B. die Grafschaft Hanau-Lichtenberg, s. Wanderung 6). Neben dem Adel und den geistlichen Fürsten, die ebenfalls zu Landesherren aufsteigen (Bischof von Straßburg, Abtei Murbach), stehen die aufstrebenden Städte, die sich 1354 unter der Führung von Haguenau zum Zehnstädtebund zusammenschließen. Im Schutz ihrer Mauern blühen Gelehrsamkeit und Kunst. Die elsässischen Humanisten, Reformatoren, Maler (Martin Schongauer, Matthias Grünewald, Hans Baldung Grien, s. Wanderung 31) sind über das Land hinaus bekannt. Aber Handel und Wohlstand werden wiederholt durch Seuchen, Plünderungen und Kriege gefährdet. Während des mehr als 100 Jahre währenden Krieges zwischen Frankreich und England überschreiten marodierende Söldnerbanden mehrere Male die Vogesen (1363 bis 1445), und ein Jahrhundert später erschüttert der Bauernkrieg das Elsaß und den ganzen süddeutschen Raum.

Zwischen Frankreich und Deutschland

Eine entscheidende Wende vollzieht sich am Ende des Dreißigjährigen Krieges, als das ruinierte Reich das Elsaß ab 1648 Stück für Stück an Frankreich verliert (1681 besetzt Ludwig XIV. die freie Reichsstadt Straßburg). Von nun an ist der Rhein befestigter Grenzfluß zwischen beiden Ländern, und das Elsaß wird eine französische Provinz deutscher Sprache. Eine neue reiche Doppelkultur erblüht im relativ friedlichen 18. Jh.: Zu den Fachwerkhäusern in den winkeligen Gassen der Dörfer und Städtchen kommen die französischen Louis-quinze-Fassaden der Adelspaläste. Auch an der Straßburger Universität, in der deutschen Literaturgeschichte vor allem durch Goethes Aufenthalt bekannt, begegnen sich beide Völker. Das gemeinsame Erlebnis der Französischen Revolution und der Napoleonischen Kriege verstärkt dann den Integrationsprozeß, und die Elsässer, vor den Denkmälern »ihrer« Generale (Rapp, Kléber, Desaix), sind stolz darauf, zur *Grande Nation* zu gehören.

Die Ära Napoleon beendet die territoriale Klein- und Kleinststaaterei (das Land ist jetzt in zwei Departements, Bas-Rhin und Haut-Rhin, aufgeteilt), aber sie erzeugt auch den Nationalismus, der in der zweiten Hälfte des 19. Jh. dem Elsaß zum Verhängnis wird. 1871, nach dem Sieg über Frankreich (s. Wanderung 3), wird Elsaß-Lothringen dem neu gegründeten deutschen Kaiserreich einverleibt, und 128 000 Bewohner verlassen das Land. 1918, am Ende des Ersten Weltkriegs, der besonders in den Vogesen schwere Schäden angerichtet hat (s. Wanderung 28), kommt das Elsaß wieder an die siegreiche Französische Republik, die das Land nun ihrerseits fest an Paris anbindet.

1940 bilden die Nationalsozialisten den Gau Oberrhein mit der Hauptstadt Straßburg, schicken junge Elsässer auf russische Schlachtfelder und errichten, nicht weit vom Mont Ste-Odile, das Konzentrationslager Struthof. Im Winter 1944/45, nach der deutschen Niederlage, marschieren dann wieder die Franzosen ein, und es beginnt die mit solchen Wechselfällen der Geschichte verbundene politische Säuberungswelle. Ein Elsässer, der 1870 geboren wurde, ist zu diesem Zeitpunkt viermal vom »fremden Joch« befreit worden, er hat viermal seine Nationalität und seine Sprache wechseln dürfen.

Nach den schlimmen Erfahrungen mit den Nationalsozialisten, die das Elsaß endgültig zur französischen Provinz machten, haben die deutsch-französische Aussöhnung und der Europagedanke in den letzten 50 Jahren dazu beigetragen, alte Feindbilder abzubauen.

Und noch einmal Tomi Ungerer: »Wir leben nicht mehr unter deutschen Stiefeln oder französischen Pantoffeln, sondern unter dem besternten Heiligenschein Europas. Wir Elsässer sind geborene Europäer. Der Elsässer verabscheut die Gewalt, denn wer nicht zufrieden ist, sucht den Frieden. Wir haben nie einen Krieg verloren, unsere Nachbarn oft – auf unserem Buckel.«

Auf dem Wochenmarkt in Colmar

Land der Burgen und alten Dörfern

Die Burgen

Haut-Kœnigsbourg

Zu den beliebtesten Wanderzielen im Elsaß gehören sicherlich die Burgen. Rheinaufwärts krönen sie die Höhen der Vorberge: Die Drei Exen bei Eguisheim, die Rappoltsteiner Schlösser, Haut-Kœnigsbourg, Landsberg... Im Norden schiebt sich ein ganzer Burgenkranz zwischen das Elsaß und die Pfalz: Fleckenstein, Hohenburg, Loewenstein, Wasigenstein...

Bei aller Verschiedenheit zeigt ihre Geschichte und Architektur doch viele gemeinsame Züge. Nachdem die Nachfolger der Karolinger das Burgregal (d. h. das nur dem König zustehende Recht, Burgen zu bauen) verloren hatten, begannen um 1000 n. Chr. auch im Elsaß mächtige Adelsgeschlechter mit der Errichtung befestigter Wohnsitze, die uns heute jedoch nur noch durch Urkunden oder Ausgrabungen bekannt sind. Weithin sichtbar und eindrucksvoll erheben sich dagegen die prächtigen Burgen der Stauferzeit, die im 12. und 13. Jh. an die Stelle der älteren Anlagen treten (Hoh-Eguisheim, Rappoltstein, Ferrette) oder ganz neu errichtet werden, wie z. B. Kaysersberg durch Friedrich II. Nach ihren Burgen benennen sich auch die nun immer zahlreicher werdenden einfachen Ritter aus dem Gefolge des Kaisers, der Grafen, Bischöfe und Äbte. Glanzvoller Mittelpunkt der kaiserlichen Verwaltung oder bescheidener Unterschlupf einer Familie: Als Wehrbau und Wohnsitz besteht die Burg nun allgemein aus Ringmauer und Graben, Palas (Wohnbau) und Bergfried oder Schildmauer, die im Lauf des 13. Jh. den Bergfried allmählich ablöst. Mächtige Buckelquader – große, sorgfältig behauene Quaderblöcke, deren Sichtseite durch Randschlag eine bucklige Oberfläche erhalten hat – verblenden die aus einfachen Bruchsteinen und Mörtel errichteten Mauern und geben den Ruinen noch heute ein imposantes Aussehen. Zu ihrer Zeit waren diese »charakteristischen« staufischen Buckelquader allerdings höchstwahrscheinlich von einer groben Putzschicht bedeckt, die im Fall des Angriffs eine größere Festigkeit des Baus garantieren sollte.

Im ausgehenden Mittelalter verändern neue Techniken und Lebensbedingungen notwendigerweise auch die Burg. Die größeren Anlagen (Haut-Kœnigsbourg, Haut-Barr, Landsberg) werden durch lange Zwingermauern und gewaltige Bollwerke den modernen Feuerwaffen angepaßt, viele kleinere Burgen verfallen nach dem Aussterben des Geschlechts, nicht wenige werden als Raubritternester zerstört (Loewenstein, Hagelschloss). Am Ende besiegeln der Dreißigjährige Krieg und die Feldzüge Ludwigs XIV. den

Untergang der elsässischen Burgen als Festung und Wohn-
platz. Der Adel lebt von nun an in seinen bequemeren Stadt-
höfen und -schlössern (Saverne, Ribeauvillé).

Seitdem die Romantik im 19. Jh. das Mittelalter neu entdeckte, sind die verlassenen Ruinen jedoch zu neuem Leben
erwacht. Wanderer des Vogesenclubs und Geschichtsfor-
scher steigen durch die alten Gemäuer, und die mittelalterliche Burgenarchäologie entwickelte sich in den letzten Jahrzehnten zu einer ernsthaften Wissenschaft, ganz zu schwei-
gen von der immer größer werdenden Schar von Touristen,
die vor den Toren der wiederaufgebauten Haut-Kœnigsbourg Schlange stehen. Daß man in den Burgen seinerzeit
wenig »romantisch« lebte, erfahren wir aus einem Brief des
fränkischen Ritters Ulrich von Hutten (1488–1523), der in der
Spätzeit der Burgenherrlichkeit lebte: »Ob unsere Behau-
sung auf dem Berg oder in der Ebene liegt, sie ist nie zur
Behaglichkeit, sondern nur zum Schutze erbaut, von Wall
und Graben umgeben, innen ungeräumig mit Vieh- und Pfer-
deställen zusammengedrängt, daneben finstere Schuppen
voller Kanonen, Pech und Schwefel… Reitersleute kommen
und gehn, auch Raubgesindel, Diebe und Wegelagerer, denn
gewöhnlich stehn unsere Häuser offen…«

Die »Drei Exen«
bei Eguisheim

Die Dörfer

Das Elsaß ist auch reich an schönen alten Bauernhöfen, und viele Hausanlagen in den kleinen Städten, besonders in den Winzerorten, gleichen denen der Dörfer, aus denen sie im Mittelalter hervorgegangen sind. »Wenn man sich erst daran gewöhnt hat, an jedem Haus mit sehenden Augen vorüberzugehen, wird man in den elsässischen Orten aus der Bewunderung nicht herauskommen«, schreibt der in Colmar aufgewachsene Deutsch-Elsässer Otto Flake, und hat dabei vor allem die ganz gewöhnlichen Wohn- und Ackerbauernhäuser im Auge, »die dutzendweise in jeder Straße stehen!«

Drei verschiedene Haustypen, mehr oder weniger an die verschiedenen Landschaften gebunden, haben sich im Lauf der Jahrhunderte entwickelt und zahlreiche Mischformen hervorgebracht. Während wir vor allem im Gebirge und in den Vogesentälern das steinerne Einhaus finden, das Wohnung, Scheune und Stallungen unter einem Dach vereinigt, ist in der Rheinebene die Gruppenanlage in fränkischem oder oberdeutschem (alemannischem) Fachwerk vorherrschend, bei der Wohn- und Wirtschaftsgebäude getrennt um einen Hof liegen. In manchen Gegenden, im Sundgau zum Beispiel, kommen Einhaus und Gehöft zusammen im selben Dorf vor. Eine dritte, besondere Hausform hat sich schließlich in den Weinbaugebieten ausgebildet. Weil viele Winzerorte im Mittelalter befestigt wurden und der Raum innerhalb der Mauern knapp war, baute man in die Höhe und ließ über dem steinernen Erdgeschoß ein oder zwei Fachwerkstockwerke vorspringen. Von der Giebelseite an der Straße führt dann häufig ein großes Tor in den engen Hof, an dem sich die Wirtschaftsgebäude mit unterschiedlicher Dachhöhe hintereinander aufreihen.

Besondere Sorgfalt verwandte man auf die Ausführung des Fachwerks, das sich auf dem Dorfe vor allem während des Wiederaufbaus nach dem Dreißigjährigen Krieg üppig entfaltete, und dessen Blütezeit noch bis in die erste Hälfte des 19. Jh. hinein andauerte. Mußten die Bauern bis zum 16. Jh. mit 16 geraden Hölzern auskommen (vier Ständer oder Eckpfosten, acht Schwellen und vier Hölzer als Zwischenständer), so werden die Hölzer in der Folgezeit sehr viel zahlreicher. Dabei dienen die Fachwerkverbindungen nicht nur der Verstärkung der Hauswände, sondern sie haben auch zeichenhafte Bedeutung. Das Andreaskreuz, der Stehende Mann, der Lebensbaum und das Sonnenrad sind beliebte bäuerliche Schutz- und Heilszeichen, während das Rautenmuster, Sinnbild der Fruchtbarkeit, den Wunsch nach zahlreichen männlichen Nachkommen zum Ausdruck bringt.

Typisch für das elsässische Bauernhaus sind auch die im 17. Jh. aufkommenden offenen Balkone und Galerien mit

den Holzstaketen, die kleinen Wetterdächlein an der Giebel-
front, die die Fenster vor Regen schützen sollen und – im
Hanauerland um Bouxwiller und im Kochersberg westlich
von Straßburg – die mächtigen hölzernen Einfahrtstore zwischen den schön bearbeiteten Pfeilern aus Buntsandstein.

Traditionelle Bau- und Hausformen aus dem ganzen Elsaß
zeigt das 1984 eröffnete Freilichtmuseum, **Ecomusée
d'Alsace**, in Ungersheim bei Ensisheim. Vom Abbruch
bedrohte Häuser werden hier neu aufgeschlagen, und es
entsteht ein »neues« altes Dorf mit Bäckerei, Töpferei,
Schmiede und Gasthäusern, in denen auch bäuerliche Feste
gefeiert werden (Jan. u. Feb. geschl., ℂ 89 74 44 74).

Ungersheim:
Garten im
Freilichtmuseum ,
Ecomusée d'Alsace

Dörfer »wie aus dem Bilderbuch«

Lange Dorfstraßen mit gut erhaltenen Fachwerkhäusern findet man noch heute im **Outre-Forêt**, im Land zwischen
Wissembourg und dem großen Haguenauer Forst. Sie sind
eine kleine Rundfahrt wert, auch wenn die Ebene nicht zum
eigentlichen Wandergebiet gehört (eventuell kann man sie
von Wœrth aus erreichen, s. Wanderung 3): Soultz-sous-
Forêts – Schoenenbourg (Maginotlinie) – Hunspach – Seebach – Hoffen – Rittershoffen (Januar 1945 zerstört) – Kuh-
lendorf (besitzt eine der im Elsaß seltenen Fachwerkkirchen)
– Hohwiller – Soultz-sous-Forêts. Nicht weit entfernt sind
auch die bekannten Töpferorte Soufflenheim und Betsch-
dorf, wo man hübsche und nützliche Mitbringsel erwerben
kann, sowie das Dorf Kutzenhausen, in dem neben der Kirche ein ehemaliger Bauernhof als Volkskundemuseum eingerichtet wird.

Genüsse am Wegesrand

Mit den Römern begann der Rebbau in den linksrheinischen Gebieten, von den Klöstern wurde er im Frühmittelalter wieder aufgenommen, und in der Folgezeit begründeten Weinbau und Weinhandel den Reichtum und die kulturelle Blüte der zahlreichen Städte und Städtchen am Vogesenrand. In seiner weitverbreiteten *Cosmographia universalis*, die 1544 in Basel erschien, rühmt der Theologe und Publizist Sebastian Münster das Land: »Wie fruchtbar nun das Elsaß sei, magst Du daran merken, daß in dem engen Gebiet alle Jahre ein solches Guthaben von Wein und Korn anfällt, daß davon nicht nur seine trefflich vielen Bewohner leben können, sondern man mit Schiff und Wagen den köstlichen Wein in das Schweizerland, Schwabenland, Bayernland, Niederland und Engelland ausgeführt.«

Nach den schweren Krisen des elsässischen Weinbaus, die mit den Zerstörungen des Dreißigjährigen Krieges begannen und um 1900 in der Reblauskatastrophe gipfelten, haben die elsässischen Weine in den letzten Jahrzehnten in zunehmendem Maße ihren internationalen Rang zurückgewinnen können. Man setzte nicht mehr auf Quantität, sondern auf Qualität: 1962 führte man die in Frankreich bereits übliche Qualitätsbezeichnung A. C. (*Appellation Contrôlée*) ein, welche den Ursprung des Weins garantiert; 1972 wurde die Flaschenabfüllung im Anbaugebiet obligatorisch (in den *Flûtes d'Alsace*, die den Rhein- und Moselweinflaschen gleichen); 1975 begann man mit der Produktion von Hochgewächsen (*Grand Cru*), die auf die besten Einzellagen und Sorten beschränkt ist; 1976 ging man an die Herstellung von Schaumwein (*Crémant d'Alsace*) nach dem Champagnerverfahren; 1984 wurden schließlich die schon seit einiger Zeit üblichen Bezeichnungen *Vendanges tardives* (Spätlese) und *Sélection de grains nobles* (Beerenauslese) offiziell anerkannt. Und die Elsässer haben Erfolg! Am Ende der achtziger Jahre betrug der Anteil der Qualitätsweine (*Appellation Alsace Contrôlée*) an der elsässischen Gesamtproduktion rund 96 % (93 % Weißweine). Auf einer Fläche, die nur 1,3 % der französischen Rebfläche einnimmt, erzeugte man 7 % der französischen Qualitätsweine (ca. 125 Mill. Flaschen), und der Anteil an der nationalen Qualitätsweißweinproduktion belief sich sogar auf 20 %.

Im Regen- und Windschutz der Vogesen, von der Sonne intensiv bestrahlt, konzentriert sich das elsässische Rebland auf einen ca. 170 km langen, bis zu 5 km breiten Streifen der Vorhügelzone zwischen Marlenheim im Norden und Thann im Süden – auch über das Elsaß hinaus bekannt durch die Weinstraße. 1994 feierte sie ihr 40jähriges Bestehen und wurde bei dieser Gelegenheit von *Route du Vin* in *Route des Vins* umgetauft: es gibt eben nicht nur einen, sondern mehrere elsässische Weine! Hier liegen sie gereiht wie Perlen auf einer Schnur, die Stationen einer feucht-fröhlichen Kunstreise, und hier dreht sich, vom Frühling bis zum Spätherbst, alles um den Wein. Er wird ausgeschenkt in Restaurants und Weinstuben – rund eine Million Besucher kommen im Jahr nach **Riquewihr**! Wein wird verkauft in der Winzergenossenschaft, beim Weinhändler und natürlich beim Weinbauern, dem *Propriétaire-Viticulteur*, der typischen Figur des elsässischen Weinbaus. Die besten Gewächse bestimmt jährlich in einer feierlichen Zeremonie die altehrwürdige Weinbruderschaft *La Confrérie Saint-Etienne* in ihrem Schloß zu Kientzheim bei Colmar. Hier befindet sich seit 1960 auch das elsässische Weinmuseum, **Musée du Vignoble et des Vins d'Alsace** (Juni bis Okt.: 10–12 u. 14–18 Uhr).

Reizvoll und sehr viel weniger besucht als die Route des Vins ist ein kleines isoliertes Anbaugebiet südlich von **Wissembourg**, nahe der Pfälzer Grenze. Hier schlossen sich nach dem Zweiten Weltkrieg vier Gemeinden – **Cléebourg, Rott, Oberhoffen** und **Steinseltz** – zu einer zentralen Winzergenossenschaft zusammen. Die zum Teil ausgezeichneten Weine der *Cave coopérative de Cléebourg* (Spezialität: Pinot Gris und Pinot Noir) kommen jedoch selten über das Unterelsaß hinaus.

Und wie lesen wir sie nun, die elsässische Weinkarte? Neben der Appellation Alsace contrôlée und dem Namen des Winzers oder Abfüllers trägt das Etikett der Flasche – anders als im übrigen Frankreich – in großen Buchstaben den Namen der Rebsorte. Entsprechend den sehr unterschiedlichen Bodenverhältnissen und kleinklimatischen Bedingungen finden wir eine beachtliche Sortenvielfalt. Zu den renommierten Gewächsen, deren beste Lagen auch die Grands Crus hervorbringen, gehören die vier Weißweine:

WEINKARTE

Riesling, gilt meist mit dem Gewurztraminer als der beste elsässische Wein; ursprünglich aus dem Rhein- und Moselgebiet eingeführt; sehr trocken, sehr frisch und herzhaft.

Gewurztraminer, starker Alkoholgehalt, voll und würzig, paßt ausgezeichnet zu den deftigen elsässischen Gerichten.

Tokay Pinot Gris, entspricht dem deutschen Ruländer oder Grauburgunder; ziemlich alkoholischer, voller, fast dicklicher Wein. Früher erzählte man, ein Heerführer Karls V., Lazarus von Schwendi (1522–1583), habe diese Rebsorte nach den Türkenkriegen aus Ungarn ins Elsaß gebracht, daher der Name. Heute gilt der Tokay Pinot Gris allerdings meist als burgundische Rebe.

Muscat d'Alsace, aus Südfrankreich stammend, im Elsaß eher selten; lieblich und fruchtig, vorzüglicher Aperitifwein.

Ein einziger, trockener Rot- oder Roséwein gehört zu den Edelsorten, der **Pinot Noir** oder **Spätburgunder**, der im Elsaß jedoch weniger angebaut wird als in Deutschland.

Sylvaner und **Pinot Blanc** oder **Weißburgunder** sind einfachere, leichte Weißweine, die sich in den Gasthäusern großer Beliebtheit erfreuen und oft zu dem bekannten elsässischen Wein, dem **Edelzwicker**, verschnitten werden. Einige der besten Lagen, die Anspruch auf den Grand-Cru-Status haben, merken wir uns leicht mit dem alten elsässischen Weinspruch:

»Zu Thann im Rangen,
zu Gebweiler in der Wannen (Kessler),
zu Türkheim im Brand,
wächst der beste Wein im Land.
Doch gegen den Reichenweiler Sporen
haben sie alle das Rennen verloren.«

Weinstraße zu Fuß: die Weinlehrpfade

Entlang der Route des Vins gibt es heute etwa zwanzig Weinlehrpfade *(Sentiers viticoles)*. Ein guter Tip für ein Wochenende im Sommer oder Herbst, wenn auf der Straße die Auto-

lawine rollt und die Sonne nicht allzuheiß vom Himmel brennt! Dazu eine ausgezeichnete Gelegenheit, den Besuch eines historischen Weinorts mit einem hübschen Spaziergang von ein bis zwei Stunden zu verbinden.

Im Unterelsaß können wir von Norden nach Süden Station machen in: Marlenheim, Dahlenheim, Traenheim, *Molsheim, Dorlisheim, *Obernai, *Barr (s. Wanderung 17), Mittelbergheim, Epfig, *Dambach-la-Ville (s. Wanderung 18) und Scherwiller. Im Oberelsaß folgen: Bergheim, *Hunawihr, *Riquewihr, Zellenberg, Beblenheim, Mittelwihr, Bennwihr, Kientzheim, *Turckheim, *Eguisheim, *Pfaffenheim, Westhalten und *Soultzmatt (s. Wanderung 21). Die mit einem Stern bezeichneten Orte sind auch kunsthistorisch interessant.

In der *Reihe Culture et Environnement* gibt das IGN eine ausgezeichnete Spezialkarte, *Vins d'Alsace,* zum elsässischen Wein und zur Weinstraße heraus.

Elsässische Küche

Zum guten Wein gehört eine kräftige Zukost, und bekanntlich hält auch die elsässische Küche für den hungrigen Wanderer viel Schmackhaftes bereit.

Da war vor etwa 100 Jahren ein kleines Gasthaus an der Ill. Die Männer arbeiteten auf dem Feld, die Frauen blieben daheim am Herd und servierten den einheimischen Gästen, was man so im Lande ißt: Wurst und Munsterkäse, Sauerkraut, Flußfische, Froschschenkel und Krebse. Das ging so durch drei Generationen, bis zum Zweiten Weltkrieg. Da sprengten die Franzosen die nahe Brücke, das Gasthaus gleich dazu, und als die Familie die Wirtschaft wieder aufbaute, übernahmen die Männer allmählich das Küchenzepter. Aus der Küche der Tante Henriette wurde die Küche des Neffen, Paul Haeberlin, und aus der »Wirtschaft zum Grünen Baum« wurde die *Auberge de l'Ill*, ein Feinschmeckertempel, seit 1967 ohne eine einzige Unterbrechung mit den begehrten drei Michelin-Sternen ausgezeichnet.

Die traditionelle Hausmannskost als Vorstufe der Haute Cuisine – das ist das Erfolgsgeheimnis der elsässischen Küche! Auch wenn wir nicht in jeder Ferme Auberge und jeder Winstub ein gastronomisches Restaurant erwarten dürfen, so finden wir in der Regel doch eine schmackhafte Regionalküche, und das Preis-Leistungs-Verhältnis kann sich sehen lassen. »Schlemmen im Elsaß« ist in Deutschland ein Begriff, und weil es da eine schier unübersehbare Menge von Spezialliteratur gibt, von Siebeck zu Pudlowski, beschränken wir uns im folgenden auf die stichwortartige Zusammenstellung einiger besonders typischer Gerichte der elsässischen Speisekarte.

Kalte und warme Vorspeisen:

Gänsestopfleber *(foie gras)*, 1780 von Jean-Pierre-Clause, einem Koch des Militärgouverneurs von Straßburg, kreiert. Gilt als kostspielige Delikatesse; ist aber etwas unappetitlich, wenn man die Herstellung, also das »Stopfen« der Gänse, bedenkt.

Preßkopf (Schweinesülze) mit Vinaigrettesauce. Dieses einfache hausgemachte Gericht gehört zum klassischen Repertoire der Winstub und findet sich sogar auf der Speisekarte der Auberge de l'Ill.

Salat mit Käse und Lyoner-Wurst *(salade de gruyère et cervelas)*, eventuell mit Zwiebeln, Tomaten und grünem Salat angereichert.

Fleisch- und Fischterrinen, aus der französischen Küche übernommen.

Tourtes, das sind mit Fleisch, Fisch oder Gemüse gefüllte Pasteten, im deutschen oft etwas irreführend als »Torte« bezeichnet. Die mit Hackfleisch oder kleinen Fleischstücken gefüllte Tourte kann kalt oder warm gegessen werden und findet sich in fast jeder Ferme Auberge.

Schnecken *(escargots)* und **Froschschenkel in feiner Rieslingsauce** *(grenouilles au Riesling)*. Die sumpfigen Auwiesen nährten früher also nicht nur die Störche!

Hauptgerichte:

Hähnchen in Rieslingsauce *(coq au Riesling)*.

Schweinernes in vielerlei Variationen, z. B. Schweineschulter auf Linsen *(schiffala, palette de porc aux lentilles)*, in Teig gebackenes Eisbein *(jambonneau en croûte)*, Schweinsmagen mit Kartoffeln, Zwiebeln und Schweinefleisch gefüllt *(gfilter Söymage, estomac de porc farci)*.

Sauerkraut *(choucroute)* wird vor allem südlich von Straßburg, um Krautergersheim, angebaut. Die Elsässer servieren es nicht nur mit Schweinefleisch, sondern auch mit frischer oder eingemachter Gänse- oder Entenkeule oder, für uns ungewöhnlich, mit Fisch.

Ein großes Angebot von **Innereien:** Kalbs- und Schweinezunge *(langue de veau, langue de porc)*, saure Nieren *(rognons)*, Kalbskopf *(tête de veau)*, Kutteln in Rieslingsauce *(tripes au Riesling)*.

Fisch, bis zu Beginn unseres Jahrhunderts fangfrisch aus Rhein, Ill und den Vogesenflüssen: Hecht *(brochet)*, Zander *(sandre)*, Lachs *(saumon)*, Aal *(anguille)*, Forelle *(truite)* und Karpfen *(carpe)*. Letztere zieht man heute in den Teichen des Sundgau, wo es die *Route de la Carpe frite* gibt. Eine Spezialität ist die *Matelote* (in Elsässerwein gekochte Fischstücke), die mit hausgemachten Nudeln serviert wird. Soufflierter Lachs *(saumon soufflé*, Auberge de l'Ill) gehört zu den delikatesten Gerichten von Paul Haeberlin. Und nicht zu vergessen, zwei typisch elsässische Gerichte: **Baekoffe,** Baekaoffa – es gibt keine offizielle Schreibweise des Dialekts – ist ein Eintopf aus Weißwein, Kartoffeln, Lauch, Zwiebeln und Fleischstücken (Schwein und Lamm, evtl. auch Kalb und Rind), der in einer großen Steingutterrine ganz sachte 2–3 Stunden geschmort hat (früher brachte die Hausfrau den vorbereiteten Topf an Waschtagen zum Bäcker, der ihn zum Garen in den noch heißen Ofen schob, daher der Name). Weil die Zubereitung Zeit braucht, gibt es in manchen Restaurants heute einen bestimmten Baekoffe-Tag.

Immer größerer Beliebtheit erfreut sich auch der **Flamme-kuchen** *(tarte flambée)* – das sind hauchdünne, mit Speck, Zwiebeln und saurer Sahne belegte Teigfladen. Sie werden auf Holzbrettern, ganz heiß aus dem Ofen kommend, serviert, und man bekommt, auch in größerer Gesellschaft, stets nur ein einziges Brett und kann dann, nach Appetit und Laune, nachbestellen.

Käse und Desserts:
Die einzige einheimische Käsesorte, der **Munster** (s. Wanderung 25), wird gerne mit Kümmel gegessen. In der Ferme Auberge bekommt man auch frischen, weißen Munster mit Zucker und einem Schuß Schnaps.

Bibeleskäs nennt man mit Zwiebeln und Kräutern angemachten Quark; zusammen mit Bratkartoffeln ist er ein beliebter Weinstuben-Imbiß.

Die **Tarte aux fruits** (Obstkuchen) in allen Fruchtvariationen – Apfel *(pommes)*, Zwetschen *(quetsch)*, Heidelbeeren *(myrtilles)* – ist der typische elsässische Nachtisch. Der dünne Teig wird mit Früchten belegt und mit einer Eier-Sahne-Creme übergossen.

Der süße **Hefegugelhupf**, der in jeder Bäckerei angeboten wird, gehört zum Kaffeetrinken. In seiner salzigen Version, mit Speckstückchen, reicht man ihn gerne zum Aperitif.

Abschließend noch ein Wort zu den Getränken. Neben dem Wein schätzt der Elsässer auch ein gutes Glas Bier und, wenn er klaren Kopf behalten will, greift er zum Mineralwasser. Beides findet er ohne Schwierigkeiten im eigenen Land. Nicht weniger als 75 % des französischen Biers werden im Elsaß gebraut: Kronenbourg, Adelshoffen, Pêcheur, Meteor… und am Rande der Vogesen liegen eine Reihe mehr oder weniger bekannter Mineralquellen: in Niederbronn (Celtic), in Soultzmatt (Lisbeth) und vor allem in Ribeauvillé (Carola). Man bestellt *un Carola rouge*, wenn man ein Wasser mit Kohlensäure wünscht und *un Carola bleue*, wenn das Wasser nicht sprudeln soll. Zwischen beiden gibt es seit kurzem auch noch *Carola verte*, ein nur schwach kohlensäurehaltiges Mineralwasser.

Und nun endlich »Guten Appetit«, *bon appétit, Malzit!*

Hinweise und Tips fürs Wandern

Um die Jahrhundertwende, als das Elsaß von Berlin aus regiert wurde, machte der bekannte Colmarer Karikaturist Hansi auch den deutschen Wanderer zur Zielscheibe seines Spottes. Da sehen wir unter der Überschrift »Die Sommerfrische« eine leere Bank im Gelände, umgeben von Papier, Eierschalen, zerbrochenen Flaschen und nicht weniger als 15 Wegschildern – Mathilden-Ruhe, Panorama-Blick, Luisenpfad…

Inzwischen sind auch die Elsässer auf den Geschmack von Rucksack und Wanderstiefeln gekommen, und der 1872 von dem deutschen Landgerichtsrat Richard Stieve in Saverne gegründete Vogesenclub erfreut sich als **Club Vosgien** im ganzen Lande allgemeiner Beliebtheit. Als er 1992 sein 120. Jubiläum feierte, zählte er stolze 30 932 Mitglieder.

Zu den Hauptaufgaben gehört, seit den Anfängen des Vereins, die Anlage und Unterhaltung von Wanderwegen und Pfaden. 15 360 km waren es 1994. Der älteste und wichtigste unter ihnen ist der mit dem roten Rechteck markierte **GR 5-53** (GR für *Sentier de Grande Randonnée*/Fernwanderweg), der von Wissembourg bis zum Ballon d'Alsace von Norden nach Süden durch die Vogesen führt, heute ein Teil des jüngeren großen Fernwanderwegs E 2 von Holland zum Mittelmeer (s. Mehrtägige Wanderungen). Bis in Höhe von Masevaux in den Südvogesen verlaufen mehr oder weniger parallel zum GR 5 der Wanderweg **GR 531** (blaues Rechteck) von Soultz-sous-Forêts nach Leymen bei Basel und der **GR 532** (gelbes Rechteck) von Wissembourg über Belfort nach Mulhouse.

Neben dem Rechteck benutzt der Club Vosgien noch eine Anzahl weiterer farbiger Markierungszeichen: das rot-weiß-rote Rechteck, das oft aus einem Talort hinauf auf den Hauptwanderweg führt, das Dreieck und die Raute, das Kreuz und das Andreaskreuz (oder liegendes Kreuz), den Punkt und den Ring, welcher allgemein den Rundwegen vorbehalten bleibt. Jedes Frühjahr zieht dann eine Schar von Freiwilligen mit Farbtöpfen und allem notwendigen Gerät ins Gebirge, um die Markierungen aufzufrischen, und sie leistet gute Arbeit. Ganz ausgezeichnet ist die Signalisierung der großen Wanderwege, die ja auch am meisten benutzt werden. Bei den unzähligen kleineren Wegen und Pfaden kann im Laufe des Jahres schon einmal ein Zeichen verloren gehen – ein abgeschlagener Baum, ein herausgerissener Pfahl genügen.

Das beste Orientierungsmittel ist dann die Geländekarte, die ebenfalls durch den Club Vosgien herausgegeben wird.

Neben den traditionellen grünen Wanderkarten im Maßstab 1:50 000, die das gesamte Vogesenmassiv einschließlich des Sundgaus abdecken, gibt es seit dem Herbst 1993 die neuen TOP25-Karten, die die Generalstabskarten des IGN (*Institut Géographique National*) und die alten Wanderkarten des Club Vosgien im Maßstab 1:25 000 verschmelzen. Sie zeichnen sich durch große Genauigkeit und Vollständigkeit aus, haben sich aber durch eine andere Aufteilung, auch erheblich vermehrt. Wer die Pfade des Wanderführers verlassen will, entschließt sich vielleicht trotzdem zur Anschaffung des einen oder anderen Blattes. In jedem Fall sollte man für die Vogesen eine Wanderkarte im Maßstab 1:50 000 in den Rucksack packen.

Und zu welcher Jahreszeit packt man den nun am besten? In den niedrigen Sandsteinvogesen, die nördlich von Saverne meist nicht mehr als 500 m Höhe erreichen, ist Wanderzeit von Mai bis Oktober – solange die vielen schönen Buchen ihr Laub tragen. In den rauhen Hochvogesen, deren Kamm sich zwischen 1250 und 1300 m hält, bleibt der Schnee dagegen lange liegen, die Vegetationsperiode ist kurz, und die Wege sind oft nur von Anfang Juni bis Ende September/Anfang Oktober gut zu begehen. Wenn die Hochsommerhitze über der Rheinebene brütet, ist es hier in der Höhe angenehm luftig. Längere Spaziergänge und Wanderungen für die kühlere Jahreszeit, ja sogar für trockene, klare Wintertage, gibt es dagegen in den Rebbergen. Im Spätherbst und Winter genießt man in den höheren Lagen der Vorberge auch manchmal die für das Elsaß typische Inversionswetterlage (d. h. eine Temperaturumkehrung bei hohem Luftdruck). Während dann in der Ebene und am tiefen Gebirgsfuß die dichten nebligen Kaltluftseen lagern, liegen die Höhen in strahlendem warmem Sonnenschein.

Blick auf Stosswihr

Im Naturpark Nordvogesen

Der nördlichste Abschnitt der nur mäßig hohen Sandsteinvogesen, der sich in einem weiten Bogen von Wissembourg bis zum Col de Saverne zieht, bildet seit 1977 den **Parc Naturel Régional des Vosges du Nord**, dessen nordwestlicher Teil bereits zum lothringischen Departement Moselle gehört. An gewundenen Bächen liegen kleine Dörfer und Städtchen zwischen ausgedehnten Laub- und Nadelwäldern (vornehmlich Buche und Eiche, Kiefer und Fichte), die über die Hälfte der sandigen Böden bedecken. Jahrhundertelang lieferten sie nicht nur Holz zum Heizen und Bauen, sondern auch reichlich Brennmaterial für die Glashütten und Eisengießereien, die den bescheidenen bäuerlichen Betrieben einen wichtigen Nebenerwerb brachten.

Im Gegensatz zu den Nationalparks, die durch ein strenges Bauverbot leicht zu einer Art »Naturmuseum« werden können, sollen die Regionalparks durch gezielte Strukturverbesserungen – im Rahmen des Naturschutzes – das Land für seine Bewohner attraktiver gestalten. Dazu gehören staatliche Subventionen für eine gute Dorfrenovierung ebenso wie die Überprüfung der Bebauungspläne und die Anlage von Gewerbegebieten.

Eine besonders wichtige Rolle spielte im Naturpark Nordvogesen in den vergangenen zwei Jahrzehnten die Entwicklung eines »grünen, sanften Tourismus«, der sich, auch von der nahegelegenen Pfalz her, einer stetig wachsenden Beliebtheit erfreut. Abseits der großen Straßen findet der Wanderer hier ein Wildgehege (s. Wanderung 7) sowie mehrere Naturlehrpfade (s. Wanderung 5, 6). Dazu kommen Denkmäler aus gallo-römischer Zeit (s. Wanderung 4, 5), eine große Zahl mittelalterlicher Burgruinen auf hohen Felsen (s. Wanderung 1, 2), Schlachtfelder der Neuzeit (s. Wanderung 3) und Reste der gewaltigen unterirdischen Verteidigungswerke der Maginotlinie (zu besichtigen im *Musée de la ligne Maginot* in Marckolsheim), die nach dem Ersten Weltkrieg entstanden.

In einer Vielzahl kleiner Museen erfährt der Besucher mehr über die bewegte Geschichte des Grenzlandes, und er kann bäuerliches Leben, Handwerk, Gewerbe und Industrie entdecken.

Eine Liste der Sehenswürdigkeiten sowie ein ausführliches Programm von kleinen Gruppenwanderungen und mehrtägigen Touren (mit Übernachtung und Gepäckbeförderung) kann man am Verwaltungssitz des Naturparks in 67290 La Petite-Pierre, Maison du Parc-Château, ✆ 88 70 46 55 anfordern. Abseits der größeren Städte Wissembourg und

Saverne, die am Rande des Parks liegen, konzentriert sich um La Petite-Pierre, um Niederbronn und Lembach ein für die Gegend bedeutendes Hotel- und Gaststättengewerbe.

Einige der bekanntesten kulturgeschichtlichen Museen liegen im lothringischen Teil des Naturparks, den wir hier nicht besuchen: das *Musée de la Citadelle* in Bitche (eine von Vauban errichtete Festung), die *Maison du Verre et du Cristal* in Meisenthal (Glasbläserei) und das kleine *Musée du Sabotier* in Soucht (Holzschuhmuseum). Besonders lohnend im lothringischen Park ist schließlich eine Wanderung zu den gewaltigen Ruinen von Burg Falkenstein und Burg Waldeck, die man mit einem Besuch des botanischen Lehrpfads durch das Moor am Ufer des Etang de Hanau verbinden kann.

»Heidenhaus« in La-Petite-Pierre

1

Vier sagenumwobene Burgen der Stauferzeit

Über Loewenstein, Hohenburg und Wegelnburg zum Fleckenstein

Im Dreiländereck zwischen dem Elsaß, Lothringen und der Pfalz erheben sich, auf bizarr verwitterten roten Sandsteinfelsen, die mächtigen Türme großer und kleiner Ritterburgen. Sie zeugen von der einstigen Bedeutung dieser Region, durch welche die uralten Verbindungswege vom Rhein zur Mosel führten, und die bis in unser Jahrhundert hinein heftig umkämpft wurde. Die Wanderung zu den Stauferburgen, von denen der Fleckenstein als die imposanteste Anlage der nördlichen Vogesen gilt, ist lohnend auch mit größeren Kindern.

WEGVERLAUF UND MARKIERUNG: Weißer Punkt: Gimbelhof – Col de Hohenbourg (30 Min.); rot-weiß-rotes Rechteck u. rotes Dreieck: Krappenfels – Loewenstein – Hohenburg – Maidebrunnen (30 Min.); rotes Rechteck/GR 53 u. rot-gelber Streifen: Wegelnburg – Maidebrunnen – Col de Hohenbourg (35 Min.); rotes Rechteck oder Dreieck: Fleckenstein (20 Min.); rot-weiß-rotes Rechteck: Gimbelhof (20 Min.)

DAUER: 2.15 Std.

LÄNGE: 7 km

SCHWIERIGKEITSGRAD: Mittelschwere Wanderung durch den Wald; Aufstieg vom Gimbelhof (342 m) zur Wegelnburg (573 m). Die Orientierung wird durch sehr viele Markierungszeichen etwas erschwert.

KARTE: Vom Club Vosgien und IGN die Wanderkarte, Vosges du Nord, im Maßstab 1 : 50 000 oder die Freizeitkarte TOP25 3814 ET (Haguenau, Wissembourg), im Maßstab 1 : 25 000

EINKEHRMÖGLICHKEIT: Hotel-Restaurant *Gimbelhof* (Mo. u. Di. Ruhetag). Am Fleckenstein kann man während der Saison Getränke kaufen. In Lembach ist das *Cheval Blanc* eines der besten elsässischen Restaurants (Mo. u. Di. Ruhetag).

ANFAHRT: In Lembach mündet die D 27 (Haguenau, Wœrth) auf die D 3/35 (Wissembourg, Bitche). Zwischen Lembach u. Niedersteinbach biegen wir von der D 3 auf die D 925 (Schönau), und am Teich von Fleckenstein nach rechts auf einen asphaltierten Forstweg (Gimbelhof). Parken auf der Wiese vor dem Gimbelhof.

SYNDICAT D'INITIATIVE: 67510 Lembach, 23 Route de Bitche, ℂ 88 94 43 16

Wanderung 1: Über Loewenstein, Hohenburg und Wegelnburg zum Fleckenstein

VARIANTE DES WANDERWEGS: Der Weg läßt sich um eine halbe Stunde verkürzen, wenn man auf den Abstecher zur Wegelnburg verzichten würde.

BESONDERE HINWEISE: Da der Fleckenstein im Winter nicht besichtigt werden kann und im Sommer auf der Route des Châteaux Forts viele Besucher mit Autos und Bussen anreisen, sind der späte Frühling oder der Herbst die beste Wanderzeit (Öffnungszeiten der Burg: Mitte März bis Mitte Nov.: 10–17/18 Uhr; Eintrittsgebühr). Am Etang de Fleckenstein gibt es einen Campingplatz sowie einige Bademöglichkeiten.

▶ DER WANDERWEG

Die Wanderung beginnt an der Wiese vor dem **Gimbelhof** neben der Straße. Unsere Markierung ist zunächst der weiße Punkt (oder der weiße Punkt mit dem roten Kreis), der uns bis zum Ende der eingezäunten Wiese und dann in den Buchenwald hinauf bis zum **Col de Hohenbourg** führt (30 Min.). An dieser Kreuzung müssen wir aufpassen! Der Weg zum Krappenfels (rotes Dreieck) fällt hier für ein Stück zusammen mit dem Weg zum Maidebrunnen über Loewenstein und Hohenburg (rot-weiß-rotes Rechteck und/oder rotes Rechteck, die TOP25 Karte ist an dieser Stelle ungenau). Nachdem wir einige Schritte geradeaus gegangen sind, müssen wir uns rechts halten, zuerst auf einem schmalen Pfad, bald darauf auf einem breiten, ebenen Forstweg, auf dem wir in knapp 10 Minuten den **Krappenfels** erreichen (40 Min.). Gleich mehrere gewaltige Sandsteinblöcke liegen in einer Linie hintereinander, bieten nach Norden eine schöne Aussicht auf den Pfälzerwald und bei gutem Wetter auch einen hübschen Rastplatz.

Hof am Fleckenstein

Vom Krappenfels geht es auf demselben Forstweg ca. 5 Min. zurück und dann an einem Stein mit dem Rechteck (aufpassen!) rechts in den Wald hoch. In kurzer Zeit erreichen wir, immer mit dem rot-weiß-roten Rechteck, den **Loewenstein** (50 Min.), die kleinste und am wenigsten erhaltene der vier Burgen, die wir heute besuchen, bald darauf die **Hohenburg** (55 Min.), eine größere Anlage, die auch eine ganz vorzügliche Aussicht bietet.

Vom **Maidebrunnen,** unserem nächsten Ziel (1 Std.), machen wir einen Abstecher zur **Wegelnburg,** die bereits in Deutschland liegt. Auf einem breiten Weg folgen wir dem GR 53 (rotes Rechteck) leicht abwärts nach rechts, überschreiten ungehindert die Grenze und gehen am Pavillon vorbei geradeaus den Berg hinauf bis zur Wegelnburg (Markierung rot-gelber Streifen und weißes Quadrat; der Pfalz-Vogesenwanderweg mit dem roten Rechteck führt nicht zur Burg). Auf dem gleichen Weg kehren wir anschließend zum Maidebrunnen zurück (1.25 Std.).

Zur vierten und letzten Burg des Tages, dem **Fleckenstein,** können wir jetzt bequem über den GR 53 (rotes Rechteck) hinunterwandern. Ohne Umweg über Loewenstein und Hohenburg geht es in 10 Min. durch den Wald direkt zu dem uns schon bekannten Col de Hohenbourg (an der ersten Weggabelung nach dem Maidebrunnen müssen wir uns rechts halten!) und von hier in weiteren 20 Min. zur Ruine Fleckenstein (1.55 Std.). Wer gerne klettert, kann vom Col de Hohenbourg bis zum Forsthaus Fleckenstein auch den etwas längeren Felsenpfad nehmen (rotes Dreieck), der sehr eindrucksvoll an einer ganzen Kette von bizarren Sandsteinformationen vorbeiführt.

Nach der Besichtigung der Burg, die zu den größten Anlagen der Vogesen gehört, gehen wir auf dem mit dem rot-weiß-roten Rechteck bezeichneten Weg zurück zum **Gimbelhof** – zunächst auf der asphaltierten Fahrstraße, wieder vorbei am Forsthaus, und dann in einer Kurve geradeaus in den Wald hinauf und zur Wiese beim Hotel (2.15 Std.). Nachdem wir auf so viele Burgen geklettert sind, haben wir wohl eine Stärkung verdient.

AM WEGE

Auf zwei nebeneinanderliegenden, durch eine Schlucht getrennten Felsklötzen, erhebt sich der **Loewenstein,** von dem nur sehr spärliche Reste erhalten sind. Die wahrscheinlich im 13. Jh. errichtete Burg wurde bereits 1386 als Raubritternest durch Johann von Lichtenberg und die Stadt Straßburg zerstört. Dabei mußten die Belagerer den Burgfelsen untergraben, und das schwierige Unternehmen soll die beträchtliche Summe von 14 000 Gulden gekostet haben.

Nach der Volkssage, deren historischer Kern wohl ins 15. Jh. zurückreicht, hauste auf dem Loewenstein der Lindenschmidt, ein gefürchteter Raubritter und Wegelagerer, der mit seinem Troß die das Rheintal hinaufziehenden Kaufleute überfiel und seine Pferde verkehrtherum beschlagen ließ, um die Verfolger in die Irre zu führen. Die Ballade von der Überlistung, Gefangennahme und Enthauptung des Lindenschmidt durch einen Junker Kasper ist seit dem Ausgang des 16. Jh. wiederholt in Liederbüchern und auf Fliegenden Blättern überliefert. Literarisch bekannt wurde sie durch keinen Geringeren als den jungen Goethe, der das Lindenschmidtlied zusammen mit 11 anderen Volksballaden während seines Straßburger Aufenthaltes für Herder aufzeichnete:

»Genug ich habe noch aus Elsas zwölf Lieder mitgebracht, die ich auf meinen Streyffereyen aus den Kehlen der ältesten Müttergens aufgehascht

Burgruine Fleckenstein

habe. Ein Glück!« Ein frühes Beispiel volkskundlicher Feldforschung!

Die **Hohenburg** war der Stammsitz angesehener staufischer Adliger im Dienste des Königs, deren bekanntester Vertreter, der Minnesänger Konrad Puller von Hohenburg, König Rudolf auf seinen beiden Feldzügen gegen Ottokar von Böhmen begleitete (1276 und 1278), und dessen Lieder an die ferne Geliebte in der Manessischen Handschrift überliefert sind:

»Wil ieman gegen Elsazen lant,
der sol der lieben tuon bekant,
daz ich mich senen,
wenen kan sich min herze nach ir.«

Nach dem Aussterben des Geschlechts kam die Burg 1482 an die Sickinger, wurde nach dem Tod von Franz von Sickingen, dem berühmten Führer der protestantischen Reichsritterschaft, 1523 niedergebrannt, von dessen Erben wieder aufgebaut und 1680 durch den französischen Marschall Montclar endgültig zerstört.

Der älteste Teil der Anlage aus dem 13. Jh. gruppiert sich eng um den von einer Ringmauer umschlossenen Felsen. Den mächtigen, halbrunden Geschützturm am Fuß des Berges ließ Franz von Sickingen anlegen. Das Eingangstor mit reicher, noch erkennbarer Renaissanceskulptur und die Wappensteine stammen aus der Zeit nach dem Wiederaufbau (1542).

Die Geschichte der **Wegelnburg,** die heute schon zur Pfalz gehört, ist ebenfalls eng mit dem Elsaß verbunden. Wie der benachbarte Fleckenstein und die Hohenburg war sie im 13. Jh. im Besitz von staufischen Dienstleuten, kam später an Kurpfalz und wurde, wie die beiden vorgenannte Burgen, im Jahr 1680 von Montclar im Auftrag Ludwigs XIV. zerstört.

In den Deutschen Sagen der Brüder Grimm finden wir auch die von der schönen Herzogstochter auf der Wegelnburg, die alle Freier abweist und zur Strafe für ihren Hochmut verzaubert wird. Nur einmal in der Woche, freitags, darf sie erscheinen – als Schlange, als Kröte oder, jedes dritte Mal, als Jungfrau in ihrer natürlichen Gestalt. Dann wäscht sie sich an einer Quelle auf einem Felsen, der noch heute der Krötenstuhl heißt, und hält Ausschau nach einem kühnen Burschen, der bereit ist, dreimal um Mittag auf die wüste Burg zu steigen und sie durch einen Kuß zu erlösen.

Die Herren von **Fleckenstein,** die im 12. Jh. im Gefolge der Staufer erscheinen, waren nach den Grafen von Lichtenberg das mächtigste Geschlecht im nördlichen Elsaß. Kühn thront ihre im Lauf der Zeit immer wieder veränderte Burg auf einem fast senkrecht emporsteigenden, langgestreckten Sandsteinriff, dessen Wände kunstvoll mit Mauern verblendet waren. Durch ein mächtiges Eingangstor aus dem 15. Jh. betritt man die weiten Vorhöfe, die noch die in den Felsen gehauenen Rinnsteine für Zisternen und Tränken aufweisen. Eine Zugbrücke und zwei direkt an die Felswand gebaute viereckige Türme – ein ehemaliger Treppenturm mit Wendeltreppe und ein Turm mit Brunnenkammer, Flaschenzug und doppelter Felsentreppe – führen zur oberen Plattform, auf deren Spitze sich die Reste des im 16. Jh. neu erbauten Renaissancepalas befinden. Zu den zahlreichen Gängen und Gemächern, die labyrinthartig in den Sandstein gehauen sind, gehört auch das ehemalige Fleckensteinsche Familienarchiv, in dem heute ein kleines Museum eingerichtet ist. Jahrhundertelang hat die kühne Befestigung die Phantasie der Menschen beschäftigt. Im Volk erzählte man sich der Teufel selbst habe den heute verschütteten Brunnen gebohrt, ein Meisterwerk, das einst bis auf die Talsohle gereicht haben soll. Als der Burgherr ihn bei der Auszahlung des Lohns überlistete, ließ er Feuer und Schwefel aus dem Schacht aufsteigen und konnte erst mit Hilfe des Kaplans überwunden werden.

Noch zu Beginn des 17. Jh. regte der Fleckenstein den Straßburger Stadtbaumeister und Festungsarchitekten Specklin zu seiner berühmten Idealdarstellung einer Felsenburg an, welche die Anlage ganz phantastisch in die Höhe zieht und die dann von Merian 1663 in seiner *Topographia Alsatiae* übernommen wurde – der Fleckenstein »ein von Natur vester, und seiner Gelegenheit halben wunderlicher Ort«.

2

Am Schauplatz des Walthariliedes

Zur Burg Wasigenstein und zum Maimont

Der Wasigenstein gehört zu den für die Nordvogesen typischen Felsenburgen. In der deutschen Literaturgeschichte ist er bekannt als der Schauplatz des Walthariliedes. Im Spätfrühling und im Herbst ist die Wanderung durch die Farben des Laubwaldes besonders schön.

WEGVERLAUF UND MARKIERUNG: Rotes Dreieck u. Rechteck/GR 53: Niedersteinbach – Zigeunerfels/Rocher des Tziganes (45 Min.) – Klingelfels (15 Min.); roter Punkt: Col du Maimont (10 Min.); rot-weiß-rotes Rechteck: Maimont (20 Min.) – Col du Maimont – Wasigenstein (25 Min.); rotes Rechteck u. Kreuz: Klingelfels (10 Min.) – Niedersteinbach (40 Min.)

DAUER: 2.45 Std.

LÄNGE: 9 km

SCHWIERIGKEITSGRAD: Mittelschwere Wanderung durch den Wald; Aufstieg von Niedersteinbach (227 m) zum Maimont (513 m). Im heißen Sommer kann der Anmarsch durch das Steinbachtal beschwerlich werden.

KARTE: Vom Club Vosgien und IGN die Wanderkarte, Vosges du Nord, im Maßstab 1 : 50 000 oder die Freizeitkarte TOP25 3814 ET (Haguenau, Wissembourg), im Maßstab 1 : 25 000

EINKEHRMÖGLICHKEIT: Gasthäuser und Hotels in Niedersteinbach, u. a. das Hotel-Restaurant *Au Cheval Blanc* (Do. Ruhetag). In Obersteinbach das gastronomische Restaurant *Anthon* (Di. u. Mi. Ruhetag).

ANFAHRT: Niedersteinbach liegt an der D 3/35, Wissembourg, Bitche. Parken vor dem Hotel Au Cheval Blanc am Ortsausgang (Richtung Bitche)

SYNDICAT D'INITIATIVE: 67510 Lembach, 23 Route de Bitche, ✆ 88 94 43 16

VARIANTE DES WANDERWEGS: Die Wanderung ist für Kinder geeignet, wenn man mit dem Auto direkt zum Parkplatz am Klingelfels fährt – zwischen Ober- und Niedersteinbach auf die D 160 (Richtung Wengelsbach) einbiegen. Zum Maimont hin und zurück braucht man dann nur ungefähr 1 Std. Gehzeit.

BESONDERE HINWEISE: In Obersteinbach gibt es ein kleines Burgenmuseum, **Maison des Châteaux forts** (die Öffnungszeiten beim Fremdenverkehrsamt erfragen).

DER WANDERWEG

Vom Hotel *Au Cheval Blanc* am Ortsausgang von **Niedersteinbach** bummeln wir die Dorfstraße in Richtung Lembach hinunter. Zahlreiche Brunnen mit steinernen oder hölzernen Trögen,

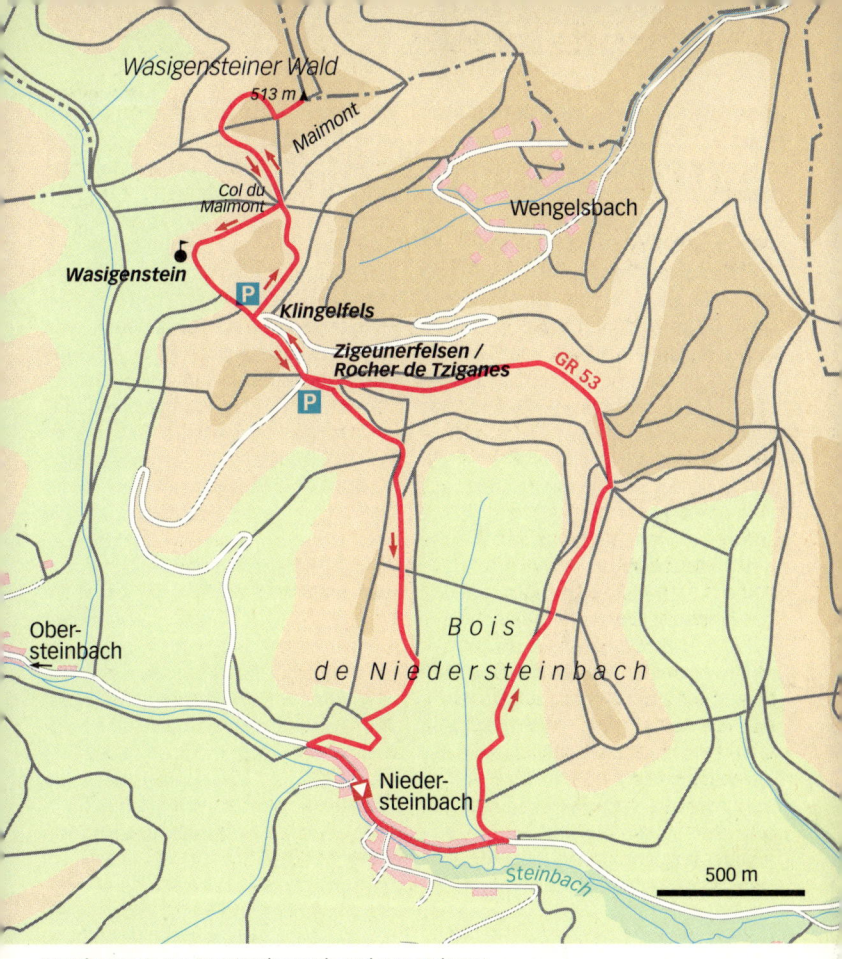

Wanderung 2: Zur Burg Wasigenstein und zum Maimont

heute meist mit Blumen geschmückt, erinnern an die Wasserversorgung des 19. Jh. Vor dem letzten Haus auf der linken Seite finden wir ein Schild »Wengelsbach, Zigeunerfels« (rotes Dreieck), und wir folgen dem ziemlich steilen Fußpfad ungefähr 25 Min. in den Wald hinauf, bis wir an einem breiten Forstweg auf den GR 53 stoßen. Hier gehen wir links, nach dem Schild »Zigeunerfels, Wasigenstein« (rotes Rechteck), bis wir nach weiteren 20 Min. vor dem **Zigeunerfels** stehen (45 Min.), den wir über eine Holzleiter und eine in Stein gehauene Treppe besteigen können. Eine Zigeunerbande, die im Schutz der

unwegsamen Wälder um Bitche von Jagd und bewaffneten Raubzügen lebte, soll hier einst belagert und endlich, nachdem man Baumstämme aufeinandergeschichtet hatte, bei lebendigem Leibe verbrannt worden sein!

Vom Zigeunerfels führt uns das rote Rechteck leicht bergab durch den Wald zu einem größeren Parkplatz (55 Min.) und dann weiter geradeaus auf dem asphaltierten Sträßchen nach Wengelsbach bis zum Parkplatz am **Klingelfels** (1 Std.). Jetzt müssen wir gut aufpassen. Wir gehen nicht direkt zum Wasigenstein, sondern nehmen rechts vom Klingelfels den fast ebenen Weg mit dem roten Punkt bis zum **Col du Maimont** (1.10 Std.), wo wir, etwas versteckt am Hang, das rot-weiß-rote Rechteck finden. Mit diesem Zeichen steigen wir nun auf einem schmalen Pfad zwischen hohen Buchen bequem zur Kuppe des **Maimont** hinauf (1.30 Std.). Hier verläuft die Grenze zwischen dem Elsaß und der Pfalz, und eine Inschrift erinnert an die französischen Alpenjäger, die im Zweiten Weltkrieg an dieser Stelle kämpften. 1925 förderten Ausgrabungen auf dem Maimont Spuren eines keltischen Castellums mit Befestigungswällen und Wohnstätten aus der La-Tène-Zeit zutage, und heute sehen wir im lichten Wald noch Reste der terrassenförmigen Anlage sowie einen ausgehöhlten Felsblock, der im Volksmund »Opferstein« genannt wird.

Für den Rückweg wählen wir bis zum Col du Maimont dieselbe Strecke, dann folgen wir dem rot-weiß-roten Rechteck bis zur **Burg Wasigenstein** (1.55 Std.). Nach der Besichtigung, bei der wir um die 50 Steinstufen erklimmen müssen, gehen wir in einer Viertelstunde über den Klingelfels zum ersten Parkplatz zurück (2.10 Std., Richtung Zigeunerfelsen, rotes Rechteck/ GR 53). Dort nehmen wir am Ende des Platzes, bei Parzelle 116, den mit einem roten Kreuz markierten Abstieg nach **Niedersteinbach**, für den wir ungefähr 35 Min. brauchen (2.45 Std.).

🍀 **AM WEGE**

Am Südhang des Maimont erheben sich auf zwei Felsklippen, durch eine tiefe Schlucht getrennt, die Ruinen von Groß- oder **Alt-Wasigenstein** und von Klein- oder **Neu-Wasigenstein.** Beide Burgen wurden im 13. Jh. von den Herren von Wasigenstein errichtet, die sie als Reichslehen hielten und kamen nach dem Erlöschen dieser Familie (1355) an verwandte elsässische Adels-

geschlechter. Im Dreißigjährigen Krieg wurde die Anlage zerstört.

Besonders beeindruckend und typisch für die Nordvogesen ist die Nutzung der riesigen Felssockel aus rotem Sandstein als natürliches Fundament: einziger Zugang zu Groß-Wasigenstein sind die in den Fels gehauenen hohen Treppenstufen. Ein Burgfrieden von 1299 bestimmt ausdrücklich, daß kein Besitzer in den Felsen des anderen graben oder ein Loch darin machen dürfe.

Über das Elsaß hinaus berühmt, ist der Wasigenstein als der sagenhafte Schauplatz des Walthariliedes, einer lateinischen Hexameterdichtung, die wahrscheinlich auf ein althochdeutsches Heldenlied zurückgeht und die, nach jüngsten Forschungen, schon am Ende des 9. Jh. entstanden ist – früher galt der Mönch Ekkehard I. von St. Gallen († 973) als der Verfasser.

Walther von Aquitanien und Hiltgunt von Burgund sind auf der Flucht vor dem Hunnenkönig Attila, an dessen Hof sie als Geiseln aufwuchsen. Nach der Überquerung des Rheins wird das friedlich reisende Paar in den Vogesen von König Gunther von Worms überfallen. Der fordert die Herausgabe des Schreines mit Gold und Kleinodien, welchen die Flüchtlinge mit sich führen – Ersatz für die Tributzahlungen ihrer Väter. Im Einzelkampf besiegt »Walther mit der starken Hand« die 12 von Gunther gegen ihn geführten Recken, unter ihnen Hagen, der als Geisel am Hunnenhof eine Zeit sein Gefährte und Freund war. Am Ende hat Gunther ein Bein verloren, Hagen das rechte Auge und Walther die rechte Hand. Sie werden von Hiltgunt verbunden, und nach einem gemeinsamen Trunk und rauhen Scherzen zieht jeder friedlich seiner Wege – überaschender Ausgang eines blutigen Kampfes.

Die Sage muß diese Geschichte schon früh mit dem Wasigenstein verbunden haben. Im Nibelungenlied, um 1200, ist die Rede von Hagen, der dem

Kampf »vor dem Waskensteine« zusah. Die Flurnamen der Umgebung (Waltersloch, Walterstachel, Waltershag) weisen auf eine Beziehung zum Waltharilied hin, ebenso das Wappen der Herren von Wasigenstein – sechs silberne Hände auf rotem Grund. Im 19. Jh. übertrug Joseph Victor von Scheffel das Waltharilied in deutsche Verse und nahm es vollständig in seinen historischen Roman »Ekkehard« auf, der seinerzeit viel gelesen wurde und das gebildete Publikum mit dem Wasigenstein bekannt machte:

Der Wasigenstein

»Walthari ritt indessen
landeinwärts von dem Rhein,
In einen schattig finstern
Forste ritt er ein.
Das war des Weidmanns Freude,
der alte Wasichenwald,
Wo zu der Hunde Bellen
das Jagdhorn lustig schallt.
Dort ragen dicht beisammen
zwei Berge in die Luft,
Es spaltet sich dazwischen
anmutig eine Schlucht,
Umwölbt von zackigen Felsen,
umschlungen von Geäst
und grünem Strauch und Grase,
ein rechtes Räubernest.«

BURGEN UND BEFESTIGUNGSWERKE

Im Dreieck zwischen Lembach, Obersteinbach und Dambach, in Nähe der Pfälzer Grenze, können wir, neben Wasigenstein und Fleckenstein, noch mehr mittelalterliche Burgen besuchen.

Frœnsburg: Parken an der D 3 zwischen Lembach und Niedersteinbach, in der Nähe der Ferme Frœnsbourg; dann ein halbstündiger Fußmarsch (blaues Rechteck).

Klein-Arnsburg: liegt direkt über Obersteinbach; eine Viertelstunde Fußweg von der Schule.

Lützelhardt: ca. 1,5 km nach Obersteinbach (D 3, Richtung Bitche) zur *Maison forestière* Lutzelhardt biegen, am Blockhaus parken und in 10 Min. zur Burg wandern (gelbes Rechteck).

Wittschlössel: Parken am Col du Langthal zwischen Obersteinbach und Wineckerthal (D 53); dann ein halbstündiger Fußmarsch (gelber Punkt u. Dreieck).

Schöneck: dieselbe Anfahrt wie für das Wittschlössel und 20 Min. Fußmarsch (gelbes Rechteck).

Wineck: Parken an der *Maison forestière* Herrenhof, ebenfalls an der D 53 zwischen Obersteinbach und Wineckerthal, und in einer Viertelstunde nach Wineck wandern (gelber Punkt).

Die drei zuletzt genannten Burgen kann man auch auf einer kleinen Tagestour besichtigen: Obersteinbach – Wittschlössel – Wineck – Maison forestière Herrenhof – Schöneck – Obersteinbach.

Hohenfels: dreiviertelstündiger Fußmarsch von Dambach in westliche Richtung (gelbes Kreuz).

Alt- und Neu-Windstein: zwischen Wineckerthal und Jaegerthal (D 53), am Hotel-Restaurant *Au Windstein* zum Parkplatz hinaufbiegen, der auf dem Bergsattel zwischen beiden Burgen liegt; Gasthaus am Parkplatz.

Kurz vor Lembach liegt ein komplett eingerichtetes Befestigungswerk der **Maginotlinie**, der *Four à Chaux* (Führungen von März bis Sept., Auskunft im Syndicat d´Initiative Lembach). Eine kleinere Kasematte gibt es bei dem Dörfchen Dambach (in der Saison: So. 14–17.30 Uhr).

3

Patriotische Denkmäler aus dem Deutsch-Französischen Krieg von 1870/71

Ein Gang über das Schlachtfeld von Wœrth

Am 6. August 1870 tobte auf den reben- und hopfenbestandenen Höhen über dem Landstädtchen Wœrth eine der blutigsten Schlachten des Deutsch-Französischen Krieges. Zahlreiche Feldgräber, deutsche und französische Kriegerdenkmäler erinnern an die zwanzigtausend Gefallenen. Der historische Spaziergang durch dieses in seiner Art einzigartige Freilichtmuseum gibt uns einen guten Überblick über den Verlauf des Kampfes.

ℹ️

WEGVERLAUF UND MARKIERUNG: Roter Ring: Wœrth – Elsasshausen (30 Min.) – Frœschwiller (35 Min.) – Maison des Turcos (30 Min.) – Wœrth (30 Min.)

DAUER: 2.05 Std.

LÄNGE: 7 km

SCHWIERIGKEITSGRAD: längerer Spaziergang; bis Frœschwiller auf geteerten Landsträßchen durch Felder u. Wiesen, dann auf unbefestigten Wegen durch den Wald.

KARTE: Vom Club Vosgien und IGN die Wanderkarte, Vosges du Nord, im Maßstab 1 : 50 000 oder die Freizeitkarte TOP25 3814 ET (Haguenau, Wissembourg), im Maßstab 1 :25 000

EINKEHRMÖGLICHKEIT: In Wœrth ländliche Gasthöfe.

ANFAHRT: Wœrth liegt an der D 27 zwischen Haguenau und Lembach. Parken gegenüber dem Bayerndenkmal (Ortsausgang, Richtung Lembach).

SYNDICAT D'INITIATIVE: Hôtel de Ville, 67360 Wœrth, ☎ 88 09 30 21

VARIANTE DES WANDERWEGS: Als Abkürzung kann man bei schlechtem Wetter von Frœschwiller auf der ziemlich befahrenen D 28 in 20 Min. direkt nach Wœrth zurückwandern.

BESONDERE HINWEISE: In Wœrth zeigt das **Musée de la Bataille du 6 Août 1870** Schlachtpläne, Erinnerungsstücke und ein Diorama mit mehr als 4000 handbemalten Zinnfiguren, das den Angriff der französischen Kürassiere zwischen Frœschwiller und Elsasshausen darstellt (April bis Okt.: 14–17/18 Uhr; im Winter: Sa. u. So. 14–17 Uhr). Von Wœrth ist es auch nicht weit zu den viel photographierten nordelsässischen Fachwerkdörfern und zum großen Festungswerk Schœnenbourg der Maginotlinie: auf der D 28 von Wœrth über Kutzenhausen bis Soultz-sous-Forêts und hier auf die D 264 nach Schœnenbourg; die Festung liegt dann hinter dem Dorf links von der D 264; zurück auf der D 249 nach Hunspach und Seebach.

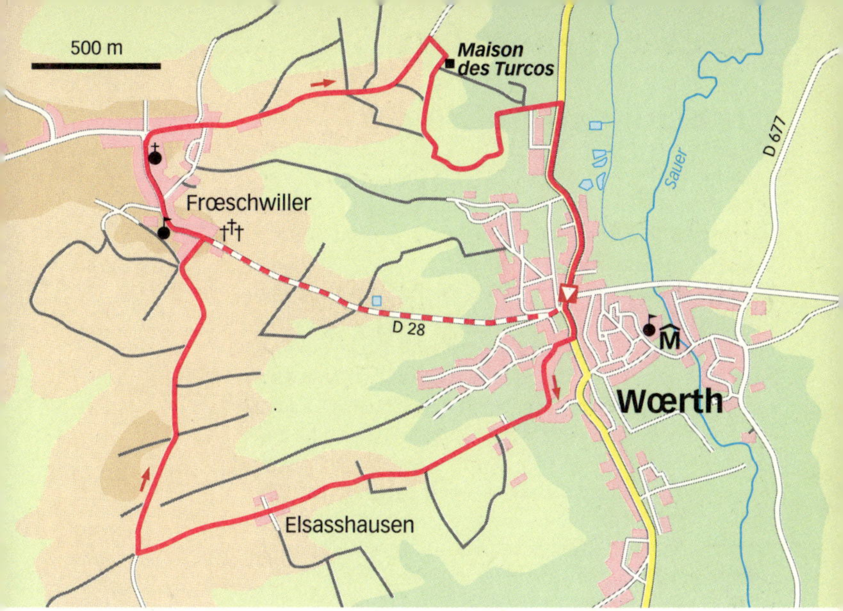

Wanderung 3: Ein Gang über das Schlachtfeld von Wœrth

▶ DER WANDERWEG

In der Bodenfalte zwischen Elsasshausen, Frœschwiller und Wœrth, durch die uns der Spaziergang führt, fand die berühmte Reiterattacke der Kürassiere von Reichshofen statt – im Diorama des Museums in Wœrth dargestellt. Wer einmal an einem heißen Augusttag auf den von den Franzosen besetzten Höhen gestanden hat, fragt sich mit Schaudern, wie die schwer bepackten deutschen Infanteristen da hinaufgekommen sind!

Vom Parkplatz gegenüber dem **Bayerndenkmal** in **Wœrth** gehen wir die Grand'Rue ein kleines Stück in die Stadt zurück (Richtung Haguenau), dann folgen wir dem Schild *Champ de Bataille du 6 Août 1870, Elsasshausen* den Berg hinauf. Markiert ist die Route auch mit dem blauen und roten Ring des Club Vosgien. Am Ortsausgang (15 Min.) erhebt sich neben der Straße weit sichtbar der 1956 errichtete Obelisk und dahinter, am Ende einer Tannenallee, eine kleinere Stele für die französi-

schen Truppen aus Nordafrika, Zuaven und Turkos. Vom 13 m hohen Siegesdenkmal der III. deutschen Armee, das sich ursprünglich in der Nähe befand, gibt es keine Spuren mehr.

Bayerndenkmal

Die Schlacht von Wœrth

In der Schlacht von Wœrth, die die Franzosen nach ihrem Hauptquartier *la bataille de Reichshoffen* nennen, verlor Frankreich gleich zu Beginn des Deutsch-Französischen Krieges seine elsässischen Besitzungen. Selten sind Schauplatz und Gang der Ereignisse so gut zu überblicken wie hier. Nach dem ersten Blitzsieg bei Wissembourg am 4. August 1870 steht die III. deutsche Armee unter Oberbefehl des preußischen Kronprinzen Friedrich Wilhelm (des späteren »99-Tage-Kaisers«) auf französischem Boden, und die Truppen des Marschalls Mac Mahon, die den feindlichen Vorstoß auf Straßburg aufhalten sollen, besetzen das Plateau auf dem rechten Ufer der Sauer – von Nehwiller über Frœschwiller und Elsasshausen bei Morsbronn. Parallel zur französischen Position, nur durch das breite Wiesental getrennt, verlaufen auf den gegenüberliegenden Hügeln die deutschen Linien. Früh am Morgen des 6. August, als eine preußische Patrouille das Städtchen Wœrth im Tal unbesetzt findet, entbrennt die Schlacht, die beide Seiten erst für den folgenden Tag geplant haben. Bis Mittag halten sich die Franzosen auf den Höhen, können die Deutschen jedoch nicht mehr aus Wœrth vertreiben. Der entscheidende deutsche Durchbruch kommt am frühen Nachmittag, als es preußischen Verstärkungen unter dem Kommando des herbeigeeilten Kronprinzen gelingt, den französischen Flügel bei Morsbronn aufzurollen und die Franzosen bis Elsasshausen zurückzuwerfen. Mac Mahon, dem es an Infanterie fehlt, antwortet mit den später berühmt gewordenen Attacken der *cuirassiers de Reichshoffen*, die im Schnellfeuer des Gegners auseinandergesprengt und aufgerieben werden – sechs der insgesamt 10 französischen Kürassierregimenter werden dabei geopfert. Nach einem letzten mutigen Sturmangriff der drei algerischen Regimenter, den sie drei Mal zurückwerfen müssen, können die siegreichen deutschen Truppen am Spätnachmittag in das zerstörte Dorf Frœschwiller einziehen. Die geschlagene Armee Mac Mahons flutet nach Reichshoffen und weiter über den Col de Saverne nach Nancy zurück. Das gesamte Elsaß wird von deutschen Truppen besetzt, und nur Straßburg hält fast zwei Monate der Belagerung stand.

20 000 Tote bleiben auf dem Schlachtfeld zurück, und die Bauern der umliegenden Dörfer müssen die Gefallenen begraben und Verletzte versorgen. Daran erinnert das Altarbild der Frœschwiller Friedenskirche – eine Grablegung.

Wir folgen nun der kleinen Straße weiter aufwärts und erreichen bald das nächste Denkmal, einen runden Turm für das kurhessische Feld-Artillerie-Regiment Nr. 11, der eine schöne Aussicht bietet über Wiesen mit Obstbäumen, kleine Weinberge, Mais- und Sonnenblumenfelder – eine friedliche Hügellandschaft, die so gar nicht zum blutigen Schlachtfeld geschaffen scheint. In einer Wiese am Ortsrand von **Elsasshausen,** das nur aus wenigen Häusern besteht, liegt ein weiterer großer Gedenkstein, dieses Mal für das 2. hessische Infanterie-Regiment Nr. 82 – »mit Gott für König und Vaterland« (30 Min.).

Ein Stück nach Elsasshausen folgt dann am Straßenrand zwischen zwei hohen Eichen ein 4 m hoher Granitblock für das 5. thüringische Infanterie-Regiment Nr. 94 und etwas weiter der stolze Löwe des 3. kurhessischen Infanterie-Regiments Nr. 83. An der nächsten Kreuzung (45 Min.) müssen wir rechts gehen (roter Ring), und erreichen auf der Landstraße in ungefähr 20 Min. das auf der Höhe liegende Dorf **Frœschwiller** (1.05 Std.). Unterwegs sehen wir französische und deutsche Einzelgräber sowie ein Denkmal für das 3. württembergische Jäger-Bataillon.

Frœschwiller, das unter der Schlacht besonders leiden mußte, ist heute ein ruhiges, etwas verschlafenes Dorf – Fachwerkhäuser mit den typischen Wetterdächlein, keine Industrie, kein Tourismus. Wir gehen die Hauptstraße hinauf, kommen an der 1872/76 aus Spenden erbauten Friedenskirche vorbei, dem angrenzenden einfachen Schloß der Grafen von Dürkheim-Montmartin und der kleineren katholischen Kirche, die ebenfalls nach 1871 errichtet wurde.

Unser nächstes Ziel ist jetzt das auf einem Hügel gelegene Turkohäuschen, der Schauplatz des letzten Sturmangriffs der nordafrikanischen Regimenter. In der Linkskurve am Ortsausgang (1.15 Std.) folgen wir dem roten Ring

nach rechts in ein Neubauviertel, Rue de Langensoultzbach, Rue du Liebfrauenthal, und dann weiter auf dem unbefestigten Weg durch den Wald bis zum Kreuz für Charles Trawitz vom 1. Zuaven-Regiment. Gleich danach führt uns der rote Ring nach rechts, und bald stehen wir vor den Grundmauern des **Turkohäuschens**, einem ehemaligen Rebhäuschen, in dem der Feldhüter einst Reben und Obstanlagen überwachte (1.35 Std.). Es ist traurig-berühmt geworden durch die heldenhafte Verteidigung der nordafrikanischen Regimenter, der *turcos* die hier in großer Zahl gefallen sind.

Am Turkohäuschen bleiben wir auf dem breiten Feldweg (nicht den Pfad in den Wald hinunter nehmen!) und gelangen über eine weite Lichtung und ein sich anschließendes Wiesengelände ganz allmählich wieder hinab ins Sauertal. Einige Texttafeln am Wegrand geben Hintergrundinformationen zur Schlacht, ein Grab im Wald erinnert an die Offiziere der Turkos, und ein letztes Doppeldenkmal, diesmal für das niederschlesische Pionierbataillon Nr. 5, erhebt sich links über uns in den Weinbergen (1.45 Std.). Dann erreichen wir bei einer Fabrik die Fahrstraße (1.55 Std.) und kehren auf einem daneben führenden Fußweg in 10 Min. nach **Wœrth** zurück.

Das Schlachtfeld vom 6. August 1870

4

Zur Wiege der Eisenindustrie in den Nordvogesen

Von Niederbronn über den Grand Wintersberg nach Jaegerthal

Die Wanderung durch ausgedehnte Buchenwälder macht uns bekannt mit der reichen geschichtlichen Vergangenheit der Gegend. Auf den Spuren der Kelten besteigen wir den Grand Wintersberg, die höchste Erhebung der Nordvogesen, und von dort geht es über das Gebirge hinunter nach dem hübsch gelegenen Dörfchen Jaegerthal am Schwartzbach, wo die erste Eisengießerei der Familie de Dietrich stand. Holzkohle für die Hochöfen und Wasserkraft zum Betrieb der Schmiedehämmer waren hier im 18. Jh. die wichtigsten Voraussetzungen für die Eisenverhüttung.

WEGVERLAUF UND MARKIERUNG: Rotes Rechteck/GR 53: Niederbronn, Source Celtic od. Source Lichteneck – Grand Wintersberg (1.30 Std.) – Col de la Liese (10 Min.); grüner Punkt: Col du Pottaschkopf – Col de Borneberg – Taubensee – Col de Wolfenthal – Finsterkopf (1.10 Std.) – Jaegerthal (35 Min.); blaues Rechteck/GR 531: Hochscheidt (35 Min.) – Villa Riesack – Niederbronn (1 Std.)

DAUER: 5 Std.

LÄNGE: 16 km

SCHWIERIGKEITSGRAD: Lange, mittelschwere Wanderung; mit einem kräftigen Anstieg von Niederbronn (190 m) zum Grand Wintersberg (581 m)

KARTE: Vom Club Vosgien und IGN die Wanderkarte, Vosges du Nord, im Maßstab 1 : 50 000 oder die beiden (!) Freizeitkarten TOP25 3814 ET (Hague-nau, Wissembourg) und TOP25 3714 ET (La Petite-Pierre), im Maßstab 1 : 25 000

EINKEHRMÖGLICHKEIT: In Niederbronn Hotels und Restaurants. Unterwegs Getränke am Col de la Liese in der Hütte des Club Vosgien (sonn- u. feiertags ab 11 Uhr, im August tägl. ab 14 Uhr, ✆ 88 09 65 50). Hotel-Restaurant *du Jaegerthal* (Di. abend u. Mi. Ruhetag). Hotel-Restaurant *Hochscheidt* (Di. abend u. Mi. Ruhetag). Es empfiehlt sich ein Picknick einzupacken, da man die Restaurants erst im zweiten Teil der Wanderung erreicht.

ANFAHRT: Niederbronn liegt an der N 62 Haguenau, Bitche, Parken am Bahnhof.

OFFICE DE TOURISME: Hôtel de Ville, 67110 Niederbronn-les-Bains, ✆ 88 80 89 70

Blick vom höchsten Berg der Nordvogesen: der Grand Wintersberg

VARIANTE DES WANDERWEGS: Aus der Ganztagswanderung wird eine »keltische« Halbtagswanderung, wenn man den Abstecher zum Camp Celtic auf dem Ziegenberg macht (rot-weiß-rotes Rechteck) und dann am Col de la Liese auf einem der zahlreichen Wege direkt nach Niederbronn zurückkehrt.

BESONDERE HINWEISE: In Nieder-bronn zeigt die **Maison de l'Archéo-logie** zahlreiche Bodenfunde, von der Vor- u. Frühgeschichte über die Römerzeit bis ins Mittelalter, sowie die weitverbreiteten Platten- oder Kasten-öfen aus der Eisengießerei de Dietrich (März bis Okt.: tägl. außer Di. 14–18 Uhr; im Winter so. 14–17 Uhr).

DER WANDERWEG

Niederbronn-les-Bains, am steilen Osthang der Vogesen, präsentiert sich als eine kuriose Mischung aus Kurort und Industriestädtchen. Den Falkenst-einerbach entlang, in Richtung Bitche,

ziehen sich die im 18. Jh. entstandenen Eisengießereien mit den einstöckigen Arbeiterhäusern; im Ortszentrum lie-gen die Kuranlagen um die *Source Romaine,* eine eisen- und natriumhal-tige Mineralquelle, die schon den Römern bekannt war.

Der Aufstieg zum Grand Wintersberg beginnt am Ortsausgang (Richtung Bit-che) an der **Source Celtic**, auch Source Lichteneck genannt, der zwei-ten Niederbronner Mineralquelle. Wir erreichen sie in ungefähr einer halben Stunde vom **Rathaus** (Rue de la République, Parc Grunelius, Les Aca-cias) oder vom **Bahnhof** (Avenue de la Gare, Route de Bitche). Markierung ist in beiden Fällen das rote Rechteck.

Vor dem neu errichteten Gebäude der Keltenquelle durchqueren wir die kleine Anlage mit der Brunnenfigur und stoßen dann auf den GR 53 (rotes Rechteck), der uns durch das Ditten-bachtal zum Grand Wintersberg und zum Col de la Liese führt. Ca. 15 Min. nach unserem Abmarsch von der Quelle (45 Min.) biegen wir von dem breiten roten Sandweg nach rechts auf einen schmalen Pfad, nach weiteren 25

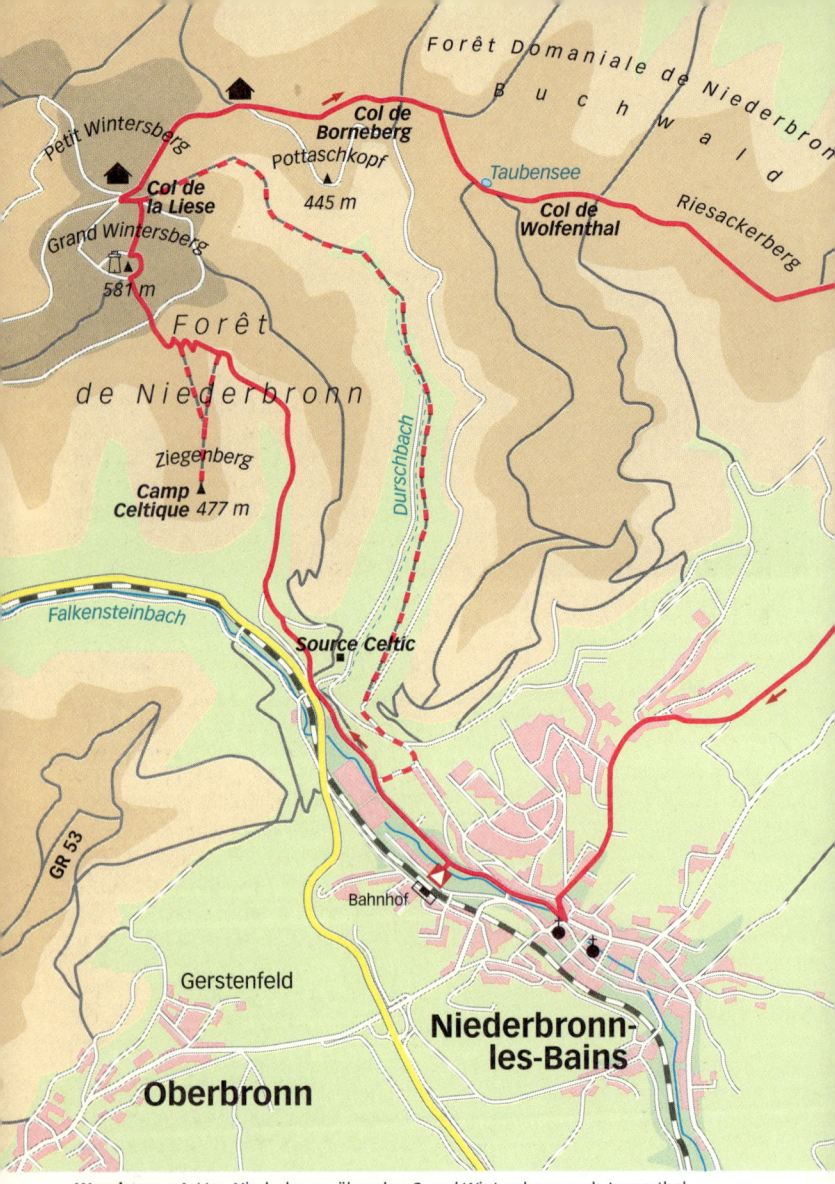

Wanderung 4: Von Niederbronn über den Grand Wintersberg nach Jaegerthal

Min. (1.10 Std.) lassen wir die Abzweigung zum Camp Celtic links liegen und erreichen nach einem letzten kräftigen Anstieg den höchsten Punkt unserer Wanderung, den **Grand Wintersberg** (1.30 Std.). Vom obligatorischen, 25 m hohen Aussichtsturm aus rotem Sandstein haben wir einen weiten Blick über die Wälder der Nordvogesen und der Pfalz, bis hin zum fernen Schwarzwald, der aus der Oberrheinebene aufsteigt.

Weiter geht es auf dem GR 53 – zuerst quer über den Platz vor dem Turm und dann in den Wald hinunter,

Finsterkopf
▲ 477 m

ehem.
Eisengiesserei

Jaegerthal

Hochscheid

erme
llon

Schwartzbach

Plan d'eau
de Wolfartshoffen

500 m

ren Ziel, zum Dörfchen Jaegerthal am Schwartzbach – Markierung grüner Punkt (früher weißer Punkt, so noch auf der Karte des Club Vosgien). Immer leicht abwärts, fast eben, wandern wir jetzt bequem über eine Stunde lang durch lichten schönen Wald – neben Lärchen und Kiefern gibt es besonders viele hochstämmige Buchen. Vom **Pott-aschkopf** (1.50 Std.) mit Blockhäus-chen und Picknickplatz kommen wir zum **Col de Borneberg** (2 Std.), bald danach zur Abzweigung des GR 53 nach **Windstein,** weiter zum **Tauben-see** (2.10 Std.), einem eingetrockneten Tümpel, von dort zum **Col de Wolfen-thal** (2.20 Std.) und schließlich zum **Finsterkopf** (2.50 Std.).

Jetzt geht es ziemlich steil hinunter ins Schwartzbachtal, und in diesem Abschnitt müssen wir genauer aufpas-sen. Wenn wir ca. 10 Min. nach unse-rem Abmarsch vom Finsterkopf auf den Wanderweg Niederbronn – Windstein stoßen (rot-weiß-rotes Rechteck), hal-ten wir uns links, folgen diesem Weg ca. 5 Min. (3.05 Std.) und steigen dann in großen Kehren, immer mit dem grü-nen Punkt, wieder rechts in den Buchenwald hinunter. Kurz bevor wir in **Jaegerthal** ankommen (3.20 Std.) – wir haben den Schwartzbach schon durch die Bäume schimmern sehen – mündet unser Pfad auf einen breiten, nicht bezeichneten Sandweg. Wir wen-den uns nach rechts, finden gleich dar-auf wieder unsere Markierung und erreichen, immer geradeaus, in 5 Min. den kleinen Stausee von Jaegerthal mit den Ruinen der um 1890 stillgelegten de Dietrichschen Eisengießerei (3.25 Std.). Wer durstig ist oder neugierig, geht noch ein Stück weiter ins Dorf, vorbei an den 1762 von der Familie de Dietrich angelegten Arbeiterwohnun-gen, bis zum Hotel Restaurant *du Jae-gerthal* und zur nahegelegenen schloß-artigen Villa der Dietrichs aus dem 19. Jh., die in ihrem großen Park jedoch nicht zu besichtigen ist.

bis zum **Col de la Liese** (1.40 Std.). Der prähistorische Stein steht heute neben der Hütte des Vogesenvereins, in der wir an Sonn- und Feiertagen auch Erfri-schungen kaufen können.

Rechts von der Hütte setzen wir nun unseren Weg fort zum nächsten größe-

Protestantische Eisenbarone in den Nordvogesen: die Familie de Dietrich

Als Jean Dietrich 1684/85 die im Dreißigjährigen Krieg ruinierte kleine Eisenschmiede im Jaegerthal kaufte und dort einen Hochofen bauen ließ, legte er den Grundstein zu einem der bedeutendsten Unternehmen im nördlichen Elsaß, dessen Geschicke eng mit der Familiengeschichte verbunden sind. Die lothringischen Dietrichs, deren protestantische Vorfahren sich Didier nannten und die erst 1578 das Straßburger Bürgerrecht erworben hatten, machten als Handels- und Ratsherren im 17. Jh. eine rasche Karriere, die 1761, kurz vor Ausbruch der Französischen Revolution, in ihrer Erhebung in den Adelsstand gipfelte.

Noblesse oblige – und so erwarb der neugebackene Freiherr und Baron kurz nacheinander die Herrschaften von Oberbronn, Niederbronn und Reichshoffen sowie den Comté du Ban-de-la-Roche im Bruchetal (damit wurde er auch Patronatsherr von Pfarrer Oberlin, dessen soziale Arbeit er unterstützte; s. Wanderung 13). Die in Jaegerthal gemachten Erfahrungen benutzte Jean de Dietrich bei seinen neuen Ländereien unverzüglich zur Anlage oder zum Kauf einer Reihe von Eisengießereien und Hochöfen, und anläßlich seiner Elsaßreise rühmte Goethe, »daß von Dietrich früher als andere sich der Gebirgsschätze, des Eisens, der Kohle und des Holzes, mit gutem Erfolg zu bedienen gewußt und sich zu einem immer wachsenden Wohlhaben herangearbeitet habe«.

Nur zwei Jahrzehnte nach diesen vielversprechenden Anfängen wurde auch das Haus de Dietrich in die Wirren der Französischen Revolution gezogen. Philippe Frédéric de Dietrich (geb. 1748) wurde vom Magistrat der Stadt zum ersten Bürgermeister von Straßburg gewählt. In seinem Auftrag schrieb der junge Offizier Rouget de l'Isle ein revolutionäres Lied: die *Marseillaise*, die im Salon von Frédéric de Dietrich zum ersten Mal gesungen wurde. Der Politik der Jakobiner stand de Dietrich zunehmend kritisch gegenüber, und so starb er 1793 in Paris unter der Guillotine. Das Vermögen der Familie wurde eingezogen, die Gießereien jedoch nach dem Ende der Terrorherrschaft schon 1795 wieder zurückgegeben.

Mit Energie und Erfindungsgabe gelang es den Dietrichs, sich den veränderten Verhältnisen des 19. Jh. anzupassen. Nachdem die Roheisengewinnung durch die relativ geringen Mineralvorkommen immer mehr zurückging, verlegte man sich zunehmend auf die Herstellung von Gußeisen und Stahl: eiserne Herde und Öfen der Marke de Dietrich waren im ganzen Elsaß verbreitet. Die besten Geschäfte machte die Firma bei dem Aufbau der französischen Eisenbahnen, für die sie bis 1870 einen großen Teil der Schienen, Räder und Waggons lieferte. Heute beschäftigt das Unternehmen, das 1949 in die *Société de Dietrich* umgewandelt wurde, in sieben Fabriken rund 5000 Arbeiter. In Reichshoffen baut sie die Lokanschlußwagen für den bekannten französischen Hochgeschwindigkeitszug *TGV (Train de grande vitesse)*.

»Nicht für sich selbst, sondern für die anderen«, nach dieser Devise kümmerten sich die protestantischen Fabrikherren de Dietrich um ihre Arbeiterschaft. In Jaegerthal, dessen Eisenhämmer 1890 stillgelegt wurden, stehen noch heute die von ihnen errichteten Arbeiterhäuser aus dem 18. Jh. mit jeweils vier oder sechs Wohnungen. Mit den Mauern aus verputzten Bruchsteinen und den Giebeln in elsässischem Fachwerk bieten die Gebäude einen »sauberen, stattlichen und malerischen Anblick«. Dazu sorgten die Dietrichs für Kirche, Schule und für einen Arzt, sie richteten Kantinen und Büchereien ein und gründeten, vor der obligatorischen Sozialversicherung, eine private Pensionskasse.

Günstige Darlehen erlaubten den Arbeiterfamilien, sich in den Dörfern anzusiedeln, und die niedrigen Löhne, die einen der Grundpfeiler der Konkurrenzfähigkeit des Unternehmens bildeten, konnten so aus den Erträgen der eigenen kleinen Landwirtschaft ausgeglichen werden. Die Verwurzelung einer kompetenten Arbeiterschaft im ländlichen Gebiet ist noch heute ein wichtiger Faktor für den Erfolg der Société de Dietrich.

Alte Schmiede im Jaegerthal

Für den Rückweg nach Niederbronn wählen wir die Route mit dem blauen Rechteck (GR 531) über den Gasthof Hochscheidt. Auf dem Weg, auf dem wir gekommen sind, gehen wir am See zurück, nehmen nach knapp 5 Min. (3.30 Std.) den breiten Forstweg links in den Wald hinauf und biegen kurze Zeit danach noch einmal links auf einen ganz schmalen Pfad, »Gîte rural Mellon, Niederbronn«. Nach einem kräftigen Anstieg können wir uns vor der letzten Etappe unserer Wanderung auf der-

hübsch gelegenen Terrasse des ehemaligen **Forsthauses Hochscheidt** noch einmal stärken (4 Std.). Anschließend folgen wir ungefähr 15 Min. der Autostraße Jaegerthal-Niederbronn bis zur **Ferme Mellon** (4.15 Std.) und biegen dort auf den kleinen asphaltierten Weg, der zur Villa Riesack führt – auch diese von einem Dietrich erbaut (1912 von Eugène de Dietrich). Noch ein kleines Stück gehen wir zwischen Wiese und Waldrand (4.25 Std.), bis uns ein Feldweg auf der linken Seite geradeaus

Ursprungs, die immer wieder die Phantasie der Menschen angeregt haben. Zu den ältesten dieser geheimnisvollen Denkmäler gehört die **Liese** (auch: Geiler Liese) auf dem Wintersbergsattel, ein Sandsteinmonolith, in den grob die überlebensgroße Gestalt einer sitzenden, unbekleideten Frau gehauen ist, und die wahrscheinlich dem Kult einer gallo-römischen Fruchtbarkeitsgöttin geweiht war (1. oder 2. Jh. n. Chr.). Noch bis zum Ersten Weltkrieg stiegen junge Mädchen oder Frauen aus Niederbronn, die sich einen Mann oder ein Kind wünschten, zur Liese hinauf. Die Mädchen rutschten den Stein hinunter, daher die Bezeichnung »Rutschfelsen«. Bei zwei mißglückten Restaurationen, 1935 und 1951, hat der Bildstein leider nicht nur ein Drittel seiner Größe (ursprünglich 3,60 m, heute 2,20 m), sondern sein ursprüngliches Aussehen eingebüßt.

Nicht weit von der Liese entfernt, erhebt sich auf der Höhe des Ziegenberges das **Camp Celtic** (Keltenlager), ein Wall aus kleinen, nebeneinander gesetzten Felsblöcken, mit einem ungefähr 3 m hohen Menhir und einem Dolmen. Diese rätselhafte Anlage (eine ähnliche Mauer ist auch auf dem benachbarten Vorderberg erhalten), scheint Teil einer einheimischen Bauern- und Hirtenzivilisation gewesen zu sein, die sich vom 1. bis 3. Jh. n. Chr. abseits der großen Durchgangsstraßen auf den Höhen der Vogesen entwikkelte, und deren Spuren seit 1970 von Straßburger Archäologen vor allem auf dem Gelände des Wasserwalds bei Saverne erforscht werden.

Die Sage erzählt, daß vor vielen tausend Jahren das Keltenlager mit dem Gebirge auf der anderen Seite des Falkensteinerbachs durch eine in der Luft schwebende Brücke verbunden war. Weißgekleidete Priesterinnen wandelten darüber und trafen sich zum Tanz im Elfengarten neben der Wasenburg (s. Wanderung 5).

über Äcker und Wiesen nach **Niederbronn** zurückbringt (4.45 Std.). Vom Ortsrand bis zur Ortsmitte brauchen wir, immer dem blauen Rechteck folgend, noch einmal ca. 15 Min. (5 Std.).

AM WEGE

Die Wälder um Niederbronn sind reich an eigentümlich geformten großen Steinen und Steinwällen unbekannten

5

Auf Goethes Spuren

Von Niederbronn zur Wasenburg

Die Wasenburg ist das klassische Ziel der Niederbronner Bade-
gäste. Schon Goethe hat sie während seiner Straßburger Zeit
bestiegen, auf dem Rückweg von einer kleinen Reise, die ihn
über Saverne und Bouxwiller ins lothringische Saartal geführt
hatte, nachzulesen in »Dichtung und Wahrheit«. Weniger berühmt, aber hübsch anzusehen, sind die vorbildlich restaurierten Fachwerkhäuser aus dem 16. und 17. Jh. im benachbarten Oberbronn, am Südhang des Wasenkœpfel.

WEGVERLAUF UND MARKIERUNG:
Rotes Rechteck/GR 53: Niederbronn,
Bahnhof – Wasenburg (1 Std.); blauer
Punkt u. rotes Rechteck: Kreuztanne –
Wasenkœpfel (55 Min.); rotes Rechteck
u. blaue Raute: Oberbronn
(35 Min.); blaues Rechteck/GR 531:
Niederbronn (55 Min.)

DAUER: 3.25 Std.

LÄNGE: 10 km

SCHWIERIGKEITSGRAD: Mittel
schwere Wanderung durch den Wald;
Aufstieg von Niederbronn (190 m) zum
Wasenkœpfel (521 m)

KARTE: Vom Club Vosgien und IGN die
Wanderkarte, Vosges du Nord, im
Maßstab 1:50 000 oder die Freizeitkarte TOP25 3714 ET (La Petite-Pierre),
im Maßstab 1:25 000

EINKEHRMÖGLICHKEIT: Hotels und
Restaurants in Niederbronn; Dorfgasthäuser in Oberbronn

**ANFAHRT U. FREMDENVERKEHRS-
AMT:** s. Wanderung 4

VARIANTE DES WANDERWEGS: Die
Rundwanderung läßt sich um ca. 1 Std.
abkürzen, wenn man von der Kreuztanne direkt nach Niederbronn zurück-
wandert (rot-weiß-rotes Rechteck)

BESONDERE HINWEISE: Am 3. oder
4. Sonntag im Oktober feiert man in
Oberbronn das Kastanienfest (*Fête de
la châtaigne*); Spezialität ist die Kesch-
tewurscht/Kastanienwurst (*Boudin aux
châtaignes*)

DER WANDERWEG

Vom Parkplatz am Bahnhof gehen wir
Richtung Casino und finden gleich darauf ein großes Schild des Club Vosgien.
Der GR 53 (rotes Rechteck) zur Wasenburg führt uns zur Bahnunterführung
und dann nach rechts eine Weile neben
den Schienen her (Allée des Tilleuls, Rue
Charles Matthis). Am Ende der langen
Straße (10 Min.) erreichen wir die **Allée
du Roi de Rome**, wo ein Gedenkstein
mit der Jahreszahl 1811 an die Geburt
des einzigen Sohnes von Napoleon und
Marie Luise von Österreich erinnert.

Johann Bager, Porträt des jungen Johann Wolfgang von Goethe, 1773

Zwischen der neuen Autostraße und der Bahnlinie lädt der kleine Platz mit Bänken und einer angekränkelten alten Linde jedoch kaum zum Verweilen ein.

Unser Weg führt weiter unter der Umgehungsstraße hindurch und anschließend in großen Schleifen in den Wald hinauf. Gleich am Fuß des Berges beginnt ein naturgeschichtlich-historischer Lehrpfad (*Sentier botanique*). Der Wegweiser »Sentier« begleitet uns mit der Markierung des Club Vosgien bis zur Kreuztanne – wir können also kaum fehlgehen. Vom Waldrand bis zum Fuß der **Wasenburg** brauchen wir ungefähr 45 Min. (1 Std.).

Jetzt müssen wir den GR 53 vorläufig verlassen, gehen rechts zur Burganlage herauf und finden unsere neue Markierung, den blauen Punkt, an einem Baum zwischen Tor und Wachfelsen. Gleich hinter der Burg geht es nach links steil in den Wald hinauf, und wir kommen nacheinander zum *Jardin des Fées* (1.05 Std.) und zu den *Pierres à Cupules* auf der Höhe des **Reisberges** (1.20 Std.).

Bald nach den Felsen gehen wir an einer nicht bezeichneten Kreuzung geradeaus (es gibt hier eine Tafel *genet callune*), und der nächste Pfad, links herunter, ist dann wieder markiert. Wenn wir auf das rote Rechteck des GR 53 stoßen (1.30 Std.), wenden wir uns nach rechts, kommen nach einem Augenblick am »Hexenplätzchen« vor-

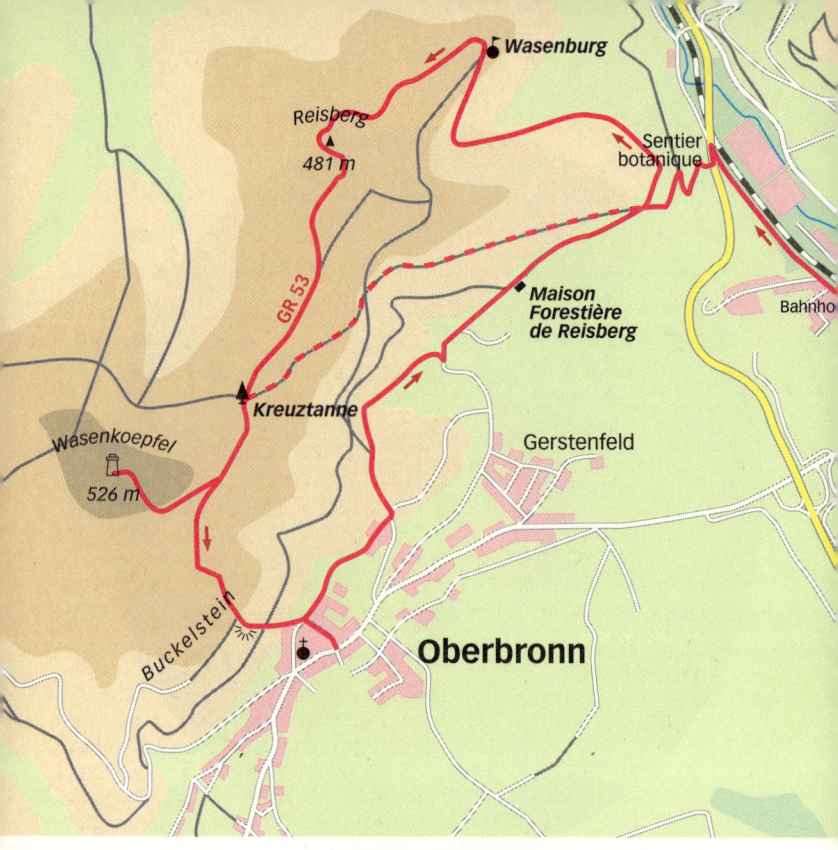

bei (hier fanden Archäologen Äxte aus dem Neolithikum) und gelangen dann zur **Kreuztanne** (1.40 Std.).

Hier verlassen wir den Lehrpfad und folgen dem GR 53 durch schönen Buchenwald hinauf zum **Wasenkœp-fel** (2 Std.). Am Turm erinnert eine Gedenktafel an den Gelehrten und Dichter August Stöber, der zeitweise in Oberbronn lebte und dem wir die bekannte Sammlung der elsässischen Sagen verdanken.

Auf dem Weg, auf dem wir gekommen sind, gehen wir ein Stück zurück und folgen dann dem Schild »Oberbronn, Buckelstein« (blaue Raute) nach rechts. Wenn wir auf einen breiten Forstweg stoßen, den wir überqueren müssen, beginnt der steile Abstieg über den Hang (bei Parzelle 41, 2.10 Std.). Die Lichtung mit Farn, Heidekraut,

Brombeerranken, niedrigen Kiefern und Eichengebüsch bietet eine prächtige Aussicht auf die Ebene, wird aber im Sommer von der Sonne kräftig erhitzt. Zweimal kreuzt unser schmaler Pfad einen breiteren Forstweg, zur Kreuztanne und zum Reisberg (hier halten wir uns leicht rechts), dann führt er über den Buckelstein auf einer Treppe steil nach **Oberbronn** hinunter. Hier gehen wir rechts, bis wir am Rathaus auf die Rue Principale stoßen (2.30 Std.).

Im Schwarzen Ochsen (*Au Bœuf Noir*) oder im Hirschen (*Au Cerf*) können wir uns stärken und im Anschluß daran vielleicht noch einen Rundgang durch das gut restaurierte Dorf machen. Es gibt schöne alte Fachwerkhäuser und die in der Gegend typischen Kellerfenster mit Schiebeladen aus Sandsteinplatten.

Wanderung 5:
Von Niederbronn zur Wasenburg

Niederbronn-les-Bains

Casino

Falkensteinerbach

Reichshoffen

500 m

AM WEGE

Auf dem **Reisberg**, am Eingang des Falkensteinbachtals, durch das eine Straße nach Lothringen führte, erhob sich schon in römischer Zeit ein **Merkurtempel**, der möglicherweise auf ein sehr viel älteres, keltisches oder vorkeltisches Höhenheiligtum zurückgeht. Neben zahlreichen Bodenfunden, Inschriften und Merkurstelen, die sich heute großenteils im Niederbronner Museum befinden, hat sich an Ort und Stelle am Burgfelsen, rechts neben dem Eingangstor, eine verwitterte, heute nur noch zu erahnende Inschrift erhalten.

Über den Bau und die Zerstörung der mittelalterlichen Burg wissen wir wenig. Urkundlich genannt wird die **Wasenburg** erst 1335, anläßlich einer Erbteilung der mächtigen Lichtenberger, und sie soll, wie viele Burgen der Gegend, um 1677 ein Opfer der Franzosen geworden sein.

Vor dem Wanderer, der aus dem Wald tritt und von Süden her über die Vorburg zum Felsgipfel emporsteigt, erhebt sich eindrucksvoll der ehemals dreigeschossige Palas, der durch eine mächtige, 4 m dicke und 19 m hohe Schildmauer aus Buckelquadern geschützt wurde. Wie bei der benachbarten Burg Neu-Windstein ist der Bergfried völlig verschwunden. Sehenswert ist das große Prachtfenster des Palas mit den 9 spitzbogigen Lanzettenöffnungen, das aus einer einzigen, fast 5 m breiten Sandsteinplatte gearbeitet ist.

Das Merkuriusportal wurde um die Jahrhundertwende aus römischen Überresten zur Erinnerung an den einstigen Merkurtempel errichtet. Gleichzeitig ließ der Vogesenclub eine Gedenkinschrift zu Ehren von Goethes Besuch über dem Burgtor anbringen.

Den Rückweg nehmen wir wieder am Rathaus vorbei über die Rue Gelders, folgen jetzt jedoch dem blauen Rechteck (Richtung Niederbronn). Nach ca. 10 Min. verlassen wir am Ortsausgang die große Straße und gehen die kleine Rue de la Wasenbourg hinauf zum Wald (2.40 Std.). Kastanienbäume erinnern daran, daß hier einmal Weinbau betrieben wurde (man benutzte Kastanienholz früher für die Rebstöcke). Gleich nach dem Picknickplatz Rondelle (2.45 Std.) biegen wir nach rechts und wandern, zuerst auf einem schmalen Pfad und dann ein Stück auf einem Sträßchen, am Forsthaus Reisberg vorbei bis zum GR 53 (3.05 Std.). Hier schließt sich der Kreis, und wir erreichen **Niederbronn** über den »Roi de Rome« und den Naturlehrpfad, den wir schon auf dem Hinweg benutzt haben (3.25 Std.).

6

Geologischer Lehrpfad über urzeitlichen Meeresgrund

Auf dem Bastberg bei Bouxwiller

Als elsässischer Hexenberg und als Fundort außergewöhnlicher Fossilien ist der Bastberg gleich doppelt berühmt. Die schon von Goethe gepriesene weite Aussicht genießt man am besten an einem klaren Tag im Herbst oder im Frühling, zur Zeit der Baumblüte. Ohne Sonne, im Regen, ergeht es dem Wanderer sonst leicht wie weiland dem badischen Pfarrer Hansjakob auf seinen »Sommerfahrten«, der hier, im naßkalten Juniwetter, nur einen »elenden kahlen Hügel« erblickte, der ihm, trotz Goethe, ganz und gar nicht imponieren konnte.

WEGVERLAUF UND MARKIERUNG:
Sentier géologique: Bouxwiller – Kleiner Bastberg (1.20 Std.) – Großer Bastberg oder Galgenberg (10 Min.) – Bouxwiller (40 Min.)

DAUER: 2.10 Std.

LÄNGE: 7 km

SCHWIERIGKEITSGRAD: Angenehme Wanderung auf Feldwegen über einen kaum bewaldeten Höhenrücken; leichter Aufstieg von Bouxwiller (229 m) zum Großen Bastberg (321 m)

KARTE: Vom Club Vosgien und IGN die Wanderkarte, Vosges du Nord, im Maßstab 1:50 000 oder die Freizeitkarte TOP25 3714 ET (La Petite-Pierre), im Maßstab 1:25 000

EINKEHRMÖGLICHKEIT: Gasthäuser in Bouxwiller. Im 3 km entfernten Imbsheim die ländliche Winstub *S'Batsberger Stulwel* (Mo. und Di. abend Ruhetag)

ANFAHRT: Bouxwiller liegt abseits der großen Straßen nördlich von Hochfelden (Ausfahrt der Autobahn Straßburg – Paris) an der D7. Parken auf der Place du Château vor dem Rathaus

SYNDICAT D'INITIATIVE: Hôtel de Ville, 67340 Ingwiller, ℡ 88 89 23 45

BESONDERE HINWEISE: Im Rathaus von Bouxwiller, in der ehemaligen gräflichen Kanzlei, zeigt das **Musée de Bouxwiller et du Pays de Hanau** Geschichte und Volkskunde des Hanauerlandes (Mo. bis Fr. 9–12 u. 14–18 Uhr; Mai bis Dez.: Sa. u. So 14–18 Uhr)

DER WANDERWEG

Bouxwiller, zu deutsch Buchsweiler, eine ruhige kleine Provinzstadt, war einst bedeutend als Residenz der Grafen von Hanau-Lichtenberg. Wie viele elsässische Herren waren sie auf bei-

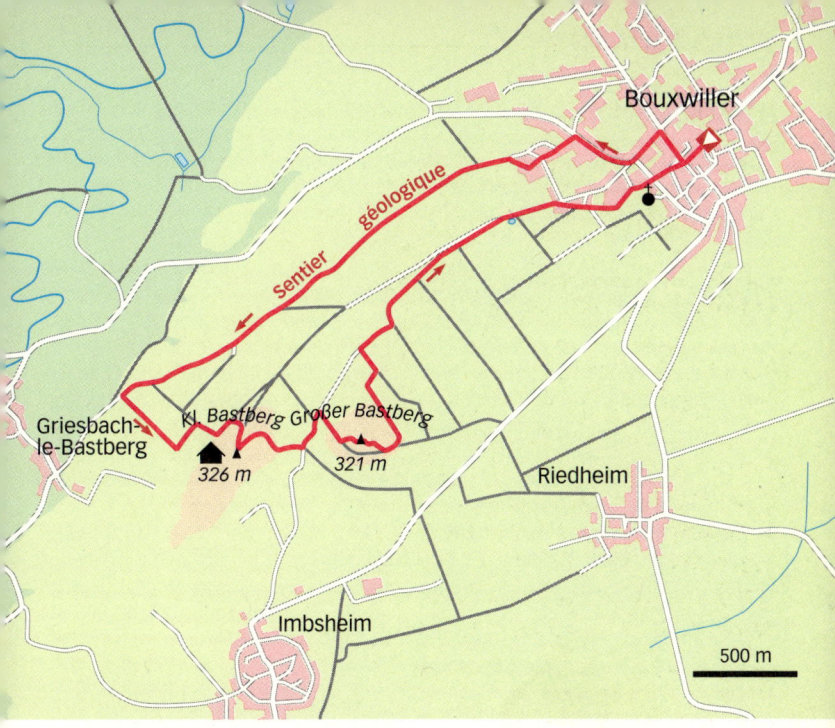

Wanderung 6: Auf dem Bastberg bei Bouxwiller

den Ufern des Rheins begütert, und noch heute erinnert der gemeinsame Name, *Pays de Hanau* bzw. »Hanauer Ländel«, an die historische Zusammengehörigkeit beider Landstriche.

Unser Spaziergang beginnt an der **Place du Château**, einem weiten baumbestandenen Platz, um den herum die wichtigsten Gebäude des Residenzstädtchens lagen: das in der Französischen Revolution zerstörte Schloß (am Ende des 19. Jh. durch ein großes Schulhaus ersetzt), der Marstall (heute zur Post umgebaut), die Kanzlei der Grafschaft Hanau-Lichtenberg (beherbergt jetzt Rathaus und Museum), die ehemalige Rentkammer (heute Schatzamt) und die langgestreckte ehemalige Kornhalle mit der angebauten spätgotischen Schloßkapelle. Die 138 Orangenbäume des noch von Goethe besuchten Herrengartens, die die Revolution überdauerten, schenkte Napoleon der Stadt Straßburg, wo man für sie die

Orangerie anlegte, Straßburgs schönsten Stadtpark.

Nach der Besichtigung des Platzes gehen wir zwischen Post und Rathaus die Rue des Seigneurs/Herregass hinauf und dann rechts in die Grand'Rue; einige besonders reiche Fachwerkhäuser sind heute mit kleinen Schildern bezeichnet. Gegenüber der ehemaligen Synagoge aus der ersten Hälfte des 19. Jh., in der ein Museum des elsässischen Judentums eingerichtet wird, am Hôtel au Soleil biegen wir links in den Boulevard Général Bolgert und gehen dann geradeaus in die Rue du Bastberg, bis zur großen **geologischen Schautafel**. Von nun an folgen wir dem Wegweiser *Sentier géologique*: das Treppchen hinunter zur Straße, dann nach links bis zum *Centre de Secours*, hier wieder links hoch zu einem Neubaugebiet (Résidence Sundhalt) und bald darauf nach rechts in die Rue du Galgenberg. Am Ende dieser Straße beginnt jetzt der eigentliche geologische Lehrpfad.

In halber Höhe wandern wir zunächst auf einem Feldweg am Westhang des Berges entlang, zwischen Wiesen mit Obstbäumen und Buschwerk. Gleich am Anfang des Lehrpfades liegt links ein Steinbruch (Oolithkalk, 25 Min.), und nach einer Wanderung von ungefähr einer halben Stunde gelangen wir dann zur zweiten Station am Rand einer eingezäunten Wiese (Triasmergel, 50 Min.). Nach der lokalen Überlieferung soll es hier in der Nähe, am mittleren Abhang, da wo der Weg nach Griesbach hinabführt, eine Stelle geben, an der Schafe nicht fressen wollen und an der Hunde anfangen zu bellen. Ein Phänomen, das vielleicht durch austretendes Erdgas zu erklären ist.

Über uns haben wir schon seit einer Weile das Kreuz des **Kleinen Bastbergs** erblickt, zu dem wir nun, am Ende der Wiese, ziemlich steil hinaufsteigen. Zunächst geht es durch Wein-

In den Gassen von Bouxwiller

berge (3. Station: Juramergel, 1 Std.), dann an einer großen Hecke vorbei – Hagebutten, Schlehen, Weißdorn, Pfaffenhütchen, Liguster, roter Hartriegel – und anschließend durch ein Kiefernwäldchen (4. Station: Oolithkalk, 1.15 Std.). Wenn wir aus dem Wäldchen herauskommen, müssen wir uns rechts halten und gelangen mit wenigen Schritten zum Kreuz auf dem Kleinen Bastberg, dem berüchtigten Hexenplatz. Der weite Blick über die hügelige Ackerbaulandschaft bis hin zu den abgeflachten Gipfeln der Sandsteinvogesen ist berühmt geworden durch Goethes Beschreibung.

Der bewaldete Gipfel des **Großen Bastbergs**, auch Galgenberg genannt, weil sich hier bis zum 15. Jh. die Richtstätte der Grafschaft befand, erhebt sich jetzt im Nordosten vor uns. Wir folgen dem steinigen Weg in diese Richtung ungefähr 200 m bergabwärts bis zum Fahrsträßchen Bouxwiller-Imbsheim, wenden uns hier nach links und biegen kurz darauf nach rechts auf einen Feldweg, der zum Großen Bastberg hinaufführt. Schon nach wenigen Minuten stehen wir, mitten im Kiefernwald, vor der 5. Station des Lehrpfades (Konglomerat des Bastbergs, 1.30 Std.). Unser Weg zwischen den Bäumen ist jetzt mit einem weißen Pfeil an den Stämmen gekennzeichnet.

Weiter gehts, vom Waldrand nach links wieder zur Straße Bouxwiller-Imbsheim zurück, wo wir uns nach rechts wenden müssen. Wir bleiben nun auf diesem Sträßchen und erreichen auf einem schönen Spazierweg, von Birnbäumen und Weinreben gesäumt, in einer Viertelstunde die ersten Häuser von **Bouxwiller** (1.55 Std.). Wo sich die Straße teilt, gehen wir rechts und gelangen gleich darauf zu dem aufgelassenen Steinbruch, in dem Cuvier einst die bedeutendsten Funde gemacht hat (6. Station: Süßwasserkalk). An der katholischen Kirche steigen wir dann immer geradeaus durch die Rue

Schattenmann und die Rue du 22 Novembre zur Grand'Rue herunter – im Vorbeigehen bemerken wir ein Stück der alten Stadtmauer. Hier schließt sich der Kreis, und wir können noch eine Weile durch die engen Gäßchen bummeln. In Bouxwiller liegt alles nah beieinander.

DER HEXENBERG

Durch Jahrhunderte galt der Bastberg den Elsässern als anrüchiger Spuk- und Hexenplatz. Wandelnde Feuer und feurige Kugeln erschreckten die nächtlichen Wanderer, und jedes Jahr in der Walpurgisnacht fanden sich hier – auf Besen, Heugabeln, Böcken und roten Katzen reitend – alle Hexen der Umgegend ein. Noch 1713 notiert ein Landsmann von Goethe, der junge Frankfurter Patrizier Johann Friedrich von Uffenbach, in sein Reisetagebuch: »26. mai. Es ist sonst diesser berg derselbe davon… gemeldet wird, daß man in dem Gras runde Zirkel findet, darin das Gras ganz gelb ist, und von deren uhrsach so vile muthmassungen gestellet werden; die gemeiner Leute opinion ist sonsten durchgehends, dass die hexen alda zusammenkähmen und ihren tanz hielten davon das Gras so gelb würde.« Goethe hat sich auf dem Bastberg für etwas ganz anderes interessiert: »Diese Höhe, ganz aus verschiedenen Muscheln zusammengehäuft, machte mich zum ersten Mal auf solche Dokumente der Vorwelt aufmerksam; ich hatte sie noch niemals in so großer Masse beisammen gesehn.«
Systematisch untersuchte als erster der französische Naturforscher Georges Cuvier zu Beginn des 19. Jh. die Fossilien des großen Steinbruchs. Er entdeckte dabei fossile Knochenfragmente einer heute ausgestorbenen tapirähnlichen Tierart, von denen eine zu Ehren des Fundortes von späteren Paläontologen *Iophiodon buchsowillanum* getauft wurde. Diese Tiere lebten zusammen mit Krokodilen und Schildkröten, Schlangen, Vögeln und Fröschen vor etwa 50 Mill. Jahren im Eozän, zu Beginn des Tertiärs, inmitten einer üppigen tropischen Vegetation an den Ufern eines großen Sees, der damals die Gegend von Bouxwiller bedeckte. Da fossile Reste der kontinentalen Fauna aus dieser Epoche äußerst selten sind, ist Bouxwiller ein bekannter Ort für Geologen und Paläontologen geworden.

AM WEGE

Orchideen auf dem Bastberg im Mai

Der 1981 angelegte geologische Lehrpfad, **Sentier géologique du Bastberg**, führt uns, von Fundstelle zu Fundstelle, durch die riesigen Zeiträume der Erdgeschichte: vom Erdmittelalter mit den verschiedenen Meeresüberflutungen (Stationen 1 bis 4) bis zum Einbruch des Oberrheingrabens im Tertiär (Stationen 5 und 6). Krokodile unter Palmbäumen sind freilich nicht

Blick vom Bastberg auf die Ebene von Obersoultzbach

mehr zu sehen, und als Laie staunt man darüber, wie wenig spektakulär das Arbeitsmaterial der Geologen ist. Folgen wir also aufmerksam den einzelnen Stationen.

1. Station: Am ehemaligen Steinbruch erkennen wir Brocken von gelblichem, festen Gestein, das aus einer Vielzahl kugelrunder Körner von etwa 1 mm Durchmesser zusammengesetzt ist: den sog. Oolithen (griechisch: Eiersteine).

Es handelt sich um Oolithkalk, der sich bildete, als in der Jura-Zeit des Erdmittelalters, vor über 150 Mill. Jahren, ein flaches Meer große Teile Süddeutschlands bedeckte.

2. Station: An der Böschung sehen wir feinkörniges, lockeres Gestein von grauer Färbung, den Mergel. Er besteht aus winzigen Tonmineralen, die sich im seichten Wasser einer großen Lagune abgesetzt haben, zu Beginn des Erdmit-

den, das sind heute ausgestorbene Kopffüßler, die besonders häufig im Jura-Meer des Erdmittelalters vorkamen und den Paläontologen darum als Leitfossilien dienen.

Die schneckenförmigen Ammoniten und die kegelförmigen Belemniten, im Volksmund auch Teufelsfinger oder Donnerkeile genannt, werden oft durch einen starken Gewitterguß an die Erdoberfläche befördert, und die Bauern mauerten sie früher gerne als Glücksbringer und Blitzschutz in ihre Häuser.

4. Station: Der Gipfel des Kleinen Bastbergs wird aus demselben Oolithkalk gebildet wie der zuerst besuchte Steinbruch. Wir bemerken den großen Höhenunterschied zwischen den beiden Stationen, der sich durch die Auffaltung der Erdschichten nach ihrer Ablagerung erklärt.

5. Station: Der Große Bastberg, der heute von einem Schwarzkiefernwald bedeckt ist, besteht aus einem Konglomeratgestein, d. h. aus Geröll, das untereinander verkittet ist. Dieses Konglomerat, dessen einzelne Steine den beachtlichen Durchmesser von 40 cm erreichen können, ist bedeutend jünger als die Gesteine der Stationen 1 bis 4. Es entstand beim Einbruch des Oberrheingrabens im Tertiär vor etwa 40 Mill. Jahren (Oligozän), als die Wasserläufe der Vogesen die Juraformationen der Berge abtrugen, und sich die Anschwemmungen an der Küste des Meeres anhäuften, das damals den Graben ausfüllte.

6. Station: Diesem Steinbruch an der Kirche verdankt Bouxwiller seinen eigentlichen geologischen Ruhm. Hier fand Cuvier in den mit Mergeln durchsetzten weißen Kalkbänken die zahlreichen Versteinerungen der Tertiär-Zeit, von denen bereits die Rede war. Das bunte Bild mit der fremdartig tropischen Landschaft auf der Schautafel am Anfang des Lehrpfades präsentiert die Gegend von Bouxwiller in dieser Epoche.

telalters, vor rund 200 Mill. Jahren. Weil sich in dem sehr salzhaltigen Wasser nicht viel Leben entwickeln konnte, enthält der Mergel nur wenige Versteinerungen.

3. Station: Das Gestein erscheint hier nur, wenn es durch Feldarbeit oder Bodenabschwemmungen freigelegt wird. Entlang des Weges kann man, wenn man viel Glück hat, Versteinerungen von Ammoniten und Belemniten fin-

7

Bei den Troglodyten

La Petite-Pierre war bis ins 19. Jh. bedeutend als Grenzbefestigung zwischen dem Elsaß und Lothringen. Wir nehmen die historische Kleinstadt als Ausgangspunkt für eine Tageswanderung zu den Felsenwohnungen von Graufthal, die noch zu Beginn unseres Jahrhunderts benutzt worden sind. Bei warmem Sommerwetter können die Wegstücke durch das niedrig gelegene Rehbachtal und um den Kohlthalerhof leicht schwül werden.

WEGVERLAUF UND MARKIERUNG: Rote Raute: La Petite-Pierre – Rocher des Païens/Heidenfels (45 Min.) – Graufthal, Höhlenwohnungen (1.30 Std.); rotes Rechteck/GR 53: Kohlthalerhof (1.20 Std.) – Rocher du Corbeau/Rabenfels (25 Min.) – La Petite-Pierre (25 Min.)

DAUER: 4.25 Std.

LÄNGE: 14 km

SCHWIERIGKEITSGRAD: Mittelschwere Wanderung durch ausgedehnten Mischwald; dem Abstieg von La Petite-Pierre (340 m) nach Graufthal (202 m) folgt im zweiten Teil ein ziemlich steiler Aufstieg zum Rabenfels (390 m).

KARTE: Vom Club Vosgien und IGN die Wanderkarte, Vosges du Nord, im Maßstab 1:50 000 oder die Freizeitkarte TOP25 3714 ET (La Petite-Pierre), im Maßstab 1:25 000

EINKEHRMÖGLICHKEIT: In Graufthal Gasthaus *Au Vieux Moulin* (Mo.abend u. Di. Ruhetag). In La Petite-Pierre zahlreiche Hotels und Restaurants; exklusiv *Aux Trois Roses* (So. abend u. Mo. Ruhetag); schön gelegen die *Auberge d'Imsthal*.

ANFAHRT: La Petite-Pierre liegt abseits der großen Straßen nördlich von Saverne. Parken vor dem Rathaus, an der Kreuzung der D7 (Bouxwiller), der D178 (Saverne) und der D9 (Drulingen)

OFFICE DE TOURISME: Maison du Frasey, 67290 La Petite-Pierre, ℡ 88 70 42 30

BESONDERE HINWEISE: Besichtigung der Höhlenwohnungen von Ostern bis Sept.: Sonn- u. Feiertage 14–18 Uhr. In La Petite-Pierre das **Musée du Sceau alsacien** und das **Musée des Arts et Traditions populaires** (Sa. u. So./Weihnachts- u. Osterferien: 10–12 u. 14–18 Uhr; Juli bis Sept.: tägl. außer Mo. 10–12 u. 14–18 Uhr). An der Straße nach Bouxwiller ein Wildgehege: **Parc Animalier du Schwarzbach**.

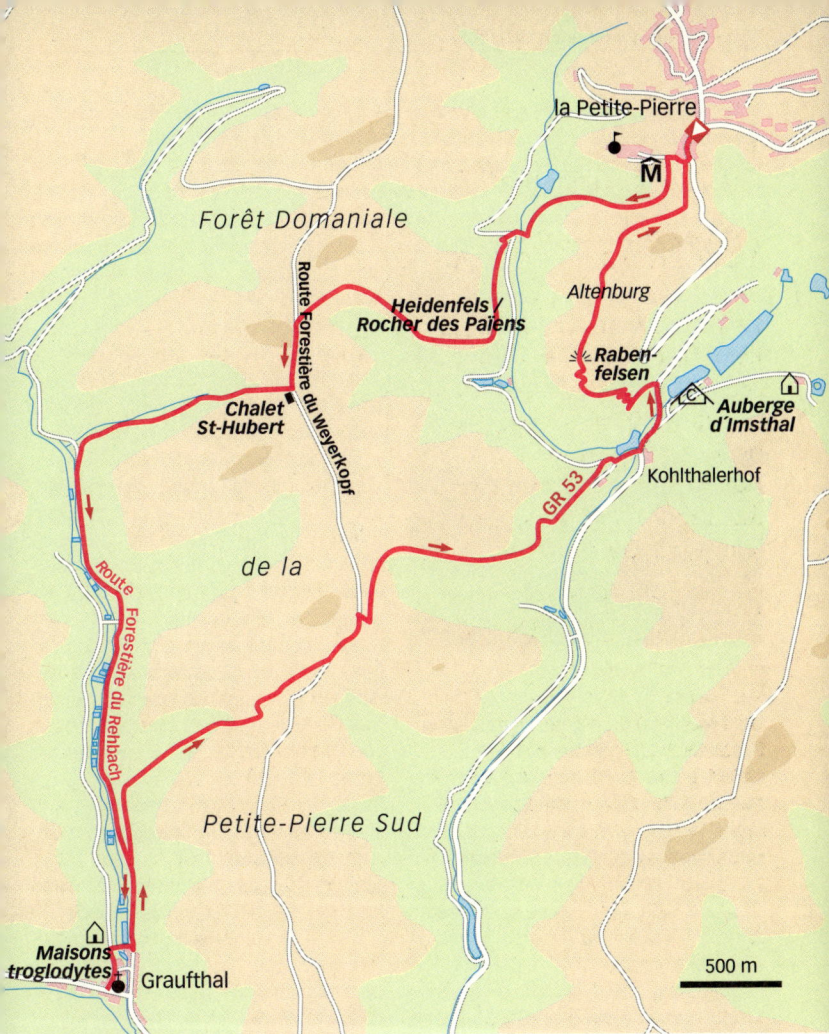

Wanderung 7: Von La Petite-Pierre nach Graufthal

> ### DER WANDERWEG

Im Schutz der am Ende des 12. Jh. erbauten Stammburg der Grafen von Lützelstein (französisch: *La Petite-Pierre*) liegt die gleichnamige Siedlung, deren Häuschen zumeist aus dem 18. Jh. stammen. Inmitten ausgedehnter Wälder wollte der Ort, trotz Residenzschloß und Marktprivileg, jedoch nie zu einer richtigen Stadt gedeihen. Erst in den letzten Jahrzehnten hat er als Verwaltungssitz des Naturparks Nordvogesen und beliebter Luftkurort eine neue Bestimmung gefunden.

Am Rathaus in der Unterstadt sind nach Graufthal gleich zwei verschiedene Routen angezeigt: die mit der roten Raute über den Heidenfels, die wir für den Hinweg wählen und der GR 53 (rotes Rechteck), auf dem wir zurückkommen werden. Nachdem wir ein kleines Stück die Hauptstraße entlang gegangen sind, folgen wir dem Wegweiser in die Altstadt (*Château, Musée*...) nach rechts den Berg hinauf, lassen den GR 53 links liegen, kommen an der Schanze der Altenburg vorbei und stoßen gleich danach, ebenfalls auf der linken Seite, auf die rote Raute (*Rocher des Païens*, Graufthal). Jetzt geht es zunächst ziemlich steil durch den Mischwald abwärts, bis zu einem

Blick auf La Petite-Pierre

breiten Forstweg – unterwegs ein sehr schöner Blick auf die hochgelegenen Mauern und die Burg von La Petite-Pierre. Nach Überquerung des Forstwegs steigen wir dann, immer durch den Wald, zu den **Heidenfelsen** hinauf (45 Min.). Sie liegen am Hang über uns und sind, im Gegensatz zu vielen anderen Vogesenfelsen nicht besonders gekennzeichnet.

Eine Viertelstunde später (1 Std.) erreichen wir eine kleine asphaltierte Forststraße, die *Route forestière du Weyerkopf*, folgen ihr nach links zum **Chalet St-Hubert** (1.05 Std.) und biegen an dieser Hütte wieder nach rechts in den Wald. Über eine Lichtung, die im Sommer mit hohem Gras, Ginster, Heidekraut, Himbeer- und Brombeergebüsch zugewachsen ist, steigen wir dann hinab ins Rehbachtal, bis zur *Route forestière du Rehbach* (1.35 Std.). Hier wenden wir uns nach links und gehen, vorbei an den künstlich angelegten Fischteichen, in einer halben Stunde bis zum Ortsrand von **Graufthal** (2.05 Std.).

Unser Weg zu den Höhlenwohnungen führt jetzt am Wirtshaus *Au vieux Moulin* vorbei auf die gegenüberliegende Seite des Tals, in Richtung Dorfmitte, und schon nach kurzer Zeit erblicken wir über uns in der roten Sandsteinwand die blau getünchten Fassaden der *Maisons troglodytes*. Ungefähr eine Viertelstunde Gehzeit müssen wir für den Hin- und Rückweg zu den Höhlenhäusern rechnen (2.20 Std.), dazu die Besichtigung und vielleicht auch eine Ruhepause im Wirtshaus.

Wir verlassen Graufthal auf dem Weg, auf dem wir gekommen sind, biegen aber ca. 5 Min. nach dem Ortsschild von der Fahrstraße ab nach rechts in den Wald hoch. Unsere Markierung ist jetzt bis zum Ende der Wanderung das rote Rechteck (GR 53). Am Hang verstreut liegen große Felsbrocken; Buchenwald, Mischwald und Nadelwald wechseln einander ab. Ungefähr 40 Min. nach unserem Abmarsch von Graufthal erreichen wir wieder die Route forestière du Weyerkopf (3 Std.), folgen ihr über 300 m nach links und steigen dann, immer durch den Wald, zum **Kohlthaler Hof** hinunter (3.35 Std.). Der Ortsname erinnert daran, daß hier früher ein Kohlenmeiler stand.

Am Teich vorbei gehen wir zur ziemlich befahrenen Autostraße D178 (aus dem Zinseltal nach La Petite-Pierre), der wir ca. 5 Min. nach links folgen müssen, bis zu einem Waldparkplatz. Hier beginnt ein schmaler Pfad, auf dem wir steil zum Rabenfelsen hinaufklettern (4 Std.). Wenn wir ihn auf der linken Seite umgangen haben, ist der letzte Anstieg geschafft, und wir können uns auf einer der Bänke ein bißchen ausruhen. Der GR 53 stößt jetzt auf den Rundweg um die Altenburg (Markierung roter Punkt), und wir wandern bald durch Felder, Wiesen mit Obstbäumen und Gärten bequem nach **La Petite-Pierre** zurück. Unser Weg endet gegenüber dem Verkehrsbüro (4.25 Std.) – nach links führt die Straße in die historische Altstadt mit Burg und Museum, nach rechts geht es hinunter zum Rathaus und zu unserem Auto.

AM WEGE

Einzigartig im Elsaß sind die **Felsenwohnungen von Graufthal**, ungefähr ein halbes Dutzend unter einem großen Felsüberhang angelegte kleine Häuser. Der obere und untere Felsrand sind mit einer Mauer verbunden, welche die Front der Gebäude bildet und mit Türen und Fenstern versehen ist. Als Zimmerboden, Rückwand des Hauses und Zimmerdecke nutzt man den natürlichen Felsen.

Wahrscheinlich stammen diese primitiven Behausungen erst aus dem 18. Jh. Die Bewohner waren meist in den nahen Steinbrüchen beschäftigte arme Arbeiter mit ihren Familien.

Seinen Besuch bei der »Felsekäth«, der letzten Troglodytin, im April 1953, beschreibt der Straßburger Autor Robert Redslob in seinen Streifzügen durch die Vogesen *(Sur les Sentiers des Vosges)*: »In einem kleinen Fenster lehnte eine alte Frau. Mit einem freundlichen Lächeln lud sie uns zum Eintreten ein. Wir gingen durch die Tür der einzigen Fassade, über der vertikal die Masse des roten Sandsteins aufstieg. Drei der vier Innenwände wurden durch den Felsen gebildet. Es gab dort ein lothringisches Buffet, das sich nach hinten gegen die Felswand neigte. Eine Suppe kochte auf einem gußeisernen Herd, der mit biblischen Bildern geschmückt war. Ein sehr hohes Bett, das man wohl nur über eine Leiter erreichte. Ein Stuhl. Das war der ganze Hausrat, von seltener Einfachheit, aber sauber gehalten.« 1958 starb die Felsekäth im hohen Alter von 82 Jahren. Die Felsenwohnungen wurden jedoch nicht, wie sie bei jenem Besuch befürchtet hatte, dem Verfall überlassen, sondern von freiwilligen Helfern vollständig restauriert.

Graufthaler Felsenwohnung

8

Burg und Residenzstadt der Bischöfe von Straßburg

Von Saverne nach Haut-Barr und ins Zorntal

Der Weg vom Römerstädtchen Saverne zu den vier Burgen über dem Zorntal führt ein Stück am Rhein-Marne-Kanal entlang und dann beständig durch ausgedehnte Wälder. Bei klarem Wetter bietet die gewaltige Anlage von Haut-Barr, das der Straßburger Gesandte auf dem Konzil zu Konstanz einst »das Auge des Elsaß« nannte, eine großartige Aussicht auf die Rheinebene und das lothringische Hochland.

WEGVERLAUF UND MARKIERUNG: Blaues Rechteck/GR 531: Saverne – Greifenstein/Griffon (45 Min.) – St-Vit (20 Min.) – Rappenfels (20 Min.) – Stambach (25 Min.); rot-weiß-rotes Rechteck: Zimmereck (30 Min.) – Petit Krappenfels – Rocher Huck – Tour du Brotsch (45 Min.); rotes Rechteck/GR 53: Hexentisch/Table des Sorcières (25 Min.); rotes Andreaskreuz: Petit Geroldseck – Grand Geroldseck (20 Min.); rotes Andreaskreuz u. rotes Rechteck/GR 53: Tour Chappe – Haut-Barr (10 Min.) – Saverne (50 Min.)

DAUER: 4.50 Std.

LÄNGE: 15 km

SCHWIERIGKEITSGRAD: Mittelschwere Tageswanderung; Aufstieg von Saverne (190 m) zum Greifenstein (370 m), Abstieg ins Zorntal bei Stambach (200 m) u. neuer steiler Aufstieg zum Brotschturm (530 m)

KARTE: Vom Club Vosgien und IGN die Wanderkarte, Saverne, im Maßstab 1:50 000 oder die Freizeitkarte TOP25 3715 ET (Saverne, Sarrebourg), im Maßstab 1:25 000

EINKEHRMÖGLICHKEIT: Unterwegs in Stambach das *Relais de Stambach* (Mo. Ruhetag, ✆ 88 71 28 14). Auf Haut-Barr ein Restaurant im neugotischen Stil (Mo. Ruhetag). In Saverne Hotels und Restaurants; bekannt die *Taverne Katz* in einem reichgeschnitzten Fachwerkhaus an der Grand'Rue, 1605 für den bischöflichen Obereinnehmer Katz erbaut (Di. abend u. Mi. Ruhetag)

ANFAHRT: Von Straßburg nach Westen über die gebührenpflichtige Autobahn A4, Richtung Paris. Parken am Parking des Rohans, hinter dem Schloß, oder am Kanal. Bahnstation

OFFICE DE TOURISME: Château des Rohan, 67700 Saverne, ✆ 88 91 80 47

VARIANTEN DES WANDERWEGS: Man kann die Burgen auf dem rechten und linken Zornufer auch getrennt besuchen und die Tageswanderung in zwei Halbtagstouren aufteilen: Saverne

– Greifenstein – Stambach (GR 531), u. dann auf dem Treidelweg am Kanal zurück; oder Saverne – Haut-Barr – Geroldsecker Burgen (GR 53) und von dort über den Col de Geroldseck und La Garenne zurück nach Saverne (roter Punkt). Mit Kindern von Saverne mit dem Auto nach Haut-Barr (D 171) und von dort zu Fuß nach den Geroldsecker Burgen.

BESONDERE HINWEISE: Bei Haut-Barr ist der 1968 wiedererrichtete Turm eines optischen Telegraphen (*Tour Chappe*) zu besichtigen, der Teil einer Telegraphenlinie war, die zwischen 1798 und 1852 Paris mit Straßburg verband (Juni bis Sept.: tägl. außer Mo. 11–17 Uhr).
Im Palais Rohan, Saverne, Archäologisches Museum und Museum für Kunst und Geschichte (im Aufbau, Juni bis Sept. tägl. außer Di. 14–17/18 Uhr).
Rosengarten (*Roseraie*) mit 1500 Rosenarten und einem Rosenfest am 3. oder 4. Sonntag im Juni (geöffnet Juni bis Sept.).
Am Col de Saverne ein **Botanischer Garten** (Mai bis 15. 9.: tägl. 9–17 Uhr; außer Sa. u. So.: 14–18 Uhr)

DER WANDERWEG

Die Wanderung führt uns zu den Burgen auf den Höhen über dem Zorntal, am Nordufer aufwärts bis Stambach und dann zurück über Haut-Barr auf der gegenüberliegenden Talseite. Ausgangspunkt ist die große **Schleuse** (*écluse*) des Rhein-Marne Kanals im Zentrum von **Saverne**, am unteren Ende der Grand'Rue, und Markierung ist bis Stambach das blaue Rechteck (GR 531, *direction sud*).

Der Einfachheit halber bleiben wir auf dem Nordufer des Kanals, dem **Quai de l'Ecluse**, und wir verlassen die Stadt in westlicher Richtung über den ehemaligen Treidelpfad. Ungefähr eine Viertelstunde spazieren wir am Kanal entlang, dann weist uns das blaue Rechteck hinunter vom Damm. Nacheinander überqueren wir die Nationalstraße, die Zorn, die Bahnlinie Paris–Straßburg und steigen dann, immer dem blauen Rechteck folgend, hinauf in den Wald bis zu den **Greifensteiner Burgen** (45 Min.). Links von der Treppe erhebt sich Klein- oder Vordergreifenstein mit den Resten des im 12. Jh. entstandenen mächtigen Turms, zur Rechten das etwa 100 Jahre jüngere Groß- oder Hintergreifenstein, dazwischen ein dritter Turm, den wir besteigen können. Die gesamte Anlage, die nach dem Erlöschen der Greifensteiner an die Bischöfe von Straßburg kam, war am Ende des 30jährigen Krieges schon in Verfall, und ein Teil der Steine wurde ab 1670 zum Bau des Neuen Schlosses von Saverne verwandt.

Über den ziemlich ebenen und bequemen *Sentier des Roches* (Felsenpfad) wandern wir dann weiter durch den Wald bis zur ehemaligen **Wallfahrtskirche St-Vit** (1.05 Std.). Dieser Heilige war im ausgehenden Mittelalter der Schutzpatron gegen den nach ihm benannten Veitstanz, und als die Epidemie 1518 in Straßburg ausbrach, »viel hundert fingen in Straßburg an, zu dantzen und springen, Frau und Mann«, da ließ der Magistrat die Leute auf Wagen laden und schickte sie nach St. Veit hinter Zabern, wo man die meisten von ihnen durch Messelesen heilen konnte. Vor der Mauer des einstigen Wirtschaftshofes dehnt sich heute eine Wiese, darunter am Felsen, befindet sich ein Alpengarten und eine Höhle, die als Kapelle dient. Der hübsche Platz, mit Blick ins Zorntal und auf die gegenüber liegenden Burgen von Haut-Barr und Grand Geroldseck, eignet sich gut zum Picknick.

Ungefähr 20 Min. setzen wir unseren Weg noch auf der Höhe fort bis zum

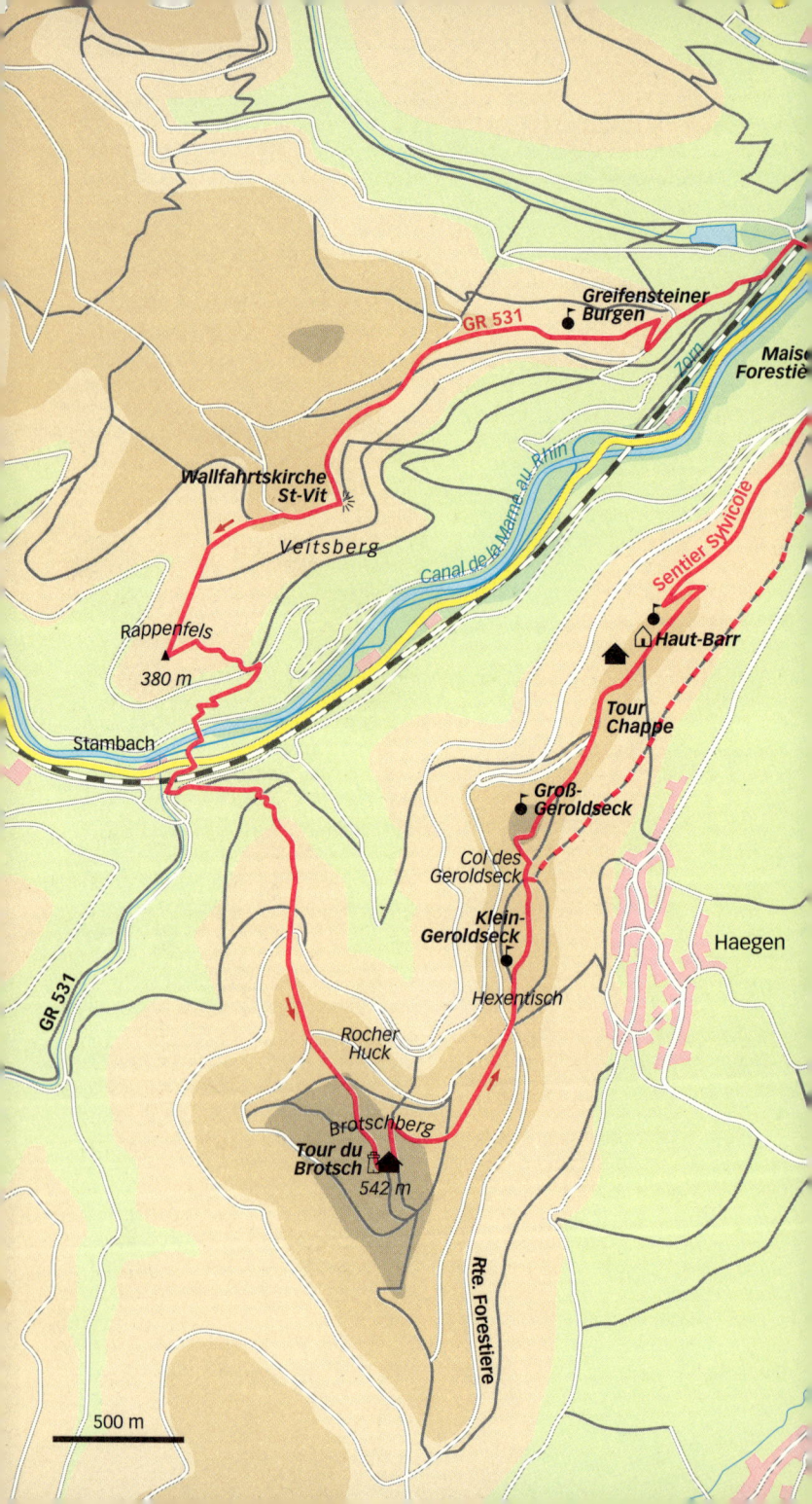

GR 531

Greifensteiner
Burgen

Maiso
Forestiè

Zorn

Wallfahrtskirche
St-Vit

Veitsberg

Canal de la Marne au Rhin

Sentier Sylvicole

Haut-Barr

Rappenfels

380 m

Tour
Chappe

Stambach

Groß-
Geroldseck

Col des
Geroldseck

Klein-
Geroldseck

Haegen

Hexentisch

GR 531

Rocher
Huck

Brotschberg

Tour du
Brotsch

542 m

Rte. Forestiere

500 m

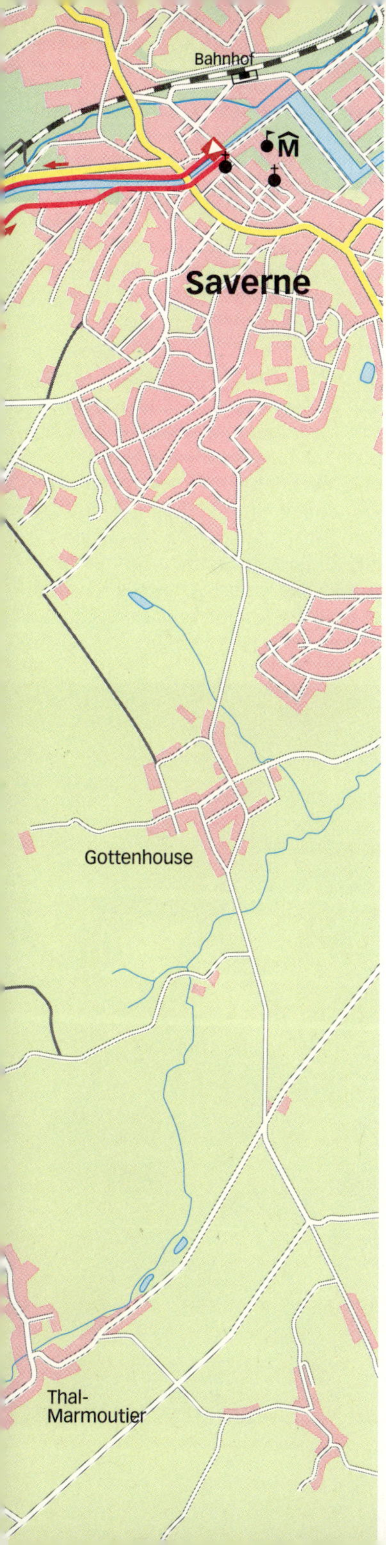

Wanderung 8:
Von Saverne nach Haut-Barr und ins Zorntal

Rappenfels (1.25 Std.), dann führt uns ein schmaler, ziemlich steiler Pfad über eine Lichtung hinunter ins Tal nach Stambach. Wir überqueren den Kanal auf einer Schleuse (etwas links von unserem Weg), dann die Zorn und die Nationalstraße und gehen weiter zum gut sichtbaren kleinen Bahnhof von **Stambach** (1.50 Std.).

Gleich hinter dem Stationsgebäude verlassen wir dann den GR 531 und steigen mit dem rot-weiß-roten Rechteck (*Tour du Brotsch*) vom südlichen Ufer der Zorn wieder hinauf in den Wald. Der Weg ist jetzt etwas breiter und weniger steil, aber er zieht sich in die Länge. Die einzelnen Stationen des Aufstiegs: **Zimmereck** (2.20 Std.), **Petit Krappenfels** (2.35 Std.), **Rocher Huck** (2.45 Std.), **Tour du Brotsch** (3.05 Std.). Der 18 m hohe Aussichtsturm aus rotem Sandstein wurde 1897 zum 25jährigen Gründungsjubiläum des Vogesenclubs errichtet, und er steht am höchsten Punkt unserer Wanderung. Wer die Strecke abkürzen möchte und auf die Besteigung des Brotschturms verzichtet, geht an dem breiten Forstweg unterhalb des Rocher Huck gleich links (Hexentisch, gelbes Kreuz).

Vom Brotschturm zum **Hexentisch** benutzen wir den gut bezeichneten GR 53 (rotes Rechteck, 3.30 Std.). Hier überqueren wir die kleine asphaltierte Forststraße, an der am Sonntag meist viele Autos parken, nehmen dann jedoch nicht den direkten Weg nach Haut-Barr (GR 53), sondern halten uns leicht rechts und wandern mit dem roten Andreaskreuz zu den beiden Geroldsecker Burgen hinauf: **Petit Geroldseck** (3.40 Std.) und **Grand Geroldseck** (3.50 Std.). Sie waren einst im Besitz der mächtigen Herren von »Geroldseck am Wasichen«, und Groß-Geroldseck, die ältere und bedeutendere Anlage, gilt als typische Adelsburg der Stauferzeit. Eine starke Ringmauer aus Buckelquadern umschloß ein geräumiges Felsplateau mit isoliertem Bergfried (12. Jh.) und Palas (13. Jh.). Nach dem Aussterben der Familie wechselten beide Burgen wiederholt den Besitzer und wurden schon 1486 als Raubritternester zerstört.

Gleich nach den Burgen stoßen wir wieder auf den GR 53 (rotes Rechteck), der uns in 10 Minuten – vorbei am optischen Telegraphen (Tour Chappe) – nach **Haut-Barr** führt (4 Std.), wo wir unbedingt eine längere Besichtigungspause einlegen müssen, die durch eine Kaffeepause ergänzt werden kann.

So gestärkt wandern wir dann weiter auf dem GR 53 zum Bildstöckel am Stadtrand von **Saverne** (4.25 Std.). Ein Waldlehrpfad (*Sentier sylvicole*, grüner Ring) verläuft hier zusammen mit dem GR 53 und stellt die verschiedenen Bäume und Sträucher am Wegesrand vor. Beim Bildstöckel mit der Jahreszahl 1758 überqueren wir die Fahrstraße, nehmen die Rue du Haut-Barr in Richtung Stadtmitte bis zur Rue Schiffmatt auf der linken Seite (4.40 Std.) und gehen dann am Kanal entlang bis zur großen Schleuse, an der unsere Wanderung begonnen hat (4.50 Std.).

✤ AM WEGE

Am Austritt des engen, von steilen Sandsteinfelsen begrenzten Zorntals in die Rheinebene erreichen die Vogesen ihre geringste Breite, und schon die Römer errichteten hier, an einer vielbenutzten Straße nach Lothringen, eine Militär- und Handelsstation, *Tres Tabernae* (Zu den drei Schenken). Vom 12. Jh. bis zur Französischen Revolution waren dann die Bischöfe von Straßburg Herren der strategisch wichtigen Stadt

Saverne, die einst mit 52 Türmen befestigt gewesen sein soll und die immer wieder unter durchziehendem Kriegsvolk zu leiden hatte.

Eng verknüpft mit den Geschicken von Saverne waren die Geschicke der Burg **Haut-Barr**, die hoch über der Stadt auf einem gewaltigen Felsklotz thront. Das bischöfliche *Castrum Borre* oder *Borra* – erst um 1600 Hohenbarr genannt – bestand bereits 1141/43, und kein geringerer als Friedrich Barbarossa riet dem Straßburger Bischof Rudolf von Rottweil 1168 zum Erwerb und zur Befestigung des an die Burg grenzenden hinteren Markfelsens. Seit dem Anfang des 15. Jh. residierten die aus Straßburg vertriebenen Bischöfe regelmäßig im benachbarten Saverne, und während der Religionskriege in der 2. Hälfte des 16. Jh. ließ Bischof Johann

Palais Rohan im Zentrum von Saverne

von Manderscheidt die Höhenburg, in deren Mauern er wiederholt Schutz suchte, neu ausbauen. Nach dem Westfälischen Frieden 1648 wurde die uneinnehmbare Feste durch die Franzosen geschleift, später notdürftig wiederhergestellt und dann noch einmal, während des Österreichischen Erbfolgekriegs, 1744 von den Panduren belagert. Damals soll als einziger der mit seiner Ziege auf einen Felsen geflüchtete junge Sohn des Pächters Widerstand geleistet haben! Die große Zeit von Haut-Barr war endgültig vorbei, und an die Stelle der mittelalterlichen Burg trat bis zur Französischen Revolution das prächtige Schloß der Fürst-Bischöfe in Saverne.

Vom Parkplatz unterhalb der Mauern umfaßt der Blick des Besuchers gut die gewaltige Anlage – die jüngere Unterburg auf dem Sandsteinklotz und darüber die drei befestigten Felsen. Von links nach rechts: der Markfels, der mit diesem durch die Teufelsbrücke verbundene Mittel- oder Südfels und der Nordfels über Saverne. Zu den ältesten Teilen der Burg aus staufischer Zeit (um 1168) gehören die Fundamente der Schildmauer aus Buckelquadern auf dem Markfels und die mehrgliedrige Fenstergruppe des Palas an der Nordspitze des Mittelfelsens. Von den Bauten, die Bischof Johann von Manderscheidt ausführen ließ, bleibt, neben dem großen Batterieturm mit interessanten Steinmetzzeichen auf dem Mittelfelsen und dem kleineren sog. Schnabel auf dem Nordfelsen, vor allem das schöne Renaissancetor der Unterburg mit Wappen und Inschrift von 1583.

9

Natur im Rheinauwald

Direkt vor den Toren von Straßburg führt uns der Spaziergang in den alten Rheinauwald und zum Schloß von Pourtalès, einem Denkmal des aristokratischen französischen Elsaß aus dem 19. Jh. Park und Schloßrestaurant sind heute sehr beliebte städtische Ausflugsziele und am Sonntagnachmittag entsprechend viel besucht. Der urwüchsige Auwald ist besonders schön im Frühling mit seinem blühenden Buschwerk oder im Herbst, wenn die Beeren reifen.

WEGVERLAUF UND MARKIERUNG: Parkplatz am Schloß – Werb Allee/Hochwasserdamm – Thalerkopfpfad (5 Min.) – Rheindamm (30 Min.) – Schloß Pourtalès (20 Min.) – Parkplatz (15 Min.) – Nur der Thalerkopfpfad ist beschildert.

DAUER: 1.10 Std.

LÄNGE: 4 km

SCHWIERIGKEITSGRAD: Leichter Spaziergang auf ebenen Wald- und Feldwegen; auf dem Hochwasserdamm ein asphaltierter Radweg, in Pourtalès eine Parkallee. Bei warmem Sommerwetter kann der Weg schwül sein, und er ist auch gefürchtet wegen seiner Stechmücken.

KARTE: Keine der im Handel befindlichen Wanderkarten geeignet

EINKEHRMÖGLICHKEIT: In Pourtalès ein *Tearoom* mit Selbstbedienung (Mo. Ruhetag) und ein feineres Restaurant (So. abend u. Mo. Ruhetag). In der Robertsau ißt man abends eine ausgezeichnete *Tarte flambée* im Gasthaus

Au Joyeux Pêcheur, 50 Rte de la Wantzenau (Mo. Ruhetag, ☏ 88 31 00 04)

ANFAHRT: Von Straßburg nach Norden, am Palais de l'Europe vorbei, nach dem Vorort Robertsau. In der Ortsmitte an der Kirche rechts abbiegen, Richtung Pourtalès. Großer Parkplatz am Eingang des Schloßparks. – Stadtbus CTS Nr. 15 (Robertsau – Chasseurs)

OFFICE DE TOURISME: Place de la Cathédrale, ☏ 88 52 28 28

VARIANTE DES WANDERWEGS: Ein einfacher Spaziergang auf dem Hochwasserdamm oder im Park von Pourtalès eignet sich gut für kleinere Kinder.

BESONDERE HINWEISE: Auf einer Insel rechts vom Damm ist eine Gruppe freilebender Wildpferde zu sehen. Noch zwei Tips zum Kennenlernen von Rest-Auwald und Ried, die Naturfreunde besonders interessieren werden: ein Rundweg durch den Illwald bei Sélestat, Ausgangspunkt ein Parkplatz an der Kreuzung der D 159

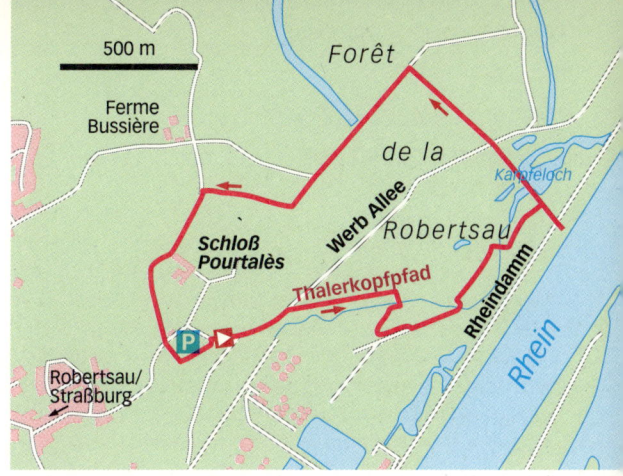

Wanderung 9:
Schloß Pourtalès
bei Straßburg

und der D 424 (Sélestat-Marckols-heim), 8 oder 11 km lang, bezeichnet mit dem roten Ring (TOP25 3717 ET, 1:25 000), oder ein Rundgang durch das Naturschutzgebiet der *Petite Camargue* entlang des Rheins zwischen Mulhouse und Basel, Ausgangspunkt das Dörfchen St-Louis-la-Chaussée, verschiedene Wegstrecken möglich (Club Vosgien, Sundgau, 1:50 000). Im *Centre d'Initiation à la Nature de l'Au (CINA)* erfährt man Wissenswertes über die Petite Camargue.

DER WANDERWEG

Der Spaziergang beginnt am Rand der **Robertsau**, einem ehemaligen Fischerdorf zwischen Rhein und Ill, das früher von unzähligen großen und kleinen Wasserläufen durchzogen war. Flurnamen wie Belzenwoerth, Rohrwoerth erinnern daran, daß sich hier einst Inseln ausbreiteten. In den letzten Jahren wurde der ländliche Vorort, der heute Gemüse und Blumen nach Straßburg liefert, freilich immer mehr zum Nobelviertel, und neben den traditionellen elsässischen Fachwerkhäuschen, bei denen sich der Wirtschaftsbau direkt an den Wohnteil anschließt, schießen

jetzt teure moderne Wohnblocks wie Pilze aus dem Boden.

Vom Parkplatz, direkt gegenüber von dem Schloßpark Pourtalès, gehen wir zunächst auf der kleinen geteerten Straße weiter nach rechts und passieren einen Schlagbaum, der den Weg für den motorisierten Verkehr sperrt. Gleich darauf stehen wir auf der **Werb Allee**, dem historischen Damm, der bei der ersten, von Tulla begonnenen Rheinkorrektion im 19. Jh. angelegt wurde (Wer oder Werb heißt im elsässischen Dialekt Deich, Damm). Hier müssen wir uns nach links wenden und gelangen bald zu einem Treppchen, das rechts vom Damm herunter auf die Wiese führt (5 Min.).

Diesen Weg schlagen wir ein und stoßen nach weiteren 5 Min. auf den **Thalerkopfpfad**, der sich in großen Schleifen durch den Auwald schlängelt und uns auf drei Holzbrücken über den Stangegiessen führt. Der Weg ist verhältnismäßig gut ausgezeichnet – zwischen der ersten und zweiten Brücke gehen wir ein Stück auf einem überwachsenen Damm und müssen dann bei einem kleinen Bunker, Überbleibsel der Maginotlinie, links in den Wald herabsteigen. Knapp 10 Min. nach der dritten Brücke mündet der Thalerkopfweg auf das **Karpfeloch**, eine größere Wasserfläche, auf der zahlreiche Enten,

Rhein und Rheinaue – gestern und heute

Bis zum 19. Jh. floß der Rhein zwischen Basel und Binger Loch nicht in einem festen Bett, sondern in vielen, sich verändernden Flußarmen. Manche Orte am Strom befanden sich bald auf der linken, bald auf der rechten Uferseite, andere wurden von den Fluten hinweggerissen. Auch die berühmte »Lange Bruck« in Straßburg passte sich dem wechselnden Verlauf der Rheinarme an. Um 1570 maß sie 700 m, 1621 erreichte sie mit fast 1,5 km ihre größte Länge. Um die Bewohner der Ebene vor den gefährlichen Überschwemmungen zu schützen und gleichzeitig fruchtbares Ackerland zu gewinnen, begann der badische Ingenieur Johann Gottfried Tulla (1770–1828) 1816 mit der Rheinkorrektion. Durch die Begradigung zahlreicher Rheinarme lenkte man die gefürchteten Hochwasser in ein neues Flußbett und verkürzte den Talweg um ein Viertel seiner ursprünglichen Strecke. Der zweite große Eingriff war nach dem Ersten Weltkrieg der Bau des Rheinseitenkanals (*Grand Canal d'Alsace*) und einer Reihe von Wasserkraftwerken durch die Franzosen. Alarmiert durch die bedrohliche Senkung des Grundwasserspiegels und die Versteppung der einst feuchten Böden fand man in den sechziger Jahren dann ein neues System, die sog. Schlingenlösung. Ab Breisach benutzt der Kanal streckenweise das begradigte Bett und wird nur zu den Schleusen und Kraftwerken in halbkreisförmige Schlingen (frz. *bief*) gelenkt. Eine gewaltige technische Leistung! Von den Auwäldern, die früher die Ufer säumten, gibt es heute nur noch Teilstücke zwischen Straßburg und Sélestat, bzw. zwischen Offendorf und Marckolsheim. Der ausgedehnteste Auwaldgürtel am Oberrhein, das Naturschutzgebiet Taubergiessen, liegt in Deutschland. Charakteristisch für den Auwald sind die Giessen: schmale, aus klaren Quellen gespeiste Flüßchen, die vor der Regulierung das Rheinhochwasser aufnahmen, ableiteten und sich in reißende Gießbäche verwandelten. Diese Hochwasser im Juni/Juli, verursacht durch die Schneeschmelze in den Alpen, waren auch der Grund für die üppige Vegetation der Auwälder. »Und so sah ich von der Plattform die schöne Gegend vor mir… die ansehnliche Stadt, die weitumherliegenden, mit herrlichen dichten Bäumen besetzten und durchflochtenen Auen, diesen auffallenden Reichtum der Vegetation, der, dem Lauf des Rheins folgend, die Ufer, Inseln und Werder bezeichnet.« *(Goethes berühmter Ausblick vom Münsterturm)*

Bärlauch

Indisches Springkraut

Bleßhühner und Schwäne schwimmen (35 Min.). Von hier machen wir einen kurzen Abstecher zum **Rhein**, dessen Rauschen wir wahrscheinlich schon seit einiger Zeit in der Ferne wahrgenommen haben. Wir wenden uns nach rechts, passieren einen Schlagbaum, überqueren Parkplatz und Straße und steigen dann den hohen Deich hinauf, der die Fahrrinne des Rheins heute begrenzt.

Nach einem Blick auf das badische Ufer und den Hafen von Kehl-Auenheim kehren wir zurück zum Karpfeloch (40 Min.) und gehen nun auf der Karpfelochwerb geradeaus weiter, am Muerkittel, am Schetzeberjerkittel (Fischteiche) und am Thalerkopfpfad vorbei bis zur Werb Allee, die wir ja schon vom Hinweg kennen. Wir machen einige Schritte nach links und schlagen dann den Feldweg ein, der rechts vom Damm herabführt, zwischen Feld und Waldrand. Wenn wir auf eine kleine Asphaltstraße, den Bilegrundwäj, stoßen (45 Min.), müssen wir links gehen. Bald säumen hohe alte Platanen unseren Weg: wir nähern uns dem **Château de Pourtalès**. Das im 19. Jh. erbaute Schlößchen trägt heute den Namen seiner berühmtesten Besitzerin, der ebenso schönen wie geistreichen Gräfin Mélanie de Pourtalès (1836–1914), die in Paris am Hof Napoleons III. verkehrte, und ihren Sommersitz am Rande der Robertsau nach 1871 zu einer Hochburg französischer Kultur machte. Illustre Angehörige des europäischen Hochadels, Politiker und Künstler (unter ihnen auch Albert Schweitzer) trugen sich ins Gästebuch ein.

In einer Rechtskurve verlassen wir das asphaltierte Sträßchen (55 Min.), das noch ein Stück um den Park von Pourtalès herumführt, und gehen, vorbei an einem Schild, das den Fußweg für Motorfahrzeuge und Reiter sperrt, geradeaus in den gepflegten Buchenwald – in der Sommerhitze duftet hier das üppige Buchsbaumunterholz. Wir müssen uns nun rechts halten und erblicken nach wenigen Min. links das Schloß und rechts, in einer Waldschneise die *Arbrorigènes*, Skulpturen des Freilichtmuseums für zeitgenössische Kunst (1 Std.).

Gleich darauf erreicht unser Fußweg dann wieder die kleine Straße, die wir am Eingang des Parks verließen. Sie führt uns nach links in 5 Min. bequem zum Schloß (1.05 Std.) und in 5 weiteren Min. durch eine schöne Platanenallee zum Ausgang des Parks und zurück zum Parkplatz (1.10 Std.).

Als Abschluß des Spaziergangs können wir uns einen Kaffee gönnen – in den restaurierten Schloßräumen, bei schönem Wetter auf der Terrasse im Freien.

BLUMEN IM AUWALD

Schon im März, noch bevor der Auwald zu grünen beginnt, erscheinen im Unterholz die ersten Frühlingsblumen. Veilchen, Waldanemonen, Immergrün und Sternhyazinthen schieben ihre weißen und blauen Blüten aus dem feuchten Erdreich. Später im Frühling hüllt dann der Bärlauch, der sich wie ein Teppich unter den Buchen ausbreitet, die ganze Gegend in seinen charakteristischen Knoblauchduft. Nicht zu übersehen, vom Frühsommer bis zum Herbst, sind auch die hübschen rosaroten, wohlriechenden Blüten des Indischen Springkrauts. Diese mannshohe Pflanze, die im 19. Jh. zunächst als Gartenpflanze aus dem Himalajagebirge nach Europa gelangte, breitet sich heute wildwachsend immer weiter entlang der feuchten Flußufer aus. Zusammen mit der Kanadischen Goldrute – ursprünglich ebenfalls eine ausländische Zierpflanze – kann das Springkraut ausgedehnte Kolonien bilden, und mancherorts beginnt man schon damit, beide auszurotten, weil sie sich auf Kosten der einheimischen Pflanzen zu breit machen.

10

Am Canal de la Bruche

Zum frühromanischen Dompeter bei Avolsheim

Jahrhundertelang waren die fruchtbaren Lößböden westlich von Straßburg die Kornkammer des Elsaß, und kein Stückchen Wald unterbricht die wie mit dem Lineal gezogenen langgestreckten Felder. Eine gute Gelegenheit, dieses Ackerland zu Fuß und in jeder Jahreszeit kennenzulernen, bietet der heute nicht mehr genutzte Canal de la Bruche. Im Schatten hoher alter Bäume wandern wir auf dem ehemaligen Treidelpfad zum frühromanischen Dompeter bei Avolsheim und nehmen dann den Rückweg in weitem Bogen durch Weinberge und Felder.

WEGVERLAUF UND MARKIERUNG:
Ergersheim – Wolxheim; blaues Kreuz: Le Canal – Avolsheim (35 Min.); rotes Kreuz: Dompeter (15 Min.) – Avolsheim; blaues Kreuz: Le Canal – Wolxheim (40 Min.) – Christusstatue auf dem Horn (30 Min.) – Wallfahrtskapelle Altbronn (25 Min.); Ergersheim (45 Min.)

DAUER: 3.10 Std.

LÄNGE: 10 km

SCHWIERIGKEITSGRAD: Leichte Halbtagswanderung; im ersten Teil auf einem asphaltierten Treidelpfad, der auch als Radweg dient; im zweiten Teil auf nur teilweise befestigten Wirtschaftswegen durch Weinberge und Felder

KARTE: Vom Club Vosgien und IGN die Freizeitkarte TOP25 3716 ET (Mont Ste-Odile), im Maßstab 1:25 000; für den Treidelpfad genügt eine einfache Straßenkarte.

EINKEHRMÖGLICHKEIT: Dorfgasthäuser, keine Gastronomie. Im nahen Molsheim das anspruchsvollere Hotel-Restaurant *Diana*. Grand-Cru-Lage: Altenberg de Wolxheim

ANFAHRT: Ergersheim liegt nördlich von Molsheim an der D 30. Parken am Ortsrand vor dem Kanal.

OFFICE DE TOURISME: Hôtel de Ville, 67120 Molsheim, ☎ 88 38 11 61

VARIANTE DES WANDERWEGS: Jedes Dorf am Kanal zwischen Eckbolsheim und Le Canal eignet sich als Ausgangspunkt für einen Spaziergang. Bis Wolfisheim kann man auch mit einem Stadtbus der CTS fahren, Nr. 4.

BESONDERE HINWEISE: Da der Treidelweg zugleich Fuß- und Radweg ist, herrscht am Wochenende viel Betrieb. Der Rückweg durch die Felder ist ruhiger, nach Regenfällen jedoch streckenweise aufgeweicht und nicht begehbar.

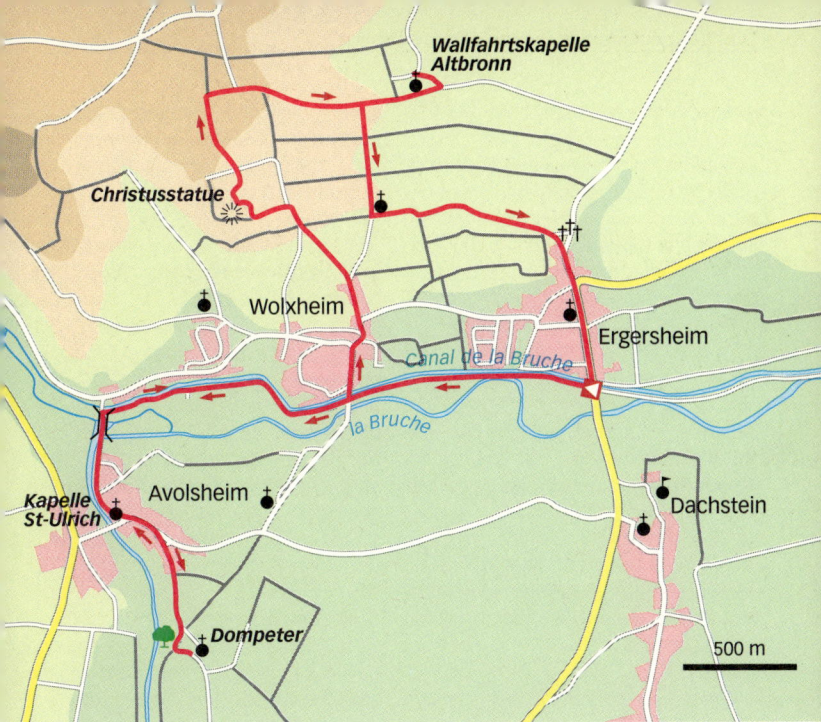

Wanderung 10: Zum frühromanischen Dompeter bei Avolsheim

DER WANDERWEG

Der Spaziergang beginnt am Kanal am
Ortsausgang von **Ergersheim**, wo wir
auf den zum Radweg ausgebauten
alten Treidelpfad biegen. Hohe Bäume
säumen das Ufer, Stockenten und Bleßhühner nisten im Schilf, über den Weinbergen sehen wir das Horn von
Wolxheim mit der vergoldeten Christusstatue. Von Ergersheim bis Wolxheim gehen wir 10 Min., von Wolxheim
bis **Le Canal** ungefähr eine Viertelstunde (25 Min.). Ab Wolxheim ist unser
Weg auch mit dem blauen Kreuz des
Club Vosgien markiert.

In Le Canal, am Zusammenfluß von
Bruche und Mossig, nicht weit von
Soultz-les-Bains, beginnt der Kanal und
endet der Treidelweg. Hier gehen wir
nach links, überqueren zwei Brücken
und folgen dann dem geteerten Damm
nach **Avolsheim** (35 Min.). Am Kirch-

platz liegt die neuromanische Maternuskirche (1910/11) und direkt daneben
die Kapelle St-Ulrich, die wahrscheinlich schon im 9. Jh. entstanden ist. Der
kleine, kreisrunde Zentralbau mit den
vier hufeisenförmigen Apsiden wurde
mehrfach umgebaut, und bei der jüngsten Renovierung hat man den ursprünglichen Grundriß geschickt durch
die besondere Pflasterung des Bodens
angedeutet.

Zum Dompeter führt die Straße vom
Kirchplatz zunächst weiter durchs Dorf
(Rue St-Materne, Rue de la Paix, Rue du
Dompeter) und dann ein Stück durch
die Felder. Wer das Elsaß kennt,
bemerkt auf der linken Seite eine sog.
»Bank der Kaiserin Eugénie«. Vorbei an
der Lourdes-Grotte und am Brunnen-
häuschen der hl. Petronilla gehen wir
bis zur weithin sichtbaren alten Linde,
die gegenüber dem noch heute genutz-
ten **Dompeterfriedhof** liegt (50 Min.).
Am Eingang steht ein großes Kreuz aus

rotem Sandstein, bezeichnet 1653, in die Umfassungsmauern eingelassen sind zahlreiche alte Grabkreuze. Klassizistische Grabdenkmäler, girlandenverzierte Vasen und Sarkophage säumen die schöne Taxusallee, die hinter dem Friedhof wieder zur Lourdes-Grotte führt.

Für den Rückweg benutzen wir bis Wolxheim wieder denselben Weg und wandern dann in einem großen Bogen quer durchs Land über das Horn von Wolxheim und die Wallfahrtskapelle von Altbronn zurück nach Ergersheim. Bis zur Kapelle ist der Weg durchs Dorf und die Weinberge mit dem blauen Kreuz markiert: Rue de Molsheim, dann rechts in die Rue de Strasbourg (hier ist eine alte Kreuzwegstation in eine Hauswand eingemauert), und am Ortsende geradeaus auf den Chemin du Horn (1.40 Std.).

In den Weinbergen zur Rechten und Linken gedeiht der Grand Cru Altenberg. Wolxheimer Riesling servierte man auch Wilhelm II. 1889 bei der Einweihung des Kaiserpalastes in Straßburg. Ungefähr eine Viertelstunde hinter dem Dorf, bald nach einer Weggabelung, führt links vom geteerten Nutzweg ein schmaler Pfad hinauf zur **Christusstatue** auf dem Horn (2.00 Std.).

Sie entstand zu Beginn dieses Jahrhunderts auf Anregung eines gebürtigen Wolxheimers, der damals, wie viele Elsässer, in Frankreich lebte, die Bauarbeiten an der Kirche Sacré-Cœur in Paris mit größter Bewunderung verfolgte. In einem seiner Briefe an den Pfarrer von Wolxheim, Anfang 1911, regt er an, auch den Hügel seines Heimatdorfes, nach dem Vorbild von Montmartre, mit einer Statue zu krönen. Gesagt, getan! Und schon im folgenden Jahr, am 5. Juli 1912, wird die aus einer Sammlung finanzierte große vergoldete Christusfigur in feierlicher Prozession auf den Berg gebracht und geweiht. Der Wanderer bewundert die Aussicht über die Weinberge der Voge-

senvorhügel und über die Felder des Kochersbergerlandes, bis hin zum Turm des Straßburger Münsters, der sich am Horizont abzeichnet.

Ganz in der Nähe, mitten in den Äckern, erblicken wir auch die Dächer der **Wallfahrtskapelle von Altbronn**, unser nächstes Ziel. Wir folgen dem blauen Kreuz (Scharrach, Altbronn) weiter nach Norden, überqueren einen geteerten Wirtschaftsweg und steigen dann durch die Weinberge die Anhöhe hinauf, bis wir uns nach rechts wenden müssen (2.10 Std.). Immer geradeaus (nicht zum Scharrach abbiegen!) erreichen wir dann in einer Viertelstunde die Kapelle (2.25 Std.). Das letzte Wegstück prägen wir uns gut ein, weil wir es für den Rückweg wieder benutzen müssen.

Von dem im 14. Jh. untergegangenen Dorf Altbronn bleibt heute nur noch die gotische Muttergotteskapelle, die um die Jahrhundertwende wiederhergestellt wurde (Wallfahrt am 2. August). Aus dieser Epoche stammen auch neugotischer Kirchturm und Kreuzweg. Eine einzelne ältere Kreuzwegstation in der Art, wie wir sie schon in Wolxheim gesehen haben, bemerken wir am Eingang des kleinen Friedhofs.

Von Altbronn nach **Ergersheim** gehen wir zunächst knapp 10 Min. auf dem Weg, den wir gekommen sind, durch die Felder zurück (2.35 Std.). Dann nehmen wir an einem freistehenden Kirschbaum den Weg, der links zwischen Weinbergen und Feldern entlangführt, bis zu der dritten Kreuzwegstation (2.45 Std.) – wir müssen zwei Feldwege überqueren. Hier wenden wir uns noch einmal nach links und gehen nun geradeaus in einem leichten Bogen bequem durch die Weinberge bis zum Friedhof am Ortseingang von Ergersheim (3 Std.). Wir folgen der Dorfstraße und gelangen, immer geradeaus, vorbei an der Kirche St-Nicolas und einem Trapistinnenkloster, wieder an den Kanal zurück zu unserem Auto (3.10). Im

Wirtshaus *Au Canal* kann man am Wochenende Tarte flambée bestellen.

AM WEGE

Der **Dompeter** in Avolsheim bei Molsheim gilt als die älteste Landkirche im Elsaß. Auf eine kleine Basilika der Merowingerzeit (7./8. Jh.), die durch Ausgrabungen nachgewiesen wurde, folgte ein Bau, den der elsässische Papst Leo IX. 1049 weihte, und dessen frühromanische Anlage sich bis heute in ihren Grundzügen erhalten hat: eine dreischiffige niedrige Basilika mit sechs Pfeilerarkaden, einem starken Westturm und einem dreiteiligen Chor. Um die Mitte des 18. Jh. erhielt der Turm nach einem Blitzschaden seinen charakteristischen achteckigen Oberbau, und 1829, nach der Französischen Revolution, vergrößerte man den Chor und die kleinen Fenster der Seitenschiffe.

Heute liegt der Dompeter, im Mittelalter Mutterkirche von Molsheim und bis zum Bau der Maternuskirche Pfarrkirche von Avolsheim, einsam inmitten des Friedhofs am Ortsrand in den Feldern. Die Holzstatuen und Reliquiare, die sich noch nach dem Zweiten Weltkrieg in der Kirche befanden, wurden zum Teil gestohlen, zum Teil in Sicherheit gebracht, und so verbleibt nur noch die barocke Kreuzigungsgruppe im Chor. Setzen wir uns einen Augenblick unter die uralte Linde vor dem Kirchenportal und lesen die Gründungslegende des Dompeter, wie sie im Mittelalter erzählt wurde und durch die berühmte elsässische Chronik von Koenigshoven überliefert wurde.

Danach schickte im Jahr 60 n. Chr. der hl. Petrus seine Schüler Maternus, Eucharius und Valerius aus Rom ins ferne Elsaß, um den Heiden das Evangelium zu verkünden. Als Maternus an einem Ort Helvetus (heute Ehl bei Benfeld) von einem bösen Fieber dahingerafft wird, begraben ihn seine Gefähr-

Der Dompeter in Avolsheim

Der Canal de la Bruche

Der Canal de la Bruche gehört, mit dem Canal Vauban oder Kanal von Neu-Breisach, zu den ältesten noch heute bestehenden elsässischen Kanälen. Sie entstanden, als Ludwig XIV. in der zweiten Hälfte des 17. Jh. das annektierte Elsaß mit einer Reihe von festen Plätzen überzog, und man große Mengen von Baumaterial sicher und billig transportieren mußte. Gleich nach dem triumphalen Einzug des französischen Königs in Straßburg im Oktober 1681 begann der Festungsbaumeister Vauban mit der Anlage des Canal de la Bruche, und er konnte ihn in weniger als einem Jahr beenden. Auf dem etwa 20 km langen Kanal, der nördlich des gleichnamigen Flüßchens verläuft, wurden dann die Quader aus den Steinbrüchen von Soultz-les-Bains zum Bau der neuen Zitadelle nach Straßburg geschafft. Im Sommer 1683 kam Ludwig XIV. höchstpersönlich zur Besichtigung, und sein Minister Louvois gab bei dieser Gelegenheit Order, man möge den Verkehr auf dem Kanal wenn nötig für zwei oder drei Tage sperren, damit Seine Majestät bei der Inspektion möglichst viele Schiffe zu Gesicht bekäme.

Nach der Beendigung der Zitadelle benutzte man den Kanal zum Warentransport. Brennholz aus den Vogesen, Bruchsteine aus Soultz-les-Bains, Ziegel aus Achenheim, Wein aus Ergersheim und Wolxheim wurden auf dem Wasserweg billig nach Straßburg geliefert. Auch Mühlen und Fabriken siedelten sich damals am Kanalufer an. Zu Beginn unseres Jahrhunderts ging die Tonnage der Lastkähne jedoch beständig zurück, und so wurde der Kanal 1957 endgültig für die Schiffahrt geschlossen. 1986 begann man damit, den alten Treidelweg zum Fuß- und Radweg auszubauen, und seit 1992 ist er Teil des europäischen Radwanderwegs, der von Offenburg über Straßburg nach Molsheim führt.

»Bank der Kaiserin Eugénie«

ten und eilen nach Rom zurück, um neue Anweisungen zu empfangen. Da tröstet sie der Heilige und befiehlt ihnen, sogleich nach Ehl zurückzukehren. »Euer Gefährte Maternus ist nicht gestorben. Er schläft nur. Legt meinen Hirtenstab auf seinen Körper, und ihr werdet ihn wieder zum Leben erwekken.« Ein Wunder geschieht, und der wiedererweckte Maternus wird zum ersten Apostel des Elsaß.

DIE »BÄNKE DER KAISERIN EUGÉNIE«

An zahlreichen elsässischen Straßen können wir im Feld seltsame kleine Aufbauten bemerken – zwei oder drei massive vertikale Steinpfosten, die durch zwei verschieden hohe horizontale Steinplatten verbunden werden.

Diese sogenannten »Bänke der Kaiserin Eugénie« *(Bancs de l'Impératrice Eugénie)* ließ ein Präfekt des Unterelsaß um die Mitte des vergangenen Jahrhunderts zu Ehren der Gemahlin Napoleons III. aufstellen, und sie sollten den Bauern und Bauersfrauen, die oft mit schweren Lasten unterwegs waren, als Rastplatz am Wegesrand dienen. Auf den unteren Querbalken konnte man sich setzen, auf dem oberen wurden die Körbe abgestellt. Eine praktische Einrichtung, um das anstrengende Niederstellen und Wiederaufheben des Gepäcks zu vermeiden. Bäume, die neben den Bänken gepflanzt wurden, spendeten Schatten.

11

Die Ballade vom Riesenspielzeug

Zur Burg Nideck und zum Nideckwasserfall

Tief im Wald, in einem Seitental der Hasel, erhebt sich Burg Nideck, berühmt geworden durch die Sage vom Riesenspielzeug und den nahe gelegenen gewaltigen Wasserfall. Weil an schönen Sommersonntagen die Wanderer in langer Schlange vom Restaurant des Cascades du Nideck hinauf zur Burg ziehen, beginnen wir den Spaziergang am weniger besuchten, höher gelegenen Forsthaus und steigen von hier, am Nideckbaechel entlang, zu den Sehenswürdigkeiten hinab.

WEGVERLAUF UND MARKIERUNG: Gelbes Rechteck: *Maison forestière du Nideck* – Burg Nideck (20 Min.); rotes Rechteck: Weiherbrücke – Nideckwasserfall (15 Min.) – Weiherbrücke; rotes Dreieck: Maison forestière du Nideck (35 Min.)

DAUER: 1.10 Std.

Burgruine Nideck und die Wälder des Nidecktals

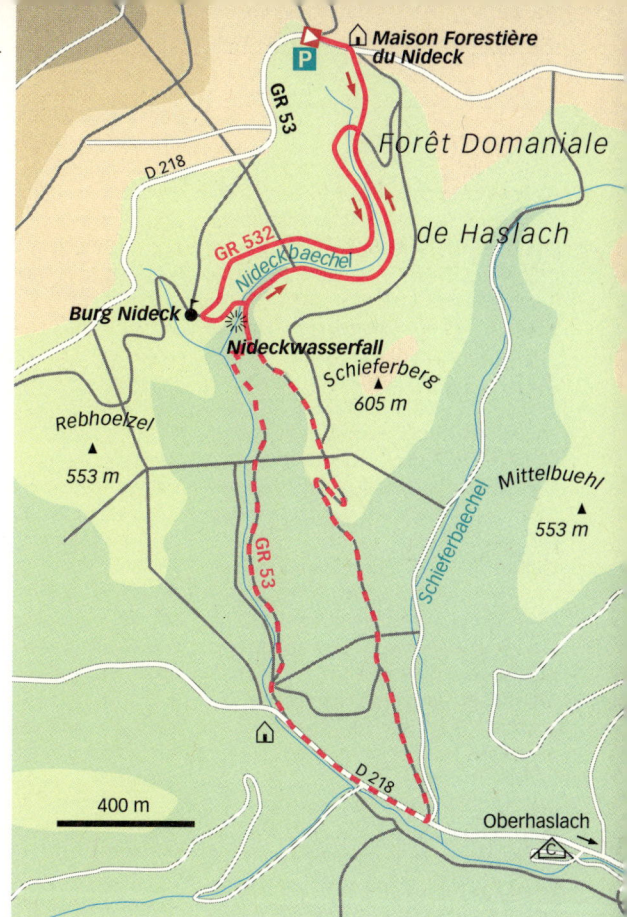

Burg Nideck
Nideckwasserfall
Schieferberg
605 m
Rebhoelzel
▲
553 m
Mittelbuehl
▲
553 m
Oberhaslach

400 m

Wanderung 11:
Zur Burg Nideck und
zum Nideckwasserfall

LÄNGE: 4 km

SCHWIERIGKEITSGRAD: Waldspazier-
gang, mit einem ziemlich steilen
Abstieg vom Forsthaus (620 m) zum
Wasserfall (411 m)

KARTE: Vom Club Vosgien und IGN die
Wanderkarte, Ste-Odile, Donon, Haut-
Kœnigsbourg, im Maßstab 1:50 000
oder die Freizeitkarte TOP25 3716 ET
(Mont Ste-Odile), im Maßstab 1:25 000

EINKEHRMÖGLICHKEIT: Maison
forestière du Nideck (geöffnet: So, Juli
u. Aug. auch wochentags;
☎ 88 87 35 79). Gasthäuser in Ober-

haslach; angenehm *Le Saint Florent*
(So.abend u. Mo. Ruhetag)

ANFAHRT: Das Forsthaus Nideck liegt
westlich von Straßburg an der D 218
zw. Oberhaslach u. Wangenbourg. Parken auf dem Platz gegenüber dem
Forsthaus. Nächster Bahnhof Urmatt
(am GR 53)

SYNDICAT D'INITIATIVE: Nideck –
Vallée de la Hasel, Mairie, 67280 Oberhaslach, ☎ 88 50 90 15

BESONDERE HINWEISE: Sehenswert
ist die gotische Florentiuskirche (Nie-
derhaslach) mit schönen Glasfenstern.

▶ DER WANDERWEG

Gleich am Eingang des Parkplatzes finden wir ein Schild des Club Vosgien mit mehreren Markierungszeichen (*Circuit des ruines*/blauer Ring, dazu das gelbe Rechteck und das rote Dreieck), die zunächst alle zusammen hinunter in den Wald führen. Wir folgen diesem Pfad ca. 7 Min., biegen dann nach rechts (*les ruines*, gelbes Rechteck), überqueren das **Nideckbaechel** und steigen danach auf der rechten Uferseite ganz gemächlich den Berg hinauf bis zum mächtigen **Bergfried der Unterburg**, der wahrscheinlich im 13. Jh. errichtet wurde (20 Min.). Über eine Reihe solider, aber ziemlich unbequemer Leitern können wir im feuchten Dunkel auf die Turmspitze klettern. Auch die Schildmauer der aus dem 14. Jh. stammenden höher gelegenen **Oberburg**, auf der rechten Seite des Wegs, ist zu besteigen – auf einer mit einem Eisengitter gesicherten Außentreppe, wobei der Blick in die Tiefe, die Felswand hinab, fast ebenso eindrucksvoll ist wie die Fernsicht über die schier endlosen Wälder des Nidecktals! Besonders schön ist das Unterholz um die Ruinen im Frühling mit den blauen Blüten des Immergrüns, das ja nur an ehemals bewohnten Plätzen gedeihen will.

Vom Bergfried der Unterburg setzen wir unseren Weg dann fort zum Wasserfall (*cascade du Nideck*, rotes Rechteck und blauer Ring). Der schmale Pfad führt im Zickzack an einer Hütte vorbei, über eine Brücke am Ausfluß eines kleinen Weihers (25 Min.), weiter nach rechts zu einer Aussichtskanzel und gleich darauf steil hinunter zum **Nideckwasserfall** (35 Min.). Aus 25 m Höhe ergießt er sich durch den Spalt einer breiten Porphyrfelswand und bietet ein ganz prächtiges Schauspiel.

Den Rückweg nehmen wir, bis zur Brücke am Weiher, auf dem Pfad, den wir gekommen sind – wir müssen also ganz schön klettern! An der Brücke (45 Min.) biegen wir jedoch nicht nach links zur Burg hinauf, sondern bleiben auf dem linken Ufer des Nideckbaechels und wandern mit dem roten Dreieck und dem blauen Ring in ca. 25 Min. bequem zum **Forsthaus** zurück (1.10 Std.).

AM WEGE

Berühmt wurde **Burg Nideck** in Deutschland durch Adelbert von Chamissos Gedicht vom Riesenfräulein, das ins Tal hinabsteigt und da einen pflügenden Bauern samt seinem Gespann als Spielzeug in ein großes Tuch packt. Mit ein paar Schritten trägt sie ihren Fund zurück auf die Burg, wird dort aber vom Riesenvater streng belehrt:

»Der Alte wird gar ernsthaft und wiegt
sein Haupt und spricht:
›Was hast du angerichtet?
Das ist kein Spielzeug nicht!
Wo du es hergenommen,
da trag es wieder hin,
Der Bauer ist kein Spielzeug,
was kommt dir in den Sinn!
Sollst gleich und ohne Murren,
erfüllen mein Gebot,
Denn, wäre nicht der Bauer,
so hättest du kein Brod,
Es sprießt der Stamm der Riesen
aus Bauernmark hervor,
Der Bauer ist kein Spielzeug,
da sei uns Gott davor!‹
Burg Nideck ist im Elsaß
der Sage wohlbekannt,
Die Höhe wo vor Zeiten
die Burg der Riesen stand,
Sie selbst ist nun verfallen,
die Stätte wüst und leer,
Und fragst du nach den Riesen,
du findest sie nicht mehr.«

Prächtiges Schauspiel am Nideckwasserfall

12

Ein keltisches Höhenheiligtum

Von Wackenbach zum Donon

Im oberen Bruchetal, an der Grenze zwischen der lothringischen Hochebene und den Mittelvogesen, erhebt sich der 1009 m hohe Donon, ein uraltes keltisches Höhenheiligtum. Von dem großen gallo-römischen Tempelbezirk blieben vor Ort jedoch wenige Spuren. Das freiliegende, kahle Sandsteinplateau, auf dem der Wanderer im Sommer die einzigartige Fernsicht genießt, liegt inmitten ausgedehnter einsamer Wälder. Kein Vergleich mit dem vielbesuchten Mont Ste-Odile und den geschäftigen, geraniengeschmückten Dörfern der Weinstraße!

WEGVERLAUF UND MARKIERUNG:
Rotes Rechteck / GR 5: Wackenbach –
Grandfontaine (40 Min.) – Col du
Donon (40 Min.) – Le Donon (55 Min.) –
Col entre les deux Donon (30 Min.);
gelbes Kreuz: Wackenbach (1.15 Std.)

DAUER: 4 Std.

LÄNGE: 12 km

SCHWIERIGKEITSGRAD: Mittelschwere Wanderung mit einem langen
Anmarsch durch den Wald von Wak-
kenbach (367 m) bis zum Col du Donon
(727 m); dann steiler Aufstieg zum kahlen Gipfel (1009 m). Das letzte Wegstück zwischen dem Col entre les deux
Donon und Wackenbach ist nicht gut
unterhalten.

AUSRÜSTUNG: Bergstiefel wünschenswert

KARTE: Vom Club Vosgien und IGN die
Wanderkarte, Ste-Odile, Donon, Haut-
Kœnigsbourg, im Maßstab 1:50 000

oder die Freizeitkarte TOP25 3616 OT
(Le Donon), im Maßstab 1:25 000

EINKEHRMÖGLICHKEIT: Am Col du
Donon Hotel-Restaurant *Velléda*
(Di. Ruhetag). In Rothau-La Claquette
Hotel-Restaurant *La Rubanerie*
(So. Ruhetag)

ANFAHRT: Von Straßburg nach Südwesten durch das Bruchetal bis Schirmeck (A 352, N 420). In Schirmeck-La
Broque Richtung Col du Donon (D 392)
bis Wackenbach. Parken an der Kirche

SYNDICAT D'INITIATIVE: Hôtel de
Ville, 67130 Schirmeck, ☎ 88 97 86 20

VARIANTE DES WANDERWEGS: Will
man nur die gallo-römischen Denkmäler besichtigen, dann fährt man mit
dem Auto bis zum Hotel Velléda am
Col du Donon und kehrt nach der Gip-
felbesteigung am Col entre les deux
Donon zum Hotel zurück (am Schild
Forêt domaniale du Donon den Weg
zur *Plate-Forme du Donon* nehmen,

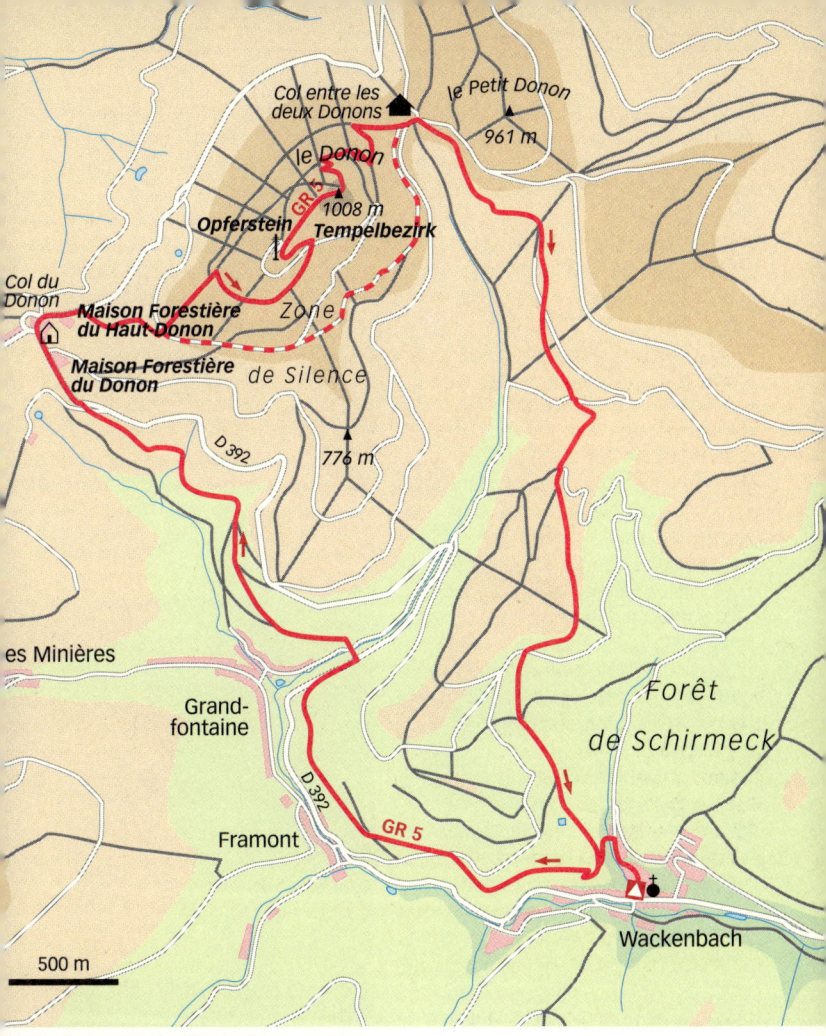

Wanderung 12: Von Wackenbach zum Donon

---

gelbes Kreuz, ca. 30 Min.). Ausgangspunkt dieses Ausflugs kann auch das Hotel-Restaurant *Donon* etwas oberhalb des Hotels *Velléda* sein (an der N 392 Richtung Raon, Do. Ruhetag)

DER WANDERWEG

Unsere Wanderung beginnt an der Kirche von **Wackenbach.** Wir benutzen für den ersten Teil den GR 5 (rotes Rechteck), der etwas oberhalb der Hauptstraße des Dorfes verläuft. Ein größerer Stein mit unserer Markierung liegt auf der linken Seite der Rue du Rain, ungefähr 5 Min. von der Kirche entfernt, vor einer Hecke. Im Sommer kann er schon mal im hohen Gras verborgen sein, wir müssen also aufpassen. Haben wir den Ausgangspunkt glücklich gefunden, ist unser Weg gut gekennzeichnet, und wir folgen dem roten Rechteck nach links über eine kleine Brücke hinauf in den Wald. Wir gehen immer am Hang entlang, ungefähr parallel zur Autostraße im Tal. Bei Grandfontaine (40 Min.) benutzt der GR 5 für ein kurzes Stück die Straße zum Donon, führt dann auf der linken Seite steil durch ein Wiesental und steigt schließlich langsam, aber stetig, noch eine gute halbe Stunde durch den Wald. Zweimal überqueren wir einen kleinen Bach.

Wenn wir am **Col du Donon** wieder die Fahrstraße erreichen (1.20 Std.), öffnet sich vor uns eine hübsche Hochfläche (Plate-Forme du Donon) mit Wiesen, kleinen Waldstücken und einzelnen Häusern. Nach der *Maison forestière du Bas Donon* kommen wir zum Hotel-Restaurant Velléda, auf dessen großer baumbestandener Terrasse man im Sommer angenehm kühl sitzt. Die meisten Gäste sind allerdings Auto- oder Motorradfahrer, denn das Lokal liegt an einer vielbefahrenen Straßenkreuzung.

Jetzt beginnt der eigentliche Aufstieg zum Gipfel – dabei bleibt unsere Markierung weiter das rote Rechteck, das hier für ein kurzes Stück mit dem gelben und blauen Kreuz zusammenfällt. Zwischen Scheune und Restaurant gehen wir zur Straße hinauf, wenden uns nach rechts und biegen dann nach etwa 5 Min. bei einer großen Tafel (*Sommet du Donon*) wieder nach rechts auf einen steinigen Fußpfad. An einem Bauernhof vorbei führt uns dieser zunächst durch einen kleinen Wald, überquert danach eine geteerte Straße und steigt anschließend steil einen ganz mit Ginster bewachsenen Hang hinauf, über dem weit sichtbar der Turm des ORTF steht. Je weiter wir um den Berg herum gehen, desto schöner wird die Aussicht. Wir kommen am sog. *Pierre à sacrifices* (Opferstein) vorbei, einem riesigen Felsblock, dessen Aus-

höhlungen und Rinnen wahrscheinlich ein Werk der Natur sind (1.50 Std.), überqueren noch einmal eine kleine Straße (2 Std.) und erreichen über eine Treppe *Escalier de l'empereur* (so genannt nach Napoleon III.), die gallo-römische Umwallung (2.05 Std.).

Nun betreten wir den **Tempelbezirk**, an dessen Eingang man die Nachbildungen von sieben auf dem Donon gefundenen gallo-römischen Reliefplatten aufgestellt hat, die sich heute im Museum von Epinal befinden. Einige Schritte weiter stoßen wir auf die Reste der Ausgrabungen. Die meisten Überreste blieben vom sog. Tempel Nr. 1, einem rechteckigen Bau (12,60 × 9,20

Auf der obersten Felsenplatte vom Donon

m), dessen Fundamente und umgestürzte Giebelsteine gleich am Anfang des Weges liegen. Etwas höher, in der mittleren Zone – hinter der Tafel des Forstamtes – fand man Pfostenlöcher eines zweiten runden Gebäudes und eine Zisterne zum Auffangen von Regenwasser. Brunnenrand und Gitter stammen natürlich aus neuerer Zeit. Schließlich gab es direkt unterhalb des Gipfels, welcher der eigentlich heilige Ort des Donon ist, noch einen dritten Tempel, von dem noch Bruchstücke des steinernen Dachgebälks zwischen dem Heidekraut liegen. Sehr viel besser, schon von weitem sichtbar, ist heute allerdings der kleine, pseudo-antike Tempel mit der Aufschrift *Musée*, der seit 1869 die oberste Felsenplatte krönt.

Nach dem letzten Aufstieg von den Stelen bis zum Gipfel (2.15 Std.) umfaßt unser Blick an der Orientierungstafel ein weites Panorama: von den Vogesen mit dem dahinter liegenden Rheintal bis zu den Seen und Flüßchen der lothringischen Hochebene.

Wir verlassen den Tempel auf der entgegengesetzten Seite und klettern, immer dem roten Rechteck folgend, den Nordhang herunter. Zwischen den Wurzeln umgestürzter Fichten sind tiefe Rinnen im Erdreich ausgewaschen, und das ganze hat ein kahles,

Die Sage vom Donon und vom Narion

In sagenhafter Form war die Erinnerung an die alten keltischen Naturgötter noch am Anfang unseres Jahrhunderts
im Volke lebendig. So verbinden sich ganz kurios keltische
und christliche Elemente in der Aufzeichnung eines münd-
lichen Berichtes aus der Gegend.

»Ein Gewitter stand über dem Gebirge – es muß im Sommer
vor dem Ersten Weltkrieg gewesen sein – da zündete die
Großmutter eine geweihte Kerze an und begann zu erzählen:
Siehst Du, sagte sie, der Donon und der Narion (der Nach-
barberg) die waren Vettern, und auf dem Donon verehrten
die Römer und Kelten den Gott des Feuers und auf dem
Narion den Windgott. Der alte Narion aber hatte sieben
Töchter, und die jüngste und schönste, seine Lieblingstoch-
ter, war mit dem Gott unserer Quellen verlobt, dem alten
Nix. Der wohnte auf seinem Schloß im Nideck-Wasserfall,
nicht weit von hier, und jedesmal, wenn das Mädchen ihn
besuchen ging, dann kam es an einem Platz vorbei, an dem
die Steine für das Straßburger Münster gebrochen wurden.
Da verliebte es sich in den Meister der Steinmetze – das
war kein anderer als der Sohn von Erwin von Steinbach, der
das Münster erbaut hat – und es war die große Liebe, und
das Mädchen erklärte seinem Vater, nun wolle es den Nix
nicht mehr heiraten und ganz moosgrün werden wie die
anderen Quellgötter im Breuschtal. Da geriet der alte
Narion in einen furchtbaren Zorn – sie war ja seine Lieb-
lingstochter – und zusammen mit seinem Vetter, dem
Donon, fuhr er in einem furchtbaren Unwetter zu Tal. Es
soll am ersten August im Jahr 1200 gewesen sein, und der
Blitzschlag traf alle Bäume auf ihrem Weg, und der Sturm
entwurzelte sie, und am Münster warf der Sturm den Sohn
Meister Erwins, der gerade an der großen Rosette arbei-
tete, vom Gerüst, und der junge Mann stürzte tot gerade
vor das große Portal.
Und wenn Ihr heute nach Straßburg kommt, und es regt
sich kein Lüftchen, vor dem Münster bläst immer ein starker
Wind. Das ist der alte Narion, der auf seine Tochter wartet,
und wenn Ihr jung und ohne Sünde seid, dann könnt Ihr um
Mitternacht im Münster ein junges Mädchen sehen, Velleda,
das auf dem Grab des Geliebten betet. Und so lange das
Münster steht, so lange muß der alte Narion es umkreisen
und auf seine Tochter warten, das ist seine Strafe.«

unfreundliches Aussehen. Am Fuß des Berges gehen wir auf einem Forstweg ein Stückchen nach rechts und bald darauf wieder links in den Wald. Eine halbe Stunde, nachdem wir den Gipfel verlassen haben (2.45 Std.), erreichen wir den **Col entre les deux Donon**, eine große Kreuzung mit einem Unterstand des Club Vosgien und einem Gedenkstein für die im Juli 1915 am Donon gefallenen Soldaten.

Hier verlassen wir den GR 5 und treten den Rückweg ins Tal an. Wir gehen am Unterstand vorbei und folgen zunächst dem gelben und blauen Kreuz (Wackenbach und Schirmeck) nach rechts in den Wald hinunter. Ungefähr 10 Min. später teilt sich der Weg, und wir wählen die Markierung gelbes Kreuz (Wackenbach). Der Abstieg, immer durch den Wald, zieht sich in die Länge, bietet aber sehr schöne Ausblicke. Im Sommer sind Hänge und lichte Stellen mit rotem Fingerhut übersät, am Boden reifen Walderdbeeren. Zweimal müssen wir auf Holzleitern über den Zaun einer Schonung klettern. Wenn das Gras und die Brombeerranken hochwachsen, ist der schmale, am Boden gekennzeichnete Pfad hier nicht leicht zu erkennen – man muß die beiden Forstwege, auf die man innerhalb der Schonung stößt, überqueren. Ungefähr 1.15 Std. nach unserem Abmarsch vom Col entre les deux Donon erreichen wir, auf einem ganz schmalen Fußweg, wieder die Kirche von **Wackenbach** (4 Std.). Mit dem Auto fahren wir jetzt am besten über Schirmeck nach Rothau-La Claquette, wo wir uns im Hotel-Restaurant La Rubanerie von dem anstrengenden Marsch erholen können.

AM WEGE

In den ersten nachchristlichen Jahrhunderten wurde Elsaß-Lothringen von einer gallo-römischen Mischbevölke-

rung bewohnt, und zu dieser Zeit war der **Donon** (*dun* oder *dunos* bedeutet im keltischen ›Berg‹) ein wichtiges Höhenheiligtum und zugleich ein gemeinsamer Zufluchtsort für die umwohnenden Stämme der Mediomatriker, Leuker und Triboker. Die Wiederentdeckung der uralten Kultstätte, die sich nach dem Sieg des Christentums in einen wüsten Trümmerhaufen verwandelt hatte, begann 1692, als zwei gelehrte Benediktiner den Berg bestiegen, um dort nach sagenhaften merowingischen Königsgräbern zu suchen. In unserem Jahrhundert erreichten die Forschungen dann ihren Höhepunkt mit den Ausgrabungen von Fanny Lacour, die sich für die Vergangenheit des Donon begeisterte und zwischen 1922 und 1938, zunächst auf eigene Faust, das Gelände säuberte und planmäßig untersuchte. Ihr verdanken wir unsere Kenntnis von der Anlage des heiligen Bezirks mit seinen drei Tempeln sowie eine Anzahl von Basreliefs, Statuen und Inschriften.

Zusammen mit den früheren Funden zeigen sie uns den in ganz Gallien verehrten römischen Merkur als den obersten Gott des Höhenheiligtums. Auf dem Donon ersetzt er wahrscheinlich eine ältere Ortsgottheit, vielleicht Vosegus. Dazu kommen Reste der im Rheinland ebenfalls bekannten Jupitergigantensäulen (Jupiter reitet über den liegenden Giganten hinweg) sowie mehrere schwer zu deutende keltische Götterfiguren. Als eine Art gallischer Herkules gilt der Gott mit dem Hirsch, der eine Axt und einen Sack mit den Früchten des Waldes trägt. Das berühmte Relief mit dem Löwen und dem Eber könnte sich auf den keltischen Mythos vom Kampf zwischen Taranis und Teutates beziehen. Gemeinsam ist allen diesen Darstellungen die Verschmelzung von römischen und keltischen Glaubensinhalten, bezeichnend für das Gespür, mit dem die Römer in den eroberten Gebieten vorgingen.

13

Johann Friedrich Oberlin – Soldat Gottes

Rund um Waldersbach im Steintal

Auf den Spuren von Johann Friedrich Oberlin, dem »Vater des Steintals« führt uns die Wanderung zum Museum im Pfarrhaus von Waldersbach und zu den reizvoll gelegenen Pfarrdörfern Belmont und Bellefosse. An den rauhen, regenreichen Hängen des Champ du Feu erfreuen uns die reich blühenden Wiesen jedoch nicht vor Ende Mai, Anfang Juni.

WEGVERLAUF UND MARKIERUNG: Waldersbach – Col de la Perheux (40 Min.); gelbes Dreieck: Belmont (40 Min.); blaues Kreuz: Bellefosse (50 Min.); Waldersbach (30 Min.). Erster und letzter Wegabschnitt nicht markiert

DAUER: 2.40 Std.

LÄNGE: 9 km

SCHWIERIGKEITSGRAD: Leichte Wanderung durch Wald und Wiesen, zuletzt ein Stückchen Straße; der Weg steigt von Waldersbach (490 m) über den Col de la Perheux bis Belmont (780 m).

KARTE: Vom Club Vosgien und IGN die Wanderkarte, Ste-Odile, Donon, Haut-Kœnigsbourg, im Maßstab 1 : 50 000 oder die Freizeitkarte TOP25 3716 ET (Mont Ste-Odile; eine kleine Wegstrecke um Bellefosse fehlt), im Maßstab 1 : 25 000

EINKEHRMÖGLICHKEIT: In Bellefosse die Ferme Auberge *Ban-de-la-Roche* (Mo. nachmittag u. Di. Ruhetag, Juli u. Aug. tägl., ✆ 88 97 35 25). In Fouday Hotel-Restaurant *Chez Julien* (Di. Ruhetag)

ANFAHRT: Von Straßburg nach Südwesten durch das Bruchetal über Schirmeck bis Devant Fouday (A 352, N 420); dann auf der D 57 nach Waldersbach. Parken am Ortsrand rechts neben der Straße

SYNDICAT D'INITIATIVE: Hôtel de Ville, 67130 Schirmeck, ✆ 88 97 86 20

VARIANTE DES WANDERWEGS: Die Halbtagswanderung kann abgekürzt werden, wenn man von Belmont direkt nach Waldersbach zurückgeht (roter Punkt, ca. 30 Min.).

BESONDERE HINWEISE: Das **Musée Oberlin** im Waldersbacher Pfarrhaus zeigt Erinnerungsstücke, naturwissenschaftliche Sammlungen, Spiele; Juli u. Aug.: tägl. außer Di. 14–18 Uhr, ✆ 88 97 30 27. Die Gräber von J. F. Oberlin und Louise Scheppler befinden sich auf dem Friedhof von Fouday.

DER WANDERWEG

Vom Parkplatz an der D 57, neben der **Schirgoutte**, gehen wir die Rue de la Suisse ins Dorf hinauf. Die Gehöfte zur

Wanderung 13: Rund um Waldersbach im Steintal

Rechten und Linken sind die typischen steinernen Einhäuser der Vogesen, oft mit sorgfältig behauenen Tür- und Fensterrahmen aus rötlichem Sandstein. Die kleine Kirche gleicht den übrigen protestantischen Gotteshäusern des Tals: ein einfacher rechteckiger Saal ohne Chor, an drei Wänden von Holzemporen umgeben, und an der vierten freien Wand die Kanzel mit dem darunterliegenden Altar.

Etwas unterhalb vom Pfarrhaus, heute das **Oberlin Museum**, und der Kirche, können wir im *Rucher du Ban-de-la-Roche* beim Imker einheimischen Honig kaufen. Am Museum vorbei führt die Montée Oberlin dann weiter bis zum Ende des Oberdorfes (15 Min.).

Dort lassen wir den Friedhof links liegen und nehmen den von alten Linden gesäumten Weg, der im Volksmund »Brautallee« heißt. Die von Oberlin getrauten Paare pflanzten hier bei ihrer Hochzeit einen Baum, und es haben sich ungefähr zwanzig 200jährige Linden erhalten. Im Frühsommer wachsen hier auf dem feuchten Boden auch wilde Orchideen. Wenn wir am Ende der steilen Allee aus dem Wald auf die Wiese treten, halten wir uns auf dem nicht gekennzeichneten Pfad immer geradeaus, bis wir einen gut sichtbaren Bergsattel erreichen, den **Col de la Perheux** (dt. »Bärhöhe«; 40 Min.). Dieser Paß verband das Tal der Schirgoutte mit dem Tal der Rothaine, die zusammen den Pfarrbezirk von Waldersbach bildeten, und Oberlin ist diesen Weg oft geritten.

An zwei einsam stehenden Bäumen finden wir hier wieder die Markierungen des Club Vosgien. Unser Zeichen ist das gelbe Dreieck (*Sentier Oberlin par les fermes Solomont*), und wir wandern nun abwärts über freie Matten und durch jungen Buchenwald bis zu den einsam liegenden Höfen von **Solomont** (1 Std.), und von dort wieder leicht aufwärts bis zum Kirchplatz von **Belmont** (1.20 Std.). Der rechteckige kleine Bau, zwischen 1755 und 1762 aus einer gotischen Kapelle entstanden, birgt ein Christusbild vom Beginn des 16. Jh. (nur zum Gottesdienst geöffnet).

Knapp 10 Min., bis kurz vor dem Wald, verlaufen die Wege nach Waldersbach (roter Punkt) und nach Bellefosse (blaues Kreuz) zusammen, dann müssen wir uns, mit dem blauen Kreuz, nach links wenden. Durch die Wiesen steigen wir, an einem einsamen Gehöft vorbei, hinunter zu einem kleinen Bach, überqueren die Fahrstraße zum **Col de la Charbonnière** (1.40 Std.) und folgen dann dem gut ausgezeichneten Pfad »Ferme Auberge du Ban-de-la-

Roche, Bellefosse« (blaues Kreuz). Er führt uns über die Schirgoutte, auf und ab durch Wald und Wiesen, bis zum Ortseingang von **Bellefosse** (2 Std.). Wenn wir uns auf der Dorfstraße immer geradeaus halten – nicht den Berg hinab- oder hinaufgehen – dann erblicken wir nach ungefähr 10 Min. vor uns den Berggasthof (2.10 Std.). Bei warmem Wetter sitzt man im Freien vor der Tür und genießt den schönen Ausblick.

Den Rückweg nach **Waldersbach** nehmen wir über die kleine Straße (Schild: »gesperrt für über 10 t, Schneeketten«), die ins Dorf hinunterführt. Wir sehen die Kirche und die Mairie, an der eine Gedenktafel für Oberlins treue Helferin, Louise Scheppler, angebracht ist, gehen an der Telephonkabine rechts und lassen gleich darauf die Häuser von Bellefosse hinter uns (2.20 Std.). Auf der wenig befahrenen D 657 wandern wir jetzt in einer halben Stunde bequem hinunter zum Parkplatz am Ortseingang von Waldersbach (2.40 Std.). Die erste Straßenschleife kürzen wir durch den mit einem gelben Kreuz bezeichneten Feldweg ab, dann müssen wir auf der Fahrstraße bleiben, da der Fußweg nicht zu unserem Parkplatz weiterführt.

Seelöwe aus der naturkundlichen Sammlung von Oberlin

Johann Friedrich Oberlin

Christentum der Tat im Steintal

Das Steintal oberhalb von Rothau, zwischem dem rechten Ufer der Bruche und dem Champ du Feu, nennt sich nach der Burg Stein (château de la Roche) über Bellefosse, die bereits 1496 als Raubritternest zerstört wurde. Nach der Einführung der Reformation war die acht Dörfer umfassende kleine Herrschaft (zu Oberlins Zeit im Besitz der Familie de Dietrich, s. Wanderung 4) eine protestantische Enklave in katholischer Umgebung, und der ärmliche Landstrich, ohne Verkehrswege, mit rauhem Klima und schlechtem Boden, galt im 18. Jh. als das »elsässische Sibirien«.

»Die Steintäler sind insgesamt sehr arm, und reich heißen nur die, so weniger Not leiden. Viele haben die meiste Zeit Mangel an Brot, etliche sogar an Kartoffeln. Fleisch essen viele das ganze Jahr nicht. Holz zum Brennen und Bauen ist im Steintal jetzt beinahe so selten als Brot, das Geld noch viel mehr. Die Armut heftet sie an die nächsten leiblichen Bedürfnisse, führt ein rohes Wesen ein, macht sie zu allem träge und benimmt ihnen Einsicht, Willen und Vermögen zum Guten.« (Auszüge aus einem Bericht von Oberlins Amtsvorgänger Stuber)

Diese Hochlandpfarrei übernimmt der 27jährige Johann Friedrich Oberlin am 1. April 1767, und er ist dort, nach 59jähriger Tätigkeit, am 1. Juni 1826 gestorben. Vom Geist der Aufklärung und des Pietismus gleichermaßen geprägt, hat er die schlimmen Verhältnisse als persönliche, ihm von Gott geschickte Herausforderung begriffen: »Ich bin Soldat. Gott, mein Herr, befahl mir durch meine Oberen, zu marschieren und in dem armen Steintal für ihn zu arbeiten«, schreibt er bei seinem Amtsantritt an seine Mutter, die sich um seine finanzielle Lage sorgt.

Sein Christentum der Tat verbindet dann in genialer Weise die Sorge für den Leib und für die Seele seiner Pfarrkinder. Er läßt Schulhäuser in den Dörfern errichten: das erste in Waldersbach gegen den Widerstand der Gemeinde nur aus Spenden und aus eigenen Mitteln. Er entwickelt einen eigenen praktischen Lehrplan für Jungen und besonders fortschrittlich, für Mädchen, der neben Schreiben, Lesen, Rechnen auch Singen und Malen umfaßt, und dessen oberstes Prinzip die lebendige Anschauung ist (darum die noch heute im Oberlin Museum erhaltenen reichen naturkundlichen Sammlungen). Er erfindet für die jüngeren, unbeaufsichtigten Kinder die »Strickschulen« oder *Poêles à tricoter*, eine Kombination aus Kleinkinderhort und Kinderschule. In einer von ihm gemieteten Stube spielen die Kleinsten um den warmen Ofen (*poêle*), während sich die Größeren unter Anleitung von Frauen und Mädchen der Gemeinde im Stricken (frz. *tricoter*) und Nähen üben, singen oder Geschichten erzählt bekommen. Louise Scheppler, die nach dem frühen Tod von Oberlins Frau auch den Pfarrhaushalt führte, ist die bekannteste dieser *conductrices de la tendre jeunesse* (»Führerinnen der zarten Jugend«) geworden.

Ebenso energisch betreibt Oberlin die Verbesserung der materiellen Lage seiner Pfarrkinder, zunächst oft unter ihren mißtrauischen Blicken. Er kümmert sich um die Verbesserung der Landwirtschaft. Durch den Anbau von holländischem Klee, der in dem rauhen Klima gut gedeiht, kann

JEAN FRÉDÉRIC OBERLIN
Ministre de Waldersbach
au Ban de la Roche

Johann Friedrich
Oberlin (1767-1826)

er den Viehbestand vergrößern; er führt neue, gut tragende Kartoffelsorten ein, kultiviert erfolgreich Obstbäume, legt Drainage- und Bewässerungsgräben an, läßt junge Burschen ein Handwerk in Straßburg lernen und gründet einen landwirtschaftlichen Verein. Hilfe zur Selbsthilfe leistet Oberlin auch durch die Linderung der finanziellen Not. Er richtet eine kleine Leih- und Kreditbank ein, und er zieht Baumwollspinnerei und Weberei ins Tal, die das trotz aller Betriebsamkeit fehlende Kapital in das arme Land bringen sollen. Die den Aufschwung hemmende Isolierung der Dörfer überwindet er durch den Bau einer Straße von Rothau ins obere Bruchetal und durch die Errichtung einer soliden Holzbrücke bei Fouday, die in Stein ausgeführt, noch heute den Namen *Pont de Charité* (»Brücke der Barmherzigkeit«) trägt.

Fundament dieser rastlosen Tätigkeit bleibt jedoch, in jedem Augenblick, der lebendige christliche Glaube, und so lesen wir, mitten in einem Rundschreiben über die regelmäßige Bewässerung der Wiesen:»Gott fordert in allen Dingen gute Ordnung, Verständigkeit, Billigkeit, brüderliche Liebe. Um das Reich dieser Tugenden auf Erden aufzurichten und um uns aus der Gewalt des Satans zu befreien, der Unordnung, Haß, Müßiggang, Trug, Streit und Ungerechtigkeit will... hat unser Herr Jesus Christus so martervoll gelitten... Darum, liebe Freunde, keine Kälte, keine Gleichgültigkeit, Lauheit noch Feigheit in seinem Dienste. Er ist für uns gestorben – laßt uns wenigstens für ihn leben!«

Die arme, verwahrloste Hochlandpfarrei verwandelte sich so, in einem halben Jahrhundert unter Oberlins Führung, in eine lebendige Gemeinde mit bescheidenem Wohlstand. Bei Oberlins Begräbnis reichte der Leichenzug vom Waldersbacher Pfarrhaus bis zur Kirche von Fouday, und auf seinem Grabkreuz steht der zugleich achtungsvolle und zärtliche Name, den ihm die Bevölkerung noch zu seinen Lebzeiten gegeben hat,»Papa Oberlin«.

Das bekannte Novellenfragment »Lenz« von Georg Büchner, das Oberlins Aufzeichnungen folgend über den Aufenthalt des gemütskranken Dichters der Sturm-und-Drang-Epoche, Jakob Michael Reinhold Lenz, im Pfarrhaus von Waldersbach berichtet, gibt auch eine gute Schilderung von Oberlins ruhigem, zielbewußten Wirken und zugleich eine großartige Beschreibung der winterlich wilden Vogesenlandschaft, die Büchner selbst auf Wanderungen kennengelernt hatte.

14

Eine elsässische »Schnapsgegend«

Im Val de Villé – von Albé über den Ungersberg nach Breitenbach

Das Val de Villé nordwestlich von Sélestat, hat seinen ländlichen Charakter bis heute bewahrt. Man betreibt hier Holz- und Weidewirtschaft, aber auch, von alters her, die Schnapsbrennerei. Auf versteckten Pfaden wandern wir durch ausgedehnte Wälder und über Obstwiesen. Schön während der Kirschblüte und lecker, wenn die Kirschen reif sind!

i

WEGVERLAUF UND MARKIERUNG:
Blauer Punkt u. rotes Kreuz: Albé – Albéville (40 Min.) – Ungersberg (1.50 Std.); rotes Rechteck/GR 5: Col de l'Ungersberg (30 Min.); gelbes Andreaskreuz: Col de Bellevue (45 Min.) – Col du Kreuzweg (40 Min.); gelbes Kreuz: Breitenbach (1.05 Std.); rotes Andreaskreuz: Albé (1.15 Std.)

DAUER: 6.45 Std.

LÄNGE: 21 km

SCHWIERIGKEITSGRAD: Lange, mittelschwere Wanderung, mit einem tüchtigen Aufstieg von Albé (300 m) zum Ungersberg (901 m)

KARTE: Vom Club Vosgien und IGN die Wanderkarte, Ste-Odile, Donon, Haut-Kœnigsbourg, im Maßstab 1 : 50 000 oder die Freizeitkarte TOP25 3717 ET (Sélestat, Ribeauvillé), im Maßstab 1 : 25 000

EINKEHRMÖGLICHKEIT: Dorfgasthäuser in Albé und Breitenbach (*A la Vieille Ferme* in Albé, Mi. Ruhetag). Am Col du Kreuzweg die *Ferme Auberge du Kreuzweg* (Di. abend u. Mi. Ruhe-

tag, ✆ 88 08 32 84). Im Zentrum von Villé die ausgezeichnete Konditorei *Pfister* (evtl. Mo. Ruhetag). Da wir den Bauerngasthof erst nach viereinhalbstündiger Wanderung erreichen, sollten wir für unterwegs ein Butterbrot einpacken.

ANFAHRT: Von Villé auf der D 439 nach Albé. Parken an der Dorfstraße unterhalb der Kirche

OFFICE DE TOURISME: Place du Marché, 67220 Villé, ✆ 88 57 11 69

VARIANTE DES WANDERWEGS: Aus der Tageswanderung wird eine Halbtagswanderung, wenn man auf die Besteigung des Ungersbergs verzichtet und von Albé direkt zum Col de Bellevue wandert (rotes Andreaskreuz u. rot-weiß-rotes Rechteck, 1.30 Std.).

BESONDERE HINWEISE: In Albé zeigt die **Maison du Val de Villé** (Heimatmuseum) wechselnde volkskundliche Ausstellungen; April bis Okt.: So 14.30–18 Uhr. Am letzten Sonntag im Juni feiert man in Breitenbach Kirschen und Kirschwasser mit einem großen Volksfest *Fête de la Cerise et du Kirsch*.

Winzerhäuser in Albé

DER WANDERWEG

Albé ist bekannt für seine schönen alten Winzerhäuser. Im Erdgeschoß liegen Stall und Weinkeller nebeneinander, darüber befinden sich im ersten Stock die Wohnräume, und unter dem spitzen Fachwerkgiebel gibt es einen kleinen, von Holzbalken getragenen Balkon. Eine originelle Raumaufteilung, der man sonst im Elsaß nicht begegnet.

Im Ortszentrum, unterhalb des Kirchplatzes, an dem auch das Heimatmuseum und die bekannte *Distillerie Meyblum* liegen, beginnt die Wanderung. Wir gehen die Hauptstraße hinauf, biegen nach kurzer Zeit rechts in die Rue de la Fontaine und folgen dem blauen Punkt des Club Vosgien (Albéville, Ungersberg). Die Wanderung durchs **Sonnenbachtal** verläuft zunächst oberhalb der D 539 nach Albéville, führt uns dann ein Stück über die Fahrstraße und anschließend nach rechts durchs Gebüsch in die Höhe. Hier stoßen wir auf die von Villé heraufführende Route, die mit dem roten Kreuz gekennzeichnet ist, das nun bis zum Ungersberg die vorherrschende Markierung bleiben wird.

In **Albéville** (*VVF*, Feriendorf, 40 Min.) gehen wir die asphaltierte Hauptstraße hinauf, halten uns an der Weggabelung im Ort links und beginnen gleich darauf, am Ende des Ortes (50 Min.), den ziemlich langen Aufstieg durch den Wald zum **Ungersberg**. Unser Pfad mit dem roten Kreuz überquert zweimal einen asphaltierten Forstweg, das Sträßchen zum Forsthaus Ungersberg (1.05 Std.) und den *Chemin forestier de Niedersberg* (1.40 Std., hier müssen wir uns leicht rechts halten) und stößt nach weiteren 25 Min. (2.05 Std.) auf den bekannten GR 5 (rotes Recheck). Mit den drei Wegzeichen: rotes Rechteck, rotes Kreuz und gelber Kreis (*Circuit de l'Ungersberg*) legen wir nun den letzten Abschnitt des Aufstiegs zum Gipfel zurück (2.30 Std.).

Bei guter Sicht reicht unser Blick vom **Turm Edouard Hering** (er gründete 1873 die Sektion Barr des Vogesenclubs) nach Süden bis zu den beiden Belchen, im Norden liegt unter uns das Kloster St-Odile mit Spesburg, Andlau und Landsberg.

Auf dem Weg, den wir hochgeklettert sind (rotes Rechteck: Col de l'Ungersberg; rotes Kreuz: Albéville) steigen wir

Wegkreuz bei Breitenbach

Nach viereinhalb Stunden Fußmarsch haben wir eine Erfrischung verdient.

Wieder zurück am Col du Kreuzweg halten wir uns rechts und steigen auf dem mit einem gelben Kreuz markierten Pfad nach **Breitenbach** hinunter. Der Weg, der größtenteils in südliche Richtung geradeaus führt, ist an manchen Stellen sehr zugewachsen und das Gebüsch versteckt die Markierung. Wenn der Pfad ungefähr eine Stunde nach dem Kreuzweg kurz vor Breitenbach auf die Autostraße stößt (5.30 Std.), gehen wir links auf dem kleinen

wieder hinunter in den Wald, halten uns bei der Überquerung des Forstwegs unterhalb des Gipfels links (2.40 Std.), folgen dann aber, ca. 10 Min. später (2.50 Std.), dem roten Rechteck scharf nach rechts zum **Col de l'Ungersberg**. Das rote Kreuz würde uns geradeaus nach Albéville zurückführen.

Am Col de l'Ungersberg (3 Std.) verlassen wir den GR 5 und wandern nun auf geschotterten Forstwegen mit dem gelben Andreaskreuz immer leicht aufwärts durch den Wald zum **Col de Bellevue** (3.45 Std.) und von dort geradeaus über die Lichtung weiter zum **Col du Kreuzweg** (4.25 Std.). Vom Waldrand gehen wir einige Schritte zur Fahrstraße und dann auf dieser ein kleines Stück nach rechts bis zur *Ferme Auberge du Kreuzweg* (4.30 Std.), die sehr schön in den Hochwiesen gelegen ist.

Wanderung 14: Im Val de Villé – von Albé über den Ungersberg nach Breitenbach

geschotterten Weg (Rue de la Grotte) hinunter ins Dorf. Wir folgen dem gelben Kreuz bis zum unteren Kirchplatz und finden hier unser nächstes und letztes Wegzeichen, das rote Andreaskreuz.

Es führt uns über die Rue de la Fontaine zu einer kleinen Brücke, ein Stück am Bach lang und gleich darauf nach links aus dem Dorf hinaus (5.45 Std.). Wir überqueren den Breitenbach und steigen dann, dem roten Andreaskreuz folgend, durch einen Hohlweg in die Wiesen hinauf. In der Nähe des Dorfes haben wir ausgedehnte Himbeerpflanzungen bemerkt; auf der Anhöhe erfreuen uns viele schöne alte Kirschbäume. Ungefähr eine halbe Stunde nach Breitenbach passiert der Weg, der jetzt wieder durch den Wald führt, kurz hintereinander zwei Kreuzungen (6.15 Std.). Wir halten uns immer geradeaus – vor uns im Westen erhebt sich deutlich der Ungersberg – und erreichen nach einer weiteren halben Stunde die ersten Häuser von **Albé**, wo wir unser Auto unterhalb der Kirche geparkt haben (6.45 Std.).

Vom elsässischen Schnaps

Im fruchtbaren Elsaß gedeiht nicht nur der Wein, sondern es gibt auch reichlich Obst und Beeren, aus denen man Trinkbranntwein und Liköre herstellen kann. Schnaps *(eau de vie)* wird in den zahlreichen »Schnapsgejede« gebrannt, überall entlang der *Route des Vins*, besonders um Obernai, Colmar und Soultz, aber auch in Landstrichen ohne bedeutenden Weinbau, im Norden vor allem im Val de Villé und im Süden im Sundgau.

Bis zum Zweiten Weltkrieg war dieser Alkohol, den die Bauern als Eigenbrenner *(bouilleur du cru)* selber herstellten, durchaus kein Luxus, sondern ganz einfach ein Teil des täglichen Lebens. Ein Gläschen Schnaps stärkte die Knechte, bevor sie frühmorgens aufs Feld zogen, half dann später die Mahlzeiten mit dem fetten Speck zu verdauen und wurde bei allen möglichen Krankheiten von Mensch und Tier als Heilmittel angewendet. Der Schnaps begleitete den Menschen von der Wiege bis zur Bahre. Schon der Säugling erhielt einige Tropfen in die Milch, damit er schön

Eaux de vie in der Branntweinbrennerei

ruhig schlafe, und bei Beerdigungen gab es das erste, stärkende Glas für die Trauergäste bereits vor dem Gang zum Friedhof. Reichlich floß der Schnaps natürlich auch am Sonntag im Wirtshaus und bei den zahlreichen Familien- oder Volksfesten. Taufe, Kommunion, Hochzeit, Beerdigung, runde Geburtstage, Kirmes, Sängertreffen oder Wallfahrt, alle wurden sie ausgiebig mit Schnaps begossen. Bei schwierigen Verhandlungen, Grundstückskäufen, Heirats- verträgen, sollte der Alkohol die Parteien einander näher- bringen (heute gibt es Mineralwasser!), und manche gute Flasche landete auch im Pfarrhaus – man konnte nie wis- sen, wofür es gut war. Um die hohen Brennsteuern zu sparen, war die Schwarzbrennerei gang und gebe, eine Art Volkssport, an dem sich das ganze Dorf, einschließlich Bürgermeister und Lehrer, mit Eifer und Geschick beteiligte. In den abgelegenen Gegenden brannte man größere Men- gen als deklariert, vornehmlich des Nachts im Winter, und der staatlich bestallte Ordnungshüter, der sein Rad auf schlechten Straßen durch den Schnee schob, war macht- los, wenn er nicht gerade einen Wink von aufmerksamen Nachbarn erhalten hatte.

Mit der Veränderung der bäuerlichen Welt seit dem Ende des Zweiten Weltkriegs ist auch die »gute alte Zeit« in den Schnapsgegenden zu Ende gegangen – besonders, seitdem das Privileg des Freibrandes (20 l Schnaps im Jahr zu nicht kommerziellen Zwecken), das sich bis dahin in der Familie weiter vererbte, mit dem Tod des letzten Besitzers erlischt (Gesetz vom 30. Juli 1960). Heute wird der elsässische Schnaps meist in kleineren Branntweinbrennereien hergestellt, die für den Besucher auch Besichtigungen mit Schnapsprobe organisieren und einen großen Teil ihrer Er- zeugnisse direkt verkaufen. Allein im Val de Villé gibt es ungefähr ein Dutzend solcher *distilleries artisanales.*

Zu den am meisten gehandelten *Eaux de vie* gehören *Quetsche, Kirsch, Mirabelle, Framboise* (Himbeere), *Poire Williams* (Williamsbirne) und der besonders typische *Marc* (sprich »Mar«) *des Gewurztraminer*, ein Traubentrester. Sel- tener, aber geschätzt, sind auch die Schnäpse aus den vie- len wildwachsenden Beeren: *Myrtille* (Heidelbeere), *Sureau* (Fliederbeere), *Sorbier* (Vogelbeere), *Houx* (Stechpalme). Zünftig trinken die Elsässer den eigenen Obstschnaps entweder frisch (dabei muß das Glas und nicht der Alkohol gekältet werden) oder lau, indem sie nach dem Kaffee die noch warme Tasse mit dem Schnaps ausschwenken. Auf diese Weise sollen die Früchte ihr volles Aroma entfalten.

15

Ein alter jüdischer Dorffriedhof

Von Rosheim nach Rosenwiller

Die Wanderung über die rebenbestandenen Vorhügel verbindet den Besuch eines der ältesten jüdischen Dorffriedhöfe des Elsaß mit einem Gang durch Rosheim. Das staufische Städtchen ist Kunstfreunden bekannt für seine romanische Peter-und-Paul-Kirche und die guterhaltene mittelalterliche Stadtbefestigung. Im Frühling blüht auf den Trockenwiesen am Waldrand die seltene blauviolette Küchenschelle.

WEGVERLAUF UND MARKIERUNG:
Gelber Ring: Rosheim – Rosenwiller
(1.20 Std.) – *Cimetière israélite/*
Jüdischer Friedhof (15 Min.) – Rosheim
(1.05 Std.)

DAUER: 2.40 Std.

LÄNGE: 9 km

SCHWIERIGKEITSGRAD: Halbtagswanderung über Feld- und Wirtschaftswege, teilweise asphaltiert; leichter Anstieg von Rosheim (190 m) zum Judenfriedhof (299 m)

KARTE: Vom Club Vosgien und IGN die Wanderkarte, Ste-Odile, Donon, Haut-Kœnigsbourg, im Maßstab 1 : 50 000 oder die Freizeitkarte TOP25 3716 ET (Mont Ste-Odile), im Maßstab 1 : 25 000

EINKEHRMÖGLICHKEIT: Gasthäuser in Rosheim

ANFAHRT: Rosheim liegt an der Weinstraße zwischen Molsheim und Obernai. Parken am Rathausplatz oder an der Hauptstraße.
Bahnstation

OFFICE DE TOURISME: Place de l'Hôtel de Ville, 67560 Rosheim, ℘ 88 50 75 38

BESONDERE HINWEISE: Öffnungszeiten der Kirche St-Pierre-et-St-Paul: Mitte März bis Sept.: 8.30–19 Uhr; sonst 9–17.30 Uhr. Wie alle Weinbergwanderungen besonders für das Frühjahr und den Herbst geeignet; im Sommersonnenschein leicht zu heiß.

DER WANDERWEG

Auf einer großen Tafel am Rathaus in **Rosheim** sehen wir übersichtlich den Plan des alten Ortes, der 778 zur Karolingerzeit, zum ersten Mal erwähnt wird. Um die Mitte des 12. Jh. kam er an die Staufer und zählte später als freie Reichsstadt zu den Gründungsmitgliedern des Zehnstädtebundes (1354).

An der langen, fast schnurgeraden Hauptstraße, heute Rue du Général de Gaulle, erheben sich hintereinander gleich drei Tore, die einst zur mittelalterlichen Stadtbefestigung gehörten. Zwischen der *Porte du Conseil* (Rats- oder Zittglöckelturm) und der *Porte de l'Ecole*

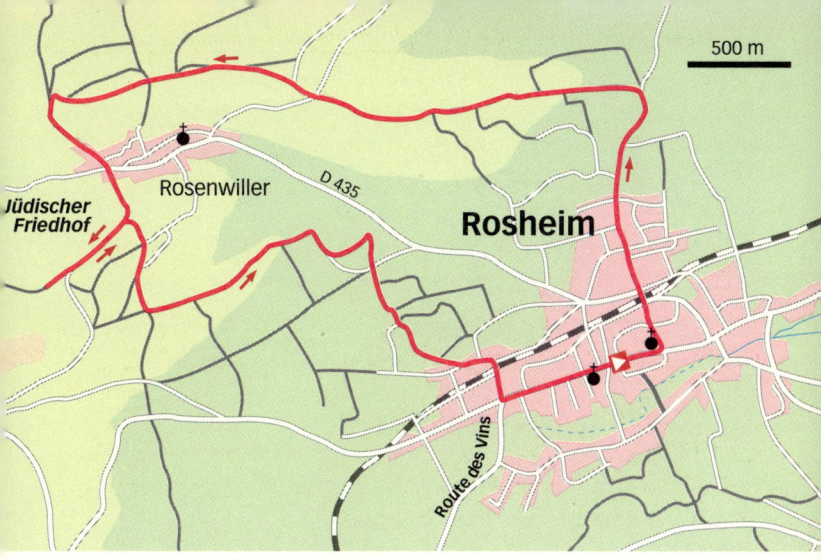

Wanderung 15: Von Rosheim nach Rosenwiller

(Schulturm) mit dem Fachwerkgiebel liegt die ältere Mittelstadt, während die *Porte-Basse* (Niedertor) und die am Ausgang nach Rosenwiller gelegene *Porte du Lion* (Löwentor) den Zugang zu dem wahrscheinlich im 14. Jh. entstandenen äußeren Mauerring schützten.

Nach dem Studium des Plans bummeln wir dann vom klassizistischen Rathaus (1759–1761) mit dem dreisäuligen Renaissancebrunnen die Hauptstraße hinunter durch die Mittelstadt, vorbei an der berühmten romanischen Kirche *St-Pierre-et-St-Paul*, bis zur Porte de l'Ecole. Hier, gleich nach der Tordurchfahrt, stehen wir am eigentlichen Ausgangspunkt unserer Wanderung: *Circuit des Vignobles*, Fürstweg (5 Min.). Wir folgen dem gelben Ring die Rue du Lion hinauf, gehen weiter durch die Rue Braun, kommen an der schon erwähnten Porte du Lion vorbei, überqueren die Eisenbahnschienen, dann die Fahrstraße nach Rosenwiller und gelangen, immer geradeaus, durch ein Neubauviertel allmählich an den Rand des Städtchens (15 Min.).

Jetzt führt die asphaltierte Straße ziemlich steil hinauf in die Weinberge, bis zu einer Weggabelung, an der wir links gehen müssen (22 Min., das Schild des Club Vosgien steht hier an keiner sehr glücklichen Stelle). Wir erreichen allmählich die mit Reben und Kirschbäumen besetzte Höhe, die eine hübsche Aussicht bietet: auf der einen Seite die Tore von Rosheim mit der dahinterliegenden Rheinebene, auf der anderen Seite das untere Bruchetal mit der Stadt Mutzig. Nach einer Weile erscheint vor uns in der Talsenke das Dörfchen Rosenwiller, unser nächstes Ziel.

An einem großen Steinkreuz (50 Min.) halten wir uns weiter geradeaus und kümmern uns auch im folgenden nicht um die unbezeichneten Wege, die nach rechts zum Kamm hin abzweigen. An die Stelle der Weinberge treten bald Trockenrasen und niedriges Gebüsch, Haselsträucher, Schlehen, Hagebutten, kleine Kiefern, die typische Flora der kalkreichen Vorberge, und ein Schild des *Conservatoire des Sites Alsaciens* macht uns darauf aufmerksam, das wir uns in einem Naturschutzgebiet befinden. Mit etwas Glück finden wir im Frühling unzählige Veilchen und die violetten Blüten der seltenen Küchenschelle. Ungefähr 25 Min. nach dem großen Steinkreuz (1.15 Std.), bald nachdem sich unser Weg zu senken beginnt, stoßen wir schließlich auf einen

Marktbrunnen vor dem Rosheimer Rathaus

anderen, breiteren Feldweg, der von Mutzig herabführt und der uns nach links in kurzer Zeit zum Ortsrand von **Rosenwiller** bringt (1.20 Std.).

Im Dorf überqueren wir die Hauptstraße, folgen dem gelben Ring noch ein Stückchen geradeaus den Berg hoch (1.30 Std.) und biegen dann vom Rundweg nach rechts ab zum **Jüdischen Friedhof**. Mit dem Schild »Cimetière israélite« können wir an der langen hohen Mauer nicht fehlgehen.

Nach diesem Abstecher, für den wir ungefähr eine Viertelstunde Gehzeit brauchen (1.45 Std.), geht es weiter auf dem Rundweg, und zwar zunächst ca. 10 Min. lang in Richtung Obernai, Boersch (gelbes Dreieck). Wir steigen die Rue du Wisch hinauf, gehen ein Stückchen am Waldrand entlang und dürfen dann die Abzweigung auf der linken Seite nicht verpassen (1.55 Std.). Mit dem bereits vertrauten gelben Ring wandern wir anschließend durch Weinberge und Obstwiesen in leichter Zickzacklinie zurück nach Rosheim. Wenn wir die ersten Häuser erreicht haben (2.20 Std.), folgen wir dem Schild »Rosheim direct« über die Eisenbahnschie-

nen und stoßen am Ortsausgang nach Boersch wieder auf die Hauptstraße (2.30 Std.). An der Rue du Général de Gaulle, die durch die Oberstadt zum Rathausturm zurückführt, liegen noch zwei weitere Rosheimer Sehenswürdigkeiten: das »Romanische Haus« oder »Heidenhaus« (*Maison des Païens*), wahrscheinlich ein befestigter staufischer Adelssitz, das als eines der ältesten elsässischen Steinhäuser gilt (um 1200), und die Kirche *St-Etienne*, ein gewaltiger klassizistischer Saalbau vom Ende des 18. Jh. mit spätromanischem Chorturm.

AM WEGE

Zusammen mit Ettendorf bei Hochfelden (Bas-Rhin) und Jungholtz bei Soultz (Haut-Rhin) gehört der **jüdische Friedhof von Rosenwiller** zu den größten und ältesten des Elsaß. Am Rand dieses Dorfes, in dem außer der Familie des Friedhofswärters keine Juden gewohnt haben, begruben ungefähr 20 israelitische Gemeinden um Rosheim, Mutzig und Obernai ihre Toten. Heute zählt man ungefähr 6500 Gräber.

Wahrscheinlich hat man den Juden diesen Friedhof bald nach dem großen Judenpogrom von 1349 zugebilligt: 1366 ermächtige Kaiser Karl IV. seine Bürger von Rosheim zur Erhebung eines Zolls von jedem jüdischen Leichnam, den man zum Begräbnis durch die städtische Bannmeile tragen mußte. Erst sehr viel später, im 18. Jh., wurde der Friedhof mit einer Mauer umgeben und zweimal erweitert; während der Französischen Revolution wurde er zerstört und im 19. Jh. wieder neu angelegt. Nach dem Aussterben des elsässischen Dorfjudentums wurde er dann in unserer Zeit, wie viele seiner Art, zur historischen Stätte. Seit 1973 steht der ältere Teil des Friedhofs, rechts vom neuen Eingangstor, unter Denkmalschutz.

Die ältesten Grabsteine, gleich neben dem wüsten Acker, reichen zurück ins 18. Jh., die große Mehrzahl stammt jedoch aus der Zeit nach der Revolution. Neben Motiven wie Sonne, Blumen, Trauerweiden und Weinstöcken, die eher zur elsässischen Volkskunst gehören, finden sich auch rein jüdische Symbole. Die Kanne weist hin auf den Krug des Leviten, die vereinten Hände mit den gespreizten Fingern auf den Segen des Priesters, und die Sabbatlampe bezeichnet das Grab einer frommen Frau, die ihr Leben lang über die Reinheit der Familie gewacht hat.

Vergeblich sucht man in Rosenwiller heute allerdings die verträumte Anmut der alten jüdischen Dorffriedhöfe, die von Gras, wilden Blumen und Hecken überwachsen waren. Chemische Unkrautvertilgungsmittel haben dem »Wildwuchs« ein Ende gemacht und auch den Steinen nicht besonders gut getan – ihnen fehlt nun das Wurzelwerk, das sie hält und zugleich das überschüssige Regenwasser aufsaugt.

Gedenken wir an dieser Stätte auch noch kurz eines der bedeutendsten elsässischen Juden, dessen Grab heute nicht mehr auffindbar ist, der aber mit großer Wahrscheinlichkeit in Rosenwiller beigesetzt wurde. Joseph ben Gershon, genannt Josel oder Joselmann (ca. 1478–1554), lebte als Geldverleiher in Rosheim. Auf vielen Reisen an den kaiserlichen Hof kämpfte er als »Oberster über alle Juden deutscher Nation« unermüdlich für die Rechte seines Volkes, das damals vor allem durch Ausweisungen und Ritualmordaffären bedrängt wurde. 1530 verwahrte er sich in einer öffentlichen Disputation vor dem Reichstag gegen den Vorwurf, die Juden hätten die Reformation ausgelöst, 1543 verhinderte er mit einer Denkschrift, daß ein Pamphlet Luthers gegen die Juden in Straßburg gedruckt wurde, ein Jahr darauf erwirkte er von Karl V., mit dem er wiederholt verhandelt hat, einen Schutzbrief für seine Glaubensbrüder. Er starb 1554, vielleicht auf einem Ritt nach Heidelberg, wo er sich für die Dangolsheimer Juden einsetzen wollte. Seine wichtigsten Forderungen – Zulassung zu den christlichen Berufen, Erlaubnis zum Erwerb von Grund und Boden – wurden jedoch erst im Zeitalter der Aufklärung erfüllt.

Romanisches Haus in Rosheim

Juden im Elsaß

Zum 200. Jahrestag ihrer Emanzipation organisierten die
französischen Juden 1991 ein Kolloquium in Straßburg und
betonten damit die bedeutende Rolle, welche das Elsaß in
der Geschichte ihres Volkes gespielt hat. Wahrscheinlich
kamen Juden bereits mit den Römern nach Gallien und an
den Oberrhein, vermischten sich hier jedoch nicht mit den
anderen Völkerschaften. Nachdem sie im karolingischen
Reich weitgehend unbelästigt, als königliche Fernkaufleute
und Ärzte oft sogar begünstigt lebten, verschlechterte sich
ihre Lage in den folgenden Jahrhunderten. Weil sie keinen
Grund und Boden besitzen durften, auch von den Hand-
werkszünften ausgeschlossen waren, blieb ihnen zum
Erwerb des Lebensunterhalts vor allem das den Christen
verbotene Geld- und Zinsgeschäft. Der Groll der Gläubiger,
der von den Kreuzfahrern geschürte Glaubensfanatismus
und allgemeiner Fremdenhaß führten dann zu den Juden-
verfolgungen des Mittelalters, die in den großen Juden-
pogromen von 1348 und 1349 gipfelten. Damals verdäch-
tigte das Volk die Juden, durch die Vergiftung der Brunnen
die Schwarze Pest über
Europa gebracht
zu haben, und
vielerorts, so
auch im

Grabstein auf dem
jüdischen Friedhof
von Rosenwiller

Rheinland und im Elsaß, wurden sie grausam getötet. Allein in Straßburg, dessen Gemeinde im 12. Jh. als eine der größten und blühendsten in ganz Deutschland erwähnt wird, verbrannte die aufgebrachte Menge um die zweitausend Juden, die man zuvor auf dem Friedhof zusammengetrieben hatte. Namen wie Judenloch, Judenhain oder Judenturm erinnern an ähnliche Massaker an anderen Orten.

Als alle größeren Städte der Region – Straßburg, Colmar, Mulhouse – nach den Pogromen ein strenges Wohnverbot für Juden erließen, entstand dann in der Folgezeit das für das Elsaß typische Dorfjudentum. Als Hausierer, Tuchhändler, Vieh- und Getreidehändler zogen die »Dorfjedde« über Land und lebten in ärmlichen Verhältnissen. Anders als in Osteuropa wohnten sie jedoch nicht abgesondert im Ghetto, sondern Tür an Tür mit den Christen, und im täglichen Umgang wurde man ganz allmählich ein wenig besser miteinander bekannt. Nach dem Westfälischen Frieden wuchsen auch die jüdischen Gemeinden, besonders nachdem Ludwig XIV. sie unter königlichen Schutz gestellt hatte, und am Vorabend der Französischen Revolution, 1784, zählte man im Elsaß 19 624 Personen jüdischer Abstammung, die sich auf 181 Dörfer verteilten – im ganzen Königreich gab es damals ungefähr 40 000 Juden.

Wenig später, 1791, räumte Frankreich als erstes Land in Europa den Juden die volle bürgerliche Gleichberechtigung ein, und im Elsaß wurde das 19. Jh. die Blütezeit des ländlichen Synagogenbaus. Neben der katholischen und der evangelischen Kirche stand das jüdische Gotteshaus (über 100 Synagogen im Unterelsaß) und legte Zeugnis ab von der kulturellen Vielfalt der Provinz. In wachsendem Maße zogen die Juden auch wieder in die Städte, wo sie die ihnen bislang verwehrten bürgerlichen Berufe ergriffen.

Nach der Verfolgung und Deportation durch die Nationalsozialisten, denen viele elsässische Juden zum Opfer fielen, ist die jüdische Gemeinde im Land heute wieder zu beachtlicher Größe gewachsen. 15 000 Juden in Straßburg besitzen ihre eigenen Schulen, und am Samstag/Sabbat ziehen die festlich gekleideten Familien in die große Synagoge an der Rue de la Paix. Zeugnis von der reichen Kultur der »Dorfjedde«, die einst zum Bild der elsässischen Landschaft gehörte, geben dagegen nur noch die volkskundlichen Museen (*Musée Alsacien* in Straßburg, Museum von Marmoûtier u. a.) und ein paar einsame Friedhöfe am Rande der Dörfer (s. Wanderung 31).

16

Auf dem Heiligen Berg des Elsaß

Entlang der Heidenmauer auf dem Mont Sainte-Odile

Ein klassisches Ziel für Elsaßreisende ist der Mont Ste-Odile, berühmt für die frühgeschichtliche Heidenmauer und das Kloster der hl. Odilie, der Schutzpatronin des Landes. Eine Sektion des Club Vosgien unterhält hier das dichteste Netz von Wanderwegen in den Vogesen, und wenn sich in der Saison vor den Klostergebäuden Touristen und Pilger in Scharen drängen, bleibt es im Wald, auf dem Rundweg um die Heidenmauer, angenehm schattig und kühl.

WEGVERLAUF:
Circuit Sud (südl. Route): Kloster – Rocher du Panorama (15 Min.) – Maennelstein (30 Min.) – Grotte des Druides (15 Min.) – Porte Zumstein (15 Min.) – Tumuli (Merowingergräber, 5 Min.) – unterer Parkplatz (20 Min.)
Circuit Nord (nördl. Route): unterer Parkplatz – Rocher St-Nicolas – Porte Koeberle (25 Min.) – Hagelschloß (30 Min.) – Carrefour Sortie Nord (Stollberg- oder Elsbergtor, 20 Min.) – Grotte d'Etichon (15 Min.) – Carrefour du Stollhafen u. Rocher du Stollhafen (5 Min.) – Rocher Oberkirch – Kloster (20 Min.)

MARKIERUNG: Mit Ausnahme des Abstechers zu den Tumuli und zum Hagelschloß durchgehend das gelbe Andreaskreuz.

DAUER: 3.35 Std.

LÄNGE: 11 km

SCHWIERIGKEITSGRAD: Mittelschwere Wanderung durch den Wald; der Weg steigt vom Hagelschloß (588 m) über das Kloster (763 m) zum Maennelstein (817 m).

KARTE: Vom Club Vosgien und IGN die Freizeitkarte TOP25 3716 ET (Mont Ste-Odile), im Maßstab 1 : 25 000 oder die *Carte touristique* mit dem Repertoire der wichtigsten Sehenswürdigkeiten,

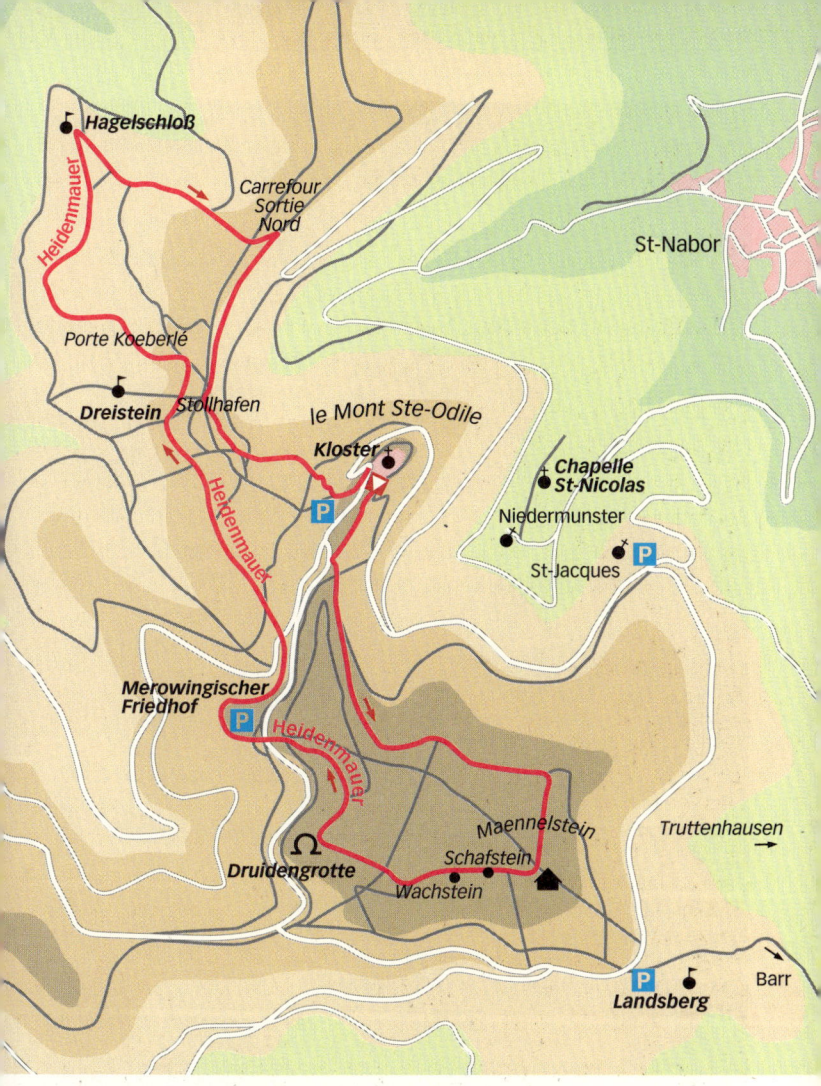

Wanderung 16: Entlang der Heidenmauer auf dem Mont Sainte-Odile

herausgegeben von den *Amis du Mont Ste-Odile* (Freunde des Odilienberges), erhältlich im Verkaufsraum des Klosters.

EINKEHRMÖGLICHKEIT: Im Kloster stehen ein Hotel-Restaurant, ein Imbiß-raum (*Salle des Pèlerins*, Verzehr mitgebrachter Speisen gestattet) und ein Café zur Auswahl.

ANFAHRT: Von Obernai über Ottrott und Klingenthal (D 426); von Barr durch das Kirnecktal (D 854). Parken am unteren Parkplatz (P 2 u. P 3) oder vor dem Klostergebäude. Vom unteren Parkplatz geht man auf einem Wald-pfad am Hang über die Fahrstraße in knapp 10 Min. bequem zum Kloster hinauf (*Hospice Ste-Odile, Raccourci pour piétons*, Markierung gelber Kreis).

Busse der CTS fahren von Strasbourg, Place des Halles, zum Mont Ste-Odile: Ostern bis Sept.: So.; Juli u. Aug.: So. u. zweimal wöchentl.; ℭ 88 32 36 97. Nächste Bahnstation Barr (am GR 5)

SYNDICAT D'INITIATIVE: 67530 Ottrott, ℭ 88 95 87 07

OFFICE DE TOURISME: Place de l'Hôtel de Ville, 67140 Barr, ℭ 88 08 66 65

VARIANTE DES WANDERWEGS: Der Rundweg entlang der Heidenmauer ist in eine nördliche und eine südliche Route aufgeteilt (**Circuit Nord** und **Circuit Sud**), die man auch einzeln begehen kann (s. Wegverlauf). Dazu zerlegen zahlreiche Querverbindungen jedes Teilstück noch einmal in mehrere kleine Spaziergänge. Der nördliche Teil der Mauer gilt allgemein als der besser erhaltene, im südlichen Teil ist besonders die Aussicht vom Maennelstein berühmt. Beliebt ist auch die Wanderung von Ottrott auf den Mont Ste-Odile, Hinweg: Ottrotter Schlösser – Elsberg – *Sentier des merveilles* (rotweiß-rotes Rechteck, ca. 2.30 Std.), Rückweg über den *Sentier des Pèlerins* (weißes Rechteck, ca. 1.15 Std.).

BESONDERE HINWEISE: Die Straßburger fahren gerne auf den Mont Ste-Odile zur Heidelbeerzeit im Juli oder im Spätherbst, wenn im Rheintal dicke Wolkenbänke lagern und darüber der Berg in der Sonne liegt. Zwischen dem 1. und 2. Sonntag im Juli wird die Übertragung der Reliquien der hl. Odilie gefeiert und am 14. Dezember ist St. Odilientag. Besondere Wallfahrtstage sind auch Ostermontag, Pfingstmontag, Fronleichnam und die Marienfeste (2. Juli, 25. August, 8. September).

Blick auf das Odilienkloster

▶ DER WANDERWEG

Ausgangspunkt für die Rundwanderung ist der Platz vor dem Klostergebäude. Zwei große Tafeln zur Rechten und Linken des Tores geben uns eine Übersicht über den Süd- und den Nordteil der Heidenmauer. Bei den zahlreichen Wegzeichen müssen wir die Markierung unseres Rundwegs, das gelbe Andreaskreuz, gut im Auge behalten. Eine wichtige zusätzliche Orientierungshilfe geben auch die Reste der Mauer.

Wir beginnen mit dem **Circuit Sud**, der südlichen Route, steigen eine Treppe herab und folgen dann nach rechts dem breiten Weg. An den senkrecht aufsteigenden Felsen sind 14 Kreuzwegstationen des Keramikers Léon Elchinger angebracht, die in dem bekannten elsässischen Töpferort Soufflenheim gebrannt wurden.

Unser Weg mit dem gelben Andreaskreuz (auf die Markierung achten!) führt uns bald am Beckenfelsen vorbei, dessen oberster Block ein ausgehöhltes Becken bildet. Am Panoramafelsen (15 Min.) mit der Reliefplatte von Curt Mündel, dem Verfasser des bekannten Vogesenführers, steigen wir durch den Wald hinauf und befinden uns jetzt innerhalb der **Heidenmauer**. Ein Schild weist auf die Einkerbungen in den Bruchsteinen für die sog. Schwalbenschwänze hin, die typische Art des Mauerverbandes. Interessant ist auch die Struktur der Bruchsteine. Verschieden große Kiesel, weißer Quarz, rosa Quarzit oder Schiefer sind in den Buntsandstein eingelagert und mit ihm verbacken – von den Geologen Hauptkonglomerat oder anschaulicher *Poudingue de Sainte-Odile* (»Odilien-Pudding«) genannt.

Am **Maennelstein**, einem gewaltigen Felsvorsprung, haben wir den südlichsten und höchsten Punkt der Heidenmauer erreicht (45 Min.). Unter uns liegen die Ruinen der **Burg Landsberg**, der Turm der **Abtei von Truttenhausen**, und dahinter dehnt sich die weite Rheinebene. Bei Föhnwetter im Herbst reicht der Blick bis zu den Gipfeln der Berner Alpen. Die Sage erzählt, daß in fernen Zeiten, als noch ein riesiger See das Tal zwischen

Stille im Klosterhof

Schwarzwald und Vogesen ausfüllte, die Schiffe am Maennelstein anlegten. An gewaltigen Eisenringen – die freilich nie jemand gesehen hat – sollen sie unterhalb des Felsens befestigt worden sein.

Vom Maennelstein führt der Rundweg in 5 Min. zum **Schaf-** oder **Schaftstein**, dem ein zweiter, 10 m hoher Megalith, der Wach- oder Wachtstein, vorgelagert ist. Gleich darauf bemerken wir rechts über uns eine eingezäunte Lichtung. Hier starben am Abend des 20. Januar 1992 bei einem Flugzeugunglück 87 Menschen. Vier Stunden brauchten die Rettungsmannschaften, bis sie in Nebel und Schnee den verunglückten Airbus fanden.

Weiter geht es zu den sogenannten **Druidengrotten** (1 Std.), zwei Felsenhöhlen, von denen die größere aus zwei senkrechten Blöcken besteht, die von einer mächtigen Steinplatte abgedeckt werden – druidische Opferstätte, keltische Dolmen, vorgeschichtlicher Friedhof oder Naturphänomen?

Nach den Grotten kümmern wir uns nicht um die beiden Abzweigungen zur Rechten (*Ste-Odile direct*), obgleich auch sie mit dem gelben Andreaskreuz markiert sind, sondern folgen der hier gut erhaltenen Mauer ziemlich steil den Berg hinab. Am *Parking des Tumuli* überqueren wir die Autostraße und stehen gleich darauf vor den Fundamenten eines befestigten Tores, das 1968 entdeckt wurde (1.15 Std.). Dieses Barr- oder Zumsteintor, so benannt nach dem Leiter der Ausgrabung, stammt wahrscheinlich aus dem 3. oder 4. Jh. n. Chr. und lag an der Straße, die von Barr auf den Odilienberg führte (*Chemin des Gaulois*). Es handelt sich um ein Kammertor, d.h. ein Tor mit einem teilweise bedeckten Gang zwischen zwei mehr oder weniger langen Mauern, wie man es an der Heidenmauer häufiger findet.

Ganz in der Nähe des Tores lag auch ein **merowingischer Friedhof**, der aus etwa 10 Grabhügeln oder Tumuli bestand. Zwei freigelegte Gräber – eines neben der Straße, das andere dahinter im Wald – kann man auf einem kleinen Abstecher besichtigen (Markierung blauer Punkt).

Wieder zurück am Zumsteintor (1.25 Std.) gelangen wir auf dem Rundweg, der jetzt bald oberhalb der Fahrstraße verläuft, in einer Viertelstunde bequem zum unteren Parkplatz, an dem der **Circuit Sud** endet (1.40 Std.). Wenn wir unsere Wanderung hier abschließen, kehren wir auf dem oben beschriebenen Pfad in weiteren 10 Min. zum Kloster zurück.

Der **Circuit Nord** beginnt am Rand des unteren Parkplatzes (P 3), neben der großen Orientierungstafel. Wir steigen das Treppchen hinunter und finden die Mauer teilweise sehr gut erhalten. Ein großer Felsvorsprung, der Nikolausfelsen, ist so geschickt in die Mauer einbezogen, daß man ihn kaum bemerkt (13 Min., getrennte Berechnung der Gehzeit für die Nord- u. Südroute). Ein Stückchen weiter liegt ein zur Badstubquelle führendes schmales Ausfallstor (15 Min., nicht eigens markiert). Bald nachdem der Pfad vom Dreistein zum **Stollhafen** unseren Rundweg gekreuzt hat (an dieser Stelle befand sich die nördliche Quermauer), gelangen wir zum **Koeberletor** (25 Min.), das wahrscheinlich einen Zugang zu den nahe gelegenen Quellen des Herztals bot.

Am **Hagelschloß** haben wir den nördlichsten Punkt der Heidenmauer erreicht (45 Min.). Die Burg, ursprünglich Waldsberg genannt, wurde wahrscheinlich im 13. Jh. erbaut und 1406 von den Straßburgern zerstört, nachdem einer ihrer Besitzer, ein Raubritter namens Walter Erb, zwei Bürger der Stadt gefangengenommen hatte. Der recht wilde Ort, der schon außerhalb des Rundwegs liegt, ist ausnahmsweise nicht auf einem bequemen markierten Pfad zu erreichen und zur

Besichtigung angelegt. Wir wenden uns nach links, Richtung Vorbruck (rotes Kreuz), gehen gleich am oberen Ende des Hohlwegs auf einem schmalen Pfad geradeaus in den Wald und steigen durch die Schlucht zur Ruine empor. Unser Weg führt uns dann nach links um den Burgberg herum. Besonders eindrucksvoll erscheint über uns der große gemauerte Bogen, der eine tiefe Felsspalte überspannt. Ungefähr eine Viertelstunde müssen wir für den Abstecher rechnen (1 Std.).

Wieder zurück am Rundweg folgen wir dem gelben Andreaskreuz (Ste-Odile, Sentier des merveilles) nach rechts. In diesem Abschnitt ist die Mauer verschwunden. Der Pfad führt durch Heidelbeergebüsch leicht aufwärts, und wir müssen uns links halten bis zum **Carrefour Sortie Nord**, an dem wir noch die Schwelle des Stollberg- oder Elsbergtores sehen können (1.15 Std.). Wir überqueren den breiten Forstweg, steigen – mit herrlichem Blick auf das Kloster – ein Stück durch den Wald hinunter und erreichen gleich darauf, an einer neuen Kreuzung, den Wunderpfad (Sentier des merveilles), der vom Elsberg heraufführt (1.20 Std.).

Wir gehen rechts und befinden uns jetzt außerhalb der Heidenmauer, die hier sehr eindrucksvoll Felswände miteinbezieht. Viele Pflastersteine des Weges, mit den charakteristischen Einkerbungen, stammen wohl aus der Mauer. Unser Rundweg, der jetzt eine Strecke mit dem Wunderpfad (blaues Andreaskreuz) zusammenfällt, führt weiter zur **Etichogrotte** (1.30 Std.) und zum **Stollhafenfelsen** (1.35 Std.). An dieser wichtigen Wegkreuzung befand sich das Stollhafentor, das die alte Römerstraße von Ottrott zum nördlichen Mauersektor kontrollierte. Am **Oberkirchfelsen** (1.40 Std.) nehmen wir den Pfad Ste-Odile, le long du mur païen, sentier pittoresque. Wir kreuzen bald einen zum Hauptfelsen hinaufführenden südlichen Zweig der Ottrotter

Römerstraße, einst ebenfalls durch ein bedeutendes Tor geschützt, gehen noch ein letztes Stückchen an der Mauer entlang und steigen dort, wo die große Wiese zu unserer Rechten aufhört, in steilen Wegschleifen durch den Wald zu den Klostergebäuden hinauf (1.55 Std.).

VON DER KELTISCHEN HEIDENMAUER ZUM KLOSTER DER HL. ODILIE

Geschichtsträchtig und geheimnisumwoben wie kein zweiter Ort im Elsaß ist der Mont Ste-Odile, der Berg der hl. Odilie. Noch in frühgeschichtliche Zeit fällt die Anlage der mächtigen Heidenmauer (Mur païen), die sich über mehr als 10 km um das ganze Gelände des Gipfelplateaus zieht. Der gigantische Mauerring aus Sandsteinblöcken, die nur mit hölzernen Keilen, den »Schwalbenschwänzen« verbunden waren, teilt das Gelände in drei verschiedene Abschnitte, welche durch zwei Quermauern getrennt sind. In der Mitte erhebt sich auf einer Felsplatte die heutige Klosteranlage, der südliche Abschnitt wird begrenzt durch den Maennelstein, der nördliche durch die Ruinen des Hagelschlosses.

Über die Funktion der Mauer und ihre Erbauer haben sich Gelehrte und Archäologen seit Generationen die Köpfe zerbrochen. Dabei reichten die Thesen vom römischen Lager über eine Art Westwall der angeblich germanischen Triboker (so deutsche Archäologen um 1940!) bis hin zu einer ganz frühen Anlage aus der Bronzezeit um 1000 v. Chr., die entstanden sei in Nachahmung mediterraner Vorbilder. Nach der jüngsten Darstellung im Straßburger Archäologischen Museum neigt man heute eher dazu, die Heidenmauer in das Ende der Gallierzeit zu datieren. Dann würde es sich um ein ausgedehntes *Oppidum* der späten La-Tène-Zeit handeln (Ende 2./Anfang 1. Jh. v. Chr.), zugleich Fluchtburg und Verwaltungs-mittelpunkt eines größeren Territori-ums, dessen Mauern am Ende der Römerzeit, kurz vor dem Aleman-neneinfall von 352, mit bedeutenden Mitteln noch einmal instandgesetzt wurden. Alle Tore stammen aus dieser späten römischen Epoche.

Ein Rest von Geheimnis bleibt, trotz der zahlreichen Forschungen. Wie etwa sah die Aufteilung des riesigen Innen-raumes (119 ha) aus, der sicherlich nicht im ganzen besiedelt war? Wie lange dauerte die Benutzung der An-lage durch die Kelten? Wie erklärt sich die im Mittelmeerraum gebräuchliche Bauweise der Mauer mit der Befesti-gung der Felsblöcke durch die Schwal-benschwanzzapfen? Die Bauern der umliegenden Dörfer fügten ihren Häu-sern früher übrigens gern einen Stein der Heidenmauer bei – er sollte das Gebäude vor Blitzstrahl schützen und ihm eine ganz besondere Festigkeit verleihen.

Den Namen erhielt der Berg jedoch nicht von der geheimnisvollen Heiden-mauer, sondern von der hl. Odilie, der Tochter des elsässischen Herzogs Eti-cho, der in der zweiten Hälfte des 7. Jh. im Lande herrschte. Nach der Legende war Odilie blind geboren und von ihrem Vater verstoßen worden. Als sie durch die Taufe das Augenlicht erlangt, grün-det Eticho, nach mannigfaltigen Wech-selfällen, ein Frauenkloster für sie auf seiner Festung Hohenburg, die sich im Zentrum des ehemaligen Oppidums auf den Fundamenten der alten Heiden-mauer erhebt.

Die mächtigen Steinblöcke der Heidenmauer

17

Zeugen der Stauferzeit

Von Barr über Truttenhausen zur Burg Landsberg

Im 12. und 13. Jh. entstanden rund um den Mont Ste-Odile zahlreiche Burgen und Heiligtümer, deren Ruinen heute nur noch von Wanderern oder Kunstfreunden besucht werden. Uns führt der Weg vom Weinstädtchen Barr hinauf zum ehemaligen Kloster Truttenhausen und weiter auf die Burg Landsberg. Mit ihren mächtigen Buckelquadermauern aus rotem Sandstein und dem Kapellenerker gilt sie als eine der großartigsten Stauferburgen im süddeutschen Raum.

WEGVERLAUF UND MARKIERUNG: Rotes Rechteck/GR 5 u. gelber Punkt: Barr – Kiosk Muller-Apffel (15 Min.) – Truttenhausen (45 Min.); blauer Punkt u. rotes Rechteck: Landsberg (35 Min.); rotes Dreieck: Rocher Herrade (10 Min.); weißes Dreieck u. rotes Rechteck: *Maison forestière Moenkalb* (20 Min.) – Kiosk Muller-Apffel – Barr (35 Min.)

DAUER: 2.40 Std.

LÄNGE: 9 km

SCHWIERIGKEITSGRAD: Mittelschwere Wanderung; nach einem kurzen steilen Anstieg durch die Weinberge wandern wir von Barr (210 m) zur Burg Landsberg (580 m) größtenteils durch schattigen Wald.

KARTE: Vom Club Vosgien und IGN die Wanderkarte, Ste-Odile, Donon, Haut-Kœnigsbourg, im Maßstab 1 : 50 000 oder die Freizeitkarten TOP25 3716 ET (Mont Ste-Odile) oder TOP25 3717 ET (Sélestat, Ribeauvillé), im Maßstab 1 : 25 000

EINKEHRMÖGLICHKEIT: In Barr Hotels und Restaurants, u. a. das schon im 16. Jh. erwähnte Gasthaus *Au Brochet* (Zum Hecht). Unterwegs das Forsthaus *Moenkalb* (Mo. bis Mi. Ruhetag, ✆ 88 08 90 25) Grand-Cru-Lage: Kirchberg de Barr

ANFAHRT: Barr liegt an der Weinstraße, südlich von Obernai. Parken in der Nähe des Rathausplatzes. Bahnstation

OFFICE DE TOURISME: Place de l'Hôtel de Ville, 67140 Barr, ✆ 88 08 66 65

Gasthof in Barr

Wanderung 17: Von Barr über Truttenhausen zur Burg Landsberg

▶

VARIANTE DES WANDERWEGS: Mit dem Auto bis zum Forsthaus Moenkalb fahren (in Heiligenstein gegenüber der Kirche den ausgeschilderten Weg nehmen), und von dort auf dem GR 5 direkt nach Landsberg wandern. Noch kürzer: mit dem Auto von Barr auf der D854 Richtung Ste-Odile, nach 8 km auf die D108 Richtung St-Nabor, Château du Landsberg, vom Parkplatz an der Straße in 10 Min. auf dem GR 5 zur Burg herunter.

BESONDERE HINWEISE: Im 18. Jh. erbaute sich Louis-Felix Marco, Rat des *Conseil Souverain*, am Kirchberg ein herrschaftliches Landhaus, heute als **Musée de la Folie Marco** mit der originalen Louis-quinze-Einrichtung zu besichtigen. Juli bis Sept.: tägl. außer Di. 10–12 u. 14–18 Uhr; Juni u. Okt. am Wochenende. *Foire aux vins* am 14. Juli, Weinlesefest am 1. Sonntag im Oktober, mit Wein aus dem Marktbrunnen.

DER WANDERWEG

Das Städtchen **Barr** am Ausgang des Kirnecktals, 788 als Siedlung erstmals genannt und im 15. Jh. befestigt, hat trotz der Niederbrennung durch die Franzosen im Jahr 1678 sein altes Straßenbild weitgehend erhalten. Besonders hübsch ist der Platz vor dem Renaissancerathaus. Wir nehmen das Gäßchen auf der rechten Seite dieses Platzes und gelangen über eine Treppe zur evangelischen Pfarrkirche **St-Martin**, deren romanischer Chorturm mit Lisenen und Rundbogenfries von einem spätgotischen Stockwerk gekrönt wird. Gleich an der Treppenmauer finden wir hier die Schilder des Club Vosgien. Der GR 5 (rotes Rechteck, Moenkalb, Landsberg, St-Odile) führt uns zunächst zwischen Friedhof und Weinreben steil den Kirchberg hinauf. Bei warmem Wetter kann der Anstieg in der prallen Sonne etwas beschwerlich werden,

bietet jedoch eine schöne Aussicht auf Barr und die Rheinebene. Nach 15 Min. erreichen wir das **Hering-Denkmal** und gehen über die Wiese hinauf zum **Kiosk Muller-Apffel**, der am Waldrand liegt (Edouard Hering, 1814–1893, gründete die Sektion Barr des Vogesenclubs, Emile Muller-Apffel war lange Zeit ihr Vorsitzender).

Oberhalb des Pavillons verläuft die kleine Straße zum Forsthaus Moenkalb, die unser Pfad mit dem roten Rechteck zunächst mehrmals kreuzt und auf die er nach einer Weile mündet (30 Min.). Zur Linken erblicken wir durch die Bäume die charakteristische Silhouette der Burg Andlau, zur Rechten zweigt, nach ungefähr 5 Min. Gehzeit, der Weg nach Truttenhausen ab (35 Min., Markierung gelber Punkt). Der schmale Pfad führt zunächst durch Kastaniengehölz und dann sehr hübsch an einer Wiese mit alten Obstbäumen entlang

bis nach **Truttenhausen** (1 Std.). Die spätgotischen Ruinen des Klosters – 1181 von Herrad von Landsberg gegründet und mehrfach zerstört – sind zusammen mit dem Schloß in einem großen, für seine Zedern berühmten Park leider nicht zu besichtigen.

Unser Wanderweg, an dieser Stelle nicht besonders bezeichnet, führt am **Schloß** vorbei hinauf zum Waldrand, wo wir an einer Eiche unsere neue Markierung finden, den blauen Punkt (1 Std.). Diesem Wegzeichen folgen wir nun nach links, zunächst auf einem breiten bequemen Forstweg, später auf ziemlich steilen Pfaden – auf die Markierung an den Bäumen muß man aufpassen. Nach ungefähr 25 Min. (1.25 Std.) stoßen wir wieder auf den GR 5, gehen nach rechts bis zum ehemaligen **Forsthaus** (1.30 Std.) und folgen da dem Wegweiser zur **Burg Landsberg** (1.35 Std.).

Weinstädtchen Barr

gründer der sächsischen Maschinenin-
dustrie in Chemnitz) und von dort über
das **Forsthaus Moenkalb** (2.05 Std.)
und den Kiosk Muller-Apfel hinunter
zum Rathausplatz von **Barr** (2.40 Std.).

LANDSBERG, EIN MEISTER-
WERK STAUFISCHER BURGEN-
ARCHITEKTUR

Burg Landsberg, die »Nase des Elsaß«,
wie sie im Volksmund heißt, erhebt
sich weit sichtbar im südöstlichen Hang
des Mont Ste-Odile. Die erste namentli-
che Erwähnung der Burg fällt in das
Jahr 1200, als die Äbtissin Edelinde von
Niedermünster am Odilienberg auf Bit-
ten des Pfalzgrafen Otto (Sohn Barba-
rossas) dem Ritter Konrad für 50 Mark
und eine jährliche Rente den Grund und
Boden überläßt, auf dem seine Burg
Landsberg gegründet ist. Diese wurde
also wahrscheinlich am Ende des
12. Jh. erbaut und dann in der ersten
Hälfte des 13. Jh. erweitert. Zeitweise
im Besitz der Pfalzgrafen bei Rhein und
sogar Kaiser Maximilians I., war die
Burg um 1550 wieder in den Händen
der Herren von Landsberg, die sie nach
der Französischen Revolution an den
Baron Friedrich von Türkheim verkauf-
ten, dessen Familie sie noch heute
besitzt.

Den Rückweg nach Barr nehmen wir
über den **Rocher Herrade**. An der
Südseite der Burg, gegenüber dem heutigen Eingang, steigen wir mit dem
roten Dreieck und dem blauen Ring in
den Wald hinunter, biegen bald darauf
scharf nach links (auf die Markierung
achten!) und erreichen, durch einen
schönen Buchenwald, in ca. 10 Min.
den Herradfelsen, einen der zahlreich
umherliegenden Granitbrocken (1.45
Std.). Die von einem Schild angekün-
digte Aussicht ist zur Zeit allerdings
durch Bäume zugewachsen.

Weiter geht es auf dem fast ebenen
Sentier des Chameaux (weißes Dreieck)
in Richtung Moenkalb, bis wir auf das
schon bekannte rote Rechteck des GR 5
stoßen (1.55 Std.). Diesem folgen wir
nun nach rechts zum Aussichtspavillon
mit dem Hartmannbrunnen (Richard
Hartmann, 1809–1878, in Barr geboren
und daselbst Zeugschmiedegeselle, Be-

Ob die Anlage verfiel oder im Dreißigjährigen Krieg von den Schweden zerstört wurde, bleibt unklar. Teile der
Burg sollen jedoch bis ins 18. Jh. als
Wirtschaftsgebäude gedient haben. Der
Eingang zur Burg liegt heute auf der
Seite des Forsthauses, ist aber vermut-
lich nicht der ursprüngliche. Über die
Vorwerke gelangen wir zum ältesten
Teil der Anlage (um 1200), der sich zu
unserer Linken erhebt. Die »alte« Burg
besteht aus einem übereck gestellten
quadratischen Bergfried und einem

Kapellenerker an der »alten« Burg

mächtigen Palas, der die ganze Schmal-
seite der Ringmauer einnimmt. Für das
gesamte Mauerwerk, mit Ausnahme
der Fundamente aus den Granitblöcken
des Burggrabens, hat man den gut zu
bearbeitenden rötlichen Vogesensand-
stein benutzt, der am Osthang und an
der Bloss gefunden wird. Bemerkens-
wert sind die gekuppelten Rundbogen-
fenster, deren Nischen im Innern auf
Säulchen mit skulptierten Kapitellen
ruhen, und der halbrunde Kapellenerker über dem Portal, die Formen des
romanischen Übergangsstils zeigen
(verwandt mit *Ste-Foy* in Sélestat, Nie-
dermunster am Mont Ste-Odile, *St-
Pierre-et-St-Paul* in Rosheim). Im Nord-
westen, rechts vom heutigen Eingang,
liegt die »neue« Burg aus dem 13. Jh.
Eine starke rechteckige Umfassungs-

mauer, die an den Schmalseiten von
zwei runden Ecktürmen flankiert wird,
umschließt zwei getrennte, aneinander
grenzende Wohnbauten.

Im 15. Jh., im Zeitalter der aufkommenden Artillerie, vereinigten die Pfalzgrafen, die damaligen Besitzer, beide
Burgen durch ein mächtiges Bollwerk,
das sich im Osten und Süden vor die
alte Burg legte. Die Ostseite zeigt eine
Kanonenscharte mit dicken Kragstei-
nen für Klappläden, die Südseite weist
eine ganze Reihe von Schlüsselschar-
ten auf.

Eine botanische Rarität: Im Februar,
März blühen auf der Burgwiese von
Landsberg die gelben Winterlinge, auf
elsässisch *Schlossbliemel*, die man in
unseren Breiten sonst nur in Gärten
kultiviert.

Herrad von Landsberg, Verfasserin des Hortus Deliciarum

Herrad, Äbtissin des Klosters Hohenburg auf dem Mont Ste-Odile, gründete in der zweiten Hälfte des 12. Jh. das Kloster Truttenhausen und das Priorat St. Gorgon. Berühmt wurde sie durch den *Hortus Deliciarum*, eine mit Miniaturen ausgestattete lateinische Enzyklopädie, die sie für den Unterricht ihrer Nonnen schrieb. Szenen der Bibel, der Mythologie und Geschichte, aber auch die Einrichtungen ihres eigenen staufischen Zeitalters werden dargestellt und erläutert. Eine einzigartige Quelle für das Leben im Mittelalter!

Bei der Beschießung Straßburgs durch die preußische Armee 1870 ist das kostbare, 648 Seiten umfassende Manuskript zusammen mit den übrigen Büchern der Stadtbibliothek verbrannt, und so gehen die schönen Bildbände, die heute angeboten werden, leider nicht auf das Original, sondern auf frühe Kopien zurück.

Als Herrad »von Landsberg« erscheint die berühmte Äbtissin zum ersten Mal 1508 bei dem Straßburger Historiker Wimpheling, und diese Bezeichnung hat sich eingebürgert, obgleich es keine Beweise für Herrads Zugehörigkeit zu diesem Adelsgeschlecht gibt.

Herrad von Landsberg, Gleichnis vom Gastmahl ohne Gäste, aus: Hortus deliciarum, um 1170. Stich nach der verbrannten Handschrift.

18

An der elsässischen Weinstraße

Der Weinlehrpfad über Dambach-la-Ville

Dambach-la-Ville ist die größte Winzergemeinde des Unterelsaß, bekannt für schöne Fachwerkhäuser und für die Wallfahrtskapelle St-Sébastien, die über dem Ort in den Weinbergen liegt. Der Weinlehrpfad, der in halber Höhe am Hang durch die Reben führt, erklärt auf Schautafeln die Arbeiten im Weinberg und zeigt die im Elsaß angebauten Rebsorten an Ort und Stelle. – Der Spaziergang mit dem weiten Blick über das Rheintal läßt sich sogar an einem sonnigen Wintertag machen – fast immer trifft man einige Winzer an der Arbeit!

WEGVERLAUF UND MARKIERUNG:
Dambach, Place du Marché – Kapelle St-Sébastien (40 Min.) – Dambach, Porte de Dieffenthal (50 Min.) – Place du Marché (5 Min.) – Der Weinlehrpfad ist mit einer Traube gekennzeichnet.

DAUER: 1.35 Std.

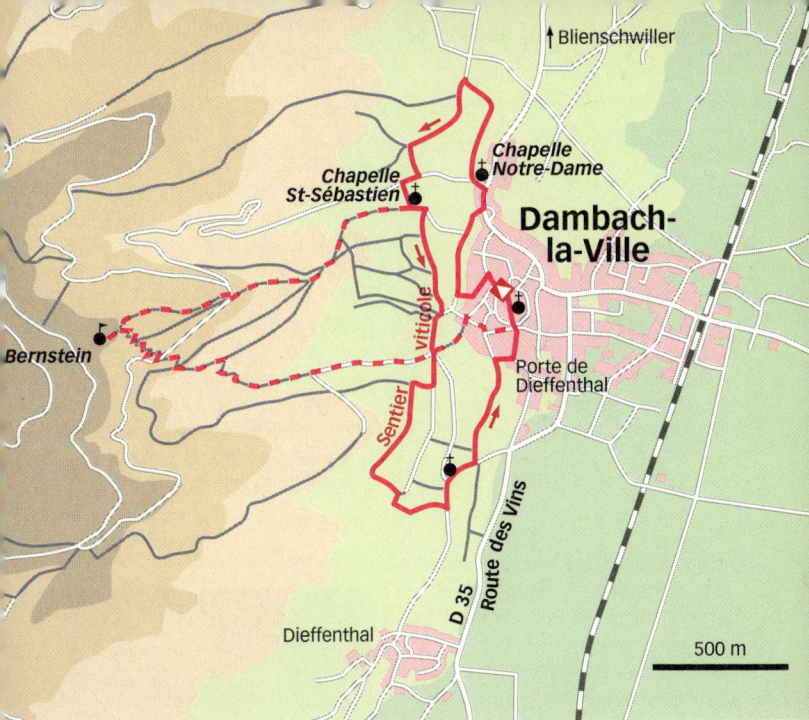

Wanderung 18: Der Weinlehrpfad über Dambach-la-Ville

LÄNGE: 5 km

SCHWIERIGKEITSGRAD: Spaziergang auf teilweise asphaltierten Wirtschaftswegen

KARTE: Vom Club Vosgien und IGN die Wanderkarte, Ste-Odile, Donon, Haut-Kœnigsbourg, im Maßstab 1 : 50 000 oder die Freizeitkarte TOP25 3717 ET (Sélestat, Ribeauvillé), im Maßstab 1 : 25 000

EINKEHRMÖGLICHKEIT: In Dambach Hotels u. Weinstuben; in einem Winzerhaus aus dem 17. Jh. dem *Caveau Nartz.* (Ostern bis Ende Nov.: Sa. u. So. geöffnet, Juli u. Aug. tägl., ℡ 88 92 41 11). Grand-Cru-Lage: Frankstein

ANFAHRT: Dambach-la-Ville liegt an der Weinstraße, nördlich von Sélestat.

Parken in der Nähe des Marktplatzes. Bahnstation

SYNDICAT D'INITIATIVE: Hôtel de Ville, 67650 Dambach-la-Ville, ℡ 88 92 61 00

VARIANTE DES WANDERWEGS: Der Spaziergang läßt sich noch um eine halbe Stunde abkürzen, wenn man 10 Min. nach der Kapelle direkt in den Ort zurückgeht. Eine kleine Halbtagswanderung führt von Dambach über die Kapelle St-Sébastien zur Burg Bernstein (Hinweg: blauer Punkt, Rückweg: gelbes Kreuz).

BESONDERE HINWEISE: Öffnungszeiten der Kapelle: April bis Sept.: 8–19 Uhr; sonst 9–16 Uhr. Am letzten Sonntag im Mai findet in Dambach das Waldmeisterfest (*Fête de l'aspérule*) und am 15. August das Weinfest statt.

▶ DER WANDERWEG

Dambach, seit 1227 im Besitz der Bischöfe von Straßburg und 1340 zur Stadt erhoben, gilt Kunstkennern als »eine Fundgrube der Holzarchitektur« (Georg Dehio). Zu den drei gotischen Stadttoren der Anlage von 1340 kommt eine größere Anzahl schöner Fachwerkhäuser, die meist aus dem 17. Jh. stammen. Am Marktplatz mit dem achteckigen Bärenbrunnen (der Bär ist Dambachs Wappentier) liegt auch das stattliche, 1685 erbaute Hotel *Kientz-A la Couronne* mit der Krone im schmiedeeisernen Schild. Hier beginnt der Weinlehrpfad: *Départ du Sentier viticole*.

Wir folgen dem Traubensignet die Rue du Général de Gaulle hinauf, biegen links in die Rue St-Sébastien und gelangen am Ende dieser Straße nach rechts durch ein Gäßchen zum Stadtgraben (*Fossé des Remparts*). Gleich dahinter beginnen die Weinberge. Die Weintraube weist weiter nach rechts: Wir kreuzen den Fahrweg zur Kapelle *St-Sébastien*, kommen an der Tafel »Sylvaner« vorbei und gelangen am Ortsende auf die Route des Vins, auf der wir ein kurzes Stück bis zur Kapelle *Notre Dame* gehen (10 Min.).

An der Kapelle führt der *Sentier viticole* hinauf in die Weinberge, zunächst auf betonierten, später auf leicht geschotterten Wirtschaftswegen. Nach einem kurzen Anstieg haben wir einen sehr schönen Blick auf Dambach mit seinen drei Stadttoren und der neuromanischen Kirche *St-Etienne*, dahinter die Rheinebene und der Schwarzwald. Wenn wir nach ungefähr einer halben Stunde auf ein Waldstück mit Edelkastanien, Akazien und Holunder stoßen, gehen wir nach links ein Stückchen den Hohlweg hinunter und gleich darauf an dem kleinen Haus am Waldrand hinauf zu der schön gelegenen **Kapelle St-Sébastien** (40 Min.). Kostbarstes Stück der Innenausstattung ist ein

schwungvoll geschnitzter barocker Altaraufsatz der Bildhauer Clemens und Philipp Winterhalder aus Kirchzarten – eine Seltenheit im Elsaß!

Gegenüber dem Chor führt der asphaltierte Weg dann weiter nach Süden durch die Weinberge, immer mit dem Blick auf die Dächer von Dambach. Der Sentier viticole ist jetzt, im zweiten Teil, nicht ganz so gut bezeichnet. Wir halten uns immer geradeaus, lassen das Sträßchen in den Ort links liegen (50 Min.) und orientieren uns an der gleich folgenden Weggabelung an dem gut sichtbaren Feldkreuz, das gerade vor

uns auf der Höhe liegt. Dort gehen wir an der Lehrtafel *Les travaux de protection de la plante* einige Schritte nach rechts am Weinberg hinauf und biegen dann links auf den fast ebenen Pfad. Wir befinden uns jetzt im Zentrum des *Grand Cru Frankstein*.

An der Tafel *Riesling* (1.05 Std.) steigen wir über einige Treppenstufen direkt zwischen den Rebstöcken hinab bis zur Tafel *Les vendanges* (1.10 Std.), biegen dann nach rechts zu einem Hohlweg, der vom Wald herabkommt. Dem folgen wir nach links, bis er auf den Wanderweg von **Dambach** nach Dieffenthal stößt (rotes Dreieck). Dieser führt uns vorbei an den letzten Tafeln des Weinlehrpfades in ca. 15 Min. ins Städtchen zurück (1.30 Std.). Durch die **Porte de Dieffenthal**, über die Rue Irma Mersiol Burrus und die Rue de l'Eglise gelangen wir wieder auf den Marktplatz (1.35 Std.).

Typisch für die Häuser der elsässischen Winzer sind die langgestreckten engen Höfe und das Fachwerk über dem gemauerten Erdgeschoß. Wenn wir diesen oder jenen Hof zur Weinprobe besuchen, können wir diese Bauweise näher betrachten.

Die Wallfahrtskapelle St-Sébastien in den Weinbergen von Dambach

Im Naturpark Südvogesen

Nach dem Vorbild des Naturparks Nordvogesen besitzen auch die Süd- oder Hochvogesen seit 1989 einen eigenen Naturpark, den **Parc Naturel Régional des Ballons des Vosges,** der rund 200 Gemeinden in vier verschiedenen Departements umfaßt (Haut-Rhin, Territoire de Belfort, Vosges und Haute-Saône). Zum elsässischen Teil des Parks gehören von Norden nach Süden das Val d'Argent und das Tal der Weiss mit Ste-Marie-aux-Mines und Orbey, das Fecht- und Lauchtal mit Munster sowie das Tal der Thur und der Doller mit Thann und Masevaux. Auf die liebliche, rebenumkränzte Vorhügelzone, in der die bekannten Weinstädtchen liegen, folgen die von dichten Wäldern bedeckten steilen Berghänge. Eichen-/Buchenwald ist vorherrschend in den niederen Lagen (bis 600 m), ausgedehnter Buchen-/Tannenwald in mittlerer Höhe (bis 900 m) und darüber Buchengebüsch, vermischt mit Ebereschen und Bergahorn. Auf den Kuppen der Haupt- und Seitenkämme, den abgerundeten *Ballons* oder *Belchen,* breiten sich schließlich kurzgrasige Weideflächen aus, die am östlichen Steilabfall des Gebirges von zerklüfteten Eiszeitkesseln und Karseen unterbrochen werden.

Wie im Naturpark Nordvogesen sind Umweltschutz und wirtschaftliche Förderung der Region die Hauptziele des Parks, und auch hier bemüht man sich um einen grünen, sanften Tourismus – um so mehr, als die im 19. Jh. florierende Textilindustrie in den Tälern ebenso wie die traditionelle Weidewirtschaft auf den Höhen seit dem Ende des Zweiten Weltkriegs ihre einstige Bedeutung verloren haben. Zu den Hauptattraktionen des Regionalparks gehören darum die Fermes Auberges und Fernwanderwege, aber auch Pisten für Mountainbikes und Skilifte.

Und hier liegt eine Gefahr für den sanften Tourismus. Besucher in Scharen auf der bekannten Kammstraße, der Route des Crêtes, bringen wohl Geld ins Land, sind aber auch eine Bedrohung für Fauna und Flora des Hochgebirges. Auerhahn, Gemse und Wanderfalke fliehen den Menschen, Regen wäscht die Pisten aus und beschädigt die dünne Humusschicht (gut zu sehen am Hohneck, s. Wanderung 24), seltene Pflanzen werden zertreten oder ausgerupft. Besonders gefährdete und interessante Plätze – Gazon du Faing über dem Lac Noir, das Moor von Machais westlich des Rainkopfs und den Grand Ventron im oberen Thurtal – hat man darum bereits zum Naturreservat erklärt, Hohneck und Frankenthalkessel sollen folgen. Mit einer ausgezeichneten, naturkundlichen Bestandsaufnahme, *Vosges sauvages, pour*

Die Lièpvrette bei
Ste-Marie-aux-Mines
im Frühling

un *Parc National* (1994), plädiert der Bund elsässischer Naturschützer dafür, den größten Teil des Regionalparks in einen Nationalpark mit strengeren Auflagen umzuwandeln.

Auskünfte über die Aktivitäten des Parks – geführte Wanderungen, Feste, Broschüren – erhält man in der *Maison du Parc*, 1 Cour de l'Abbaye, 68140 Munster, ✆ 89 77 90 20. In der *Reihe Culture et Environnement* gibt das IGN eine den gesamten Park umfassende Spezialkarte mit touristischen Informationen heraus (Parc Naturel Régional des Ballons des Vosges, 1:100 000).

19

»Ritterromantik« aus wilhelminischer Zeit

Von St-Hippolyte zur Haut-Kœnigsbourg

Mit Straßburger Münster und Mont Ste-Odile gehört die von Wilhelm II. wiederaufgebaute Haut-Kœnigsbourg zu den meistbesuchtesten historischen Stätten des Elsaß. Eine mittelalterliche Ritterburg, wie wir sie als Kinder im Bilderbuch bestaunten! Zu Beginn des steilen Aufstiegs begleitet uns der Anblick des von mächtigen Burgzinnen gekrönten spitzen Bergkegels. Auf dem bequemen Rückweg haben wir dann vom Langenberg einen weiten Blick über die Rheinebene und das rebenumkränzte St-Hippolyte mit Stadtmauer, Storchenturm und gemütlichen Gasthäusern.

WEGVERLAUF UND MARKIERUNG: Rot-weiß-rotes Rechteck: St-Hippolyte – Gloriette (50 Min.) – Hotel-Restaurant Haut Kœnigsbourg (20 Min.); rotes Rechteck/GR 5: Haut-Kœnigsbourg (25 Min.); Hotel-Restaurant Haut-Kœnigsbourg (20 Min.); roter Punkt: Hotel-Restaurant Schaflaeger (10 Min.) – Belvédère du Langenberg (30 Min.) – St-Hippolyte (35 Min.)

DAUER: 3.10 Std.

LÄNGE: 11 km

SCHWIERIGKEITSGRAD: Mittelschwere Wanderung durch Weinberge und Wald, mit einem ziemlich steilen Aufstieg von St-Hippolyte (265 m) zur Haut-Kœnigsbourg (720 m).

KARTE: Vom Club Vosgien und IGN die Wanderkarte Colmar, Munster, Gérardmer St-Dié, im Maßstab 1 : 50 000 oder die Karte TOP25 3717 ET (Sélestat, Ribeauvillé), im Maßstab 1 : 25 000

EINKEHRMÖGLICHKEIT: In St-Hippolyte Hotels- u. Gasthäuser; feudal die *Hostellerie Munsch-Aux Ducs de Lorraine* (Mo. u. evtl. So.abend Ruhetag). Auf der Haut Kœnigsbourg Restaurationsbetrieb. Unterwegs Hotel-Restaurant *Haut-Kœnigsbourg* und Hotel-Restaurant *Schaflaeger*. Grand-Cru-Lage: Gloeckelberg

ANFAHRT: St-Hippolyte liegt an der Weinstraße, südlich von Sélestat. Parken am Ortsrand (Richtung Orschwiller), gegenüber der Hostellerie Munsch.

OFFICE DE TOURISME: 10 Bd. Mar. Leclerc, 67600 Sélestat, ☎ 88 92 02 66; Auskünfte erhält man auch vor Ort in der Mairie von St-Hippolyte, ☎ 89 73 00 13.

VARIANTE DES WANDERWEGS: Man fährt mit dem Auto bis zur Burg und macht einen kurzen, halbstündigen Spaziergang um die Haut-Kœnigs-

Von Orschwiller zur Haut-Kœnigsbourg

bourg und die benachbarte Oeden-bourg (roter Ring). Dann besucht man im nahen Kintzheim eventuell noch die *Volerie des Aigles* (Adlergehege, in der Burg) und die *Montagne des Singes* (Affenberg, im Wald an der Straße zwischen Kintzheim und der Haut-Kœnigsbourg). Besonders für Kinder geeignet!

BESONDERE HINWEISE: Öffnungszeiten der Haut-Kœnigsbourg: Juni bis Sept.: 9–18 Uhr; Febr. bis Mai u. Okt. bis Dez.: 12–13 Uhr geschl., sowie nur bis 16/17 Uhr geöffnet; geschl. 5. 1. bis 5. 2. u. 1. Jan., 1. Mai, 1. u. 11. Nov., 25. Dez.; Eintrittsgebühr; ✆ 88 82 50 60.
Weil der Aufstieg steil ist und sich in der Hauptreisezeit im Sommer die

Autotouristen vor der Eintrittskasse drängeln, ist ein nicht zu warmer, schöner Tag im Frühling oder Herbst ideal für diese Wanderung. Neben der reinen Gehzeit müssen wir unbedingt eine bis anderthalb Stunden für die Besichtigung der Burg rechnen.

DER WANDERWEG ▶

Der Name der Ortschaft **St-Hippolyte** geht zurück auf ein im 8. Jh. gegründetes Kloster, das die Reliquien des römischen Märtyrers Hippolytos barg.
Vom Parkplatz außerhalb der Stadtmauer, gegenüber der renommierten Hostellerie Munsch, gehen wir gerade-

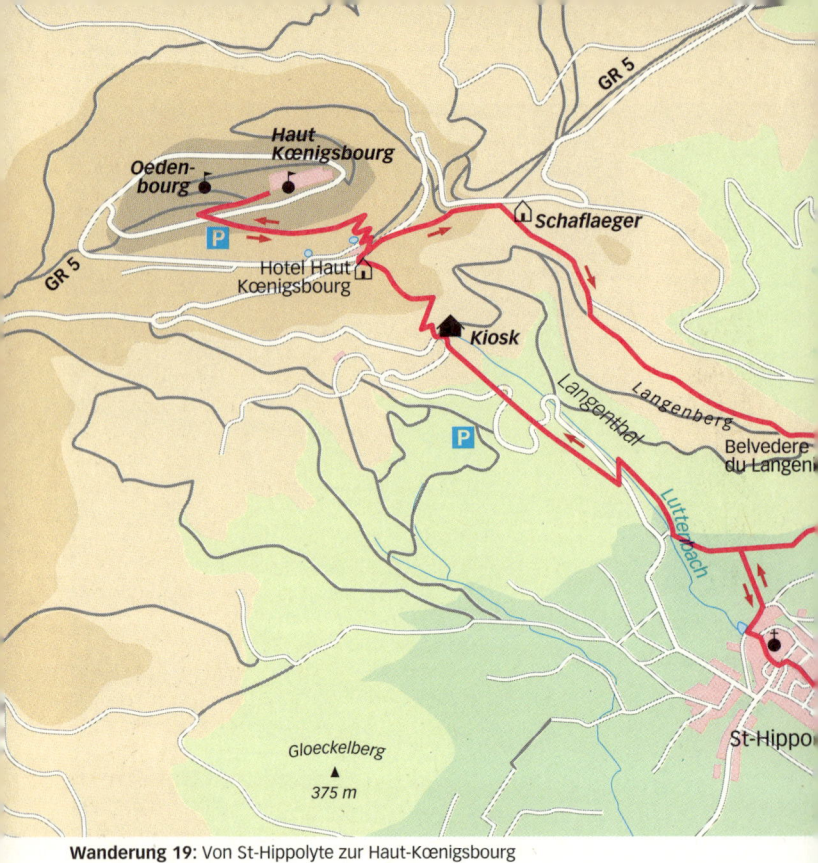

Wanderung 19: Von St-Hippolyte zur Haut-Kœnigsbourg

aus ins Städtchen, bis zur Place de l'Hôtel de Ville unterhalb der Kirche (10 Min.). Hier nehmen wir am Hotel *A la Vignette* die Rue de la Montée und finden gleich danach auf der linken Straßenseite das Schild des Club Vosgien *Gloriette, Haut-Kœnigsbourg* (rot-weiß-rotes Rechteck). Über ein Gäßchen und eine Treppe gelangen wir wieder auf die Außenseite der Stadtmauer, folgen der Straße ein Stückchen nach rechts und biegen dann in Höhe des großen Schulgebäudes hinauf in die Weinberge. Eindrucksvoll erhebt sich vor uns die Burg auf dem spitzen, bewaldeten Bergkegel. Wenn die asphaltierte Straße aufhört und auf einen Sandweg stößt, halten wir uns noch einmal links, erreichen bald darauf neben der Fahr-

straße das **Langenthal** und folgen dem schmalen, zugewachsenen Pfad auf der rechten (!) Seite des Baches, bis wir an eine Kreuzung gelangen (30 Min.). Hier führen der *Circuit St-Hippolyte* (roter Ring) und die Route zur Haut-Kœnigsbourg durch das Langenthal (rot-weiß-rotes Rechteck) weiter geradeaus.

Unser Weg zur Burg über die Gloriette (ebenfalls rot-weiß-rotes Rechteck) biegt nach links in die Wiese, überquert die Fahrstraße, und ist dann aufs neue gut ausgezeichnet. Es geht steil in den Wald hinauf, wir kreuzen einige Male die Autostraße, kommen an Picknickbänken vorbei, die ein wenig nah am Verkehr stehen, und erreichen in einer Straßenschleife die **Gloriette**,

Orschwiller

ssberg

500 m

und anschließend auf einem schmalen Pfad links in den Wald hoch. Eine bessere Markierung an dieser Stelle würde nicht schaden! Ca. 20 Min. nach unserem Abmarsch vom Hotel stehen wir wieder auf der breiten Fahrstraße (1.30 Std.), die wir nach links überqueren – die Einmündung des Pfades müssen wir uns für den Rückweg gut merken. Dann steigen wir am Schild *Haut-Kœnigsbourg* auf dem steilen gepflasterten Fußweg geradeaus zur Burg hinauf – hier richten wir uns ausnahmsweise nicht nach dem roten Rechteck! Am **Burgtor** angekommen (1.35 Std.), reihen wir uns zur Besichtigung in die Besucherscharen, die mit Auto oder Omnibus angereist sind.

Auf dem Weg, auf dem wir gekommen sind, geht es dann zurück bis zur Straße unterhalb des Hotels (1.55 Std.). Jetzt kümmern wir uns nicht um das große Schild *Visitez St-Hippolyte*, sondern folgen dem roten Punkt zum Restaurant Schaflaeger einige Min. auf der Fahrstraße und dann wieder ein Stückchen durch den Wald (jetzt roter Punkt und rot-weiß-rotes Rechteck).

Am **Schaflaeger** (2.05 Std.) müssen wir uns rechts halten, nehmen zunächst den breiten ebenen Forstweg (Langenberg, St-Hippolyte, Orschwiller, rot-weiß-rotes Rechteck), und biegen 5 Min. später nach rechts (Langenberg, St-Hippolyte, roter Punkt). Jetzt wandern wir angenehm ein Stück durch den schönen Eichenwald, der den Kamm des Berges bedeckt. Mehrere Grenzsteine erinnern daran, daß hier 1791 die Grenze zwischen den Departements Haut-Rhin und Bas-Rhin verlief; auch ältere Steine mit dem lothringischen Kreuz haben sich an einigen Stellen erhalten. Ein Stück nach der Weggabelung Langenberg – Langenthal (2.25 Std., wir bleiben auf dem Berg: *Sentier panoramique*), kurz bevor wir endgültig aus dem Wald kommen, weist uns ein Schild nach rechts zum **Bélvèdere du Langenberg** (2.35 Std.).

einen vom Vogesenverein errichteten Pavillon (50 Min.). Oberhalb der Gloriette, jenseits der Straße, liegt der Rehbrunnen. Hier halten wir uns links (auf die Markierung achten!) und steigen in schmalen Kehren durch den Eichenwald zum **Hotel-Restaurant Haut-Kœnigsbourg** hinauf (1.10 Std.).

Für die letzte halbe Stunde Aufstieg zur Burg benutzen wir nun den GR 5 (rotes Rechteck), der etwas oberhalb des Hotels verläuft. Hinter den Wirtschaftsgebäuden, am oberen Ende der Treppe, folgen wir dem Schild *Haut-Koenigsbourg* (an dieser Stelle das rote und das rot-weiß-rote Rechteck) nach rechts. Wenn wir nach einigen Minuten auf einen breiten, ebenen Forstweg stoßen, gehen wir noch einmal rechts

Weiter Blick auf die Rheinebene von der Haut-Kœnigsbourg

Von den zwei Bänken am Hang haben wir einen schönen Blick, der von einer Panoramatafel erklärt wird: das rebenumkränzte St-Hippolyte zu unseren Füßen, dahinter die Rheinebene, der Schwarzwald mit dem Kaiserstuhl und bei klarem Wetter am fernen Horizont die Schweizer Alpen.

Wieder auf den Hauptweg zurückgekehrt, stoßen wir bald noch einmal auf zwei Grenzsteine (2.40 Std.) und wandern dann nach rechts hinunter in die Weinberge, bis zu den Mauern der großen Schule, an der wir schon auf dem Hinweg vorbeigekommen sind (2.55 Std.). Nach rechts und gleich darauf über die kleine Treppe auf der linken

Seite gelangen wir wieder in den Ort und können den Ausflug in einem der zahlreichen Lokale beschließen, vielleicht auch beim Winzer eine Flasche Wein kaufen.

AM WEGE

Die 1147 zum ersten Mal erwähnte staufische Burg wurde um 1480 durch die in der Schweiz begüterten Grafen von Thierstein von Grund auf erneuert und gegen das neu aufkommende Artilleriegeschütz befestigt. Im Dreißigjährigen Krieg zündeten die Schweden die

aus staufischer Zeit, während vor allem die starken Bollwerke im Westen und Osten und die langen Zwingermauern der Thiersteiner Epoche angehören. Die Errichtung sämtlicher Dachstühle und die Gestaltung der Innenräume (Festsaal, Kapelle, Waffensaal, Jagdsaal) sind Ebhardts Werk. Es gelang ihm, der imposanten Anlage in etwa das Aussehen des 16. Jh. zurückzugeben, auch wenn nicht alle Details historisch genau sind und viel kritisiert wurden.

Viele Elsässer machten sich über die »neue« alte Burg zunächst lustig. Am 13. Mai 1908, dem Tag der feierlichen Einweihung, regnete es in Strömen, und der bekannte elsässische Karikaturist Hansi hat den Einzug des Kaisers samt seinem Gefolge in mittelalterlichen Phantasiekostümen unter großen, grauen Regenschirmen in 16 Bildern satirisch geschildert. Nicht zu Unrecht sahen die Einheimischen in der wiederaufgebauten Burg ein Sinnbild preußisch-deutscher Glorie.

Die wiederaufgebaute Hohkönigsburg ist inzwischen als Haut-Kœnigsbourg auch den Elsässern und Franzosen ans Herz gewachsen. Nacht für Nacht wird sie von mächtigen Lampen angestrahlt, als Attraktionen werden mittelalterliche Diners bei Kerzenschein, mittelalterliche Konzerte, mittelalterliche Theateraufführungen dargeboten, und der Bürgermeister von Sélestat gab unlängst seiner Hoffnung Ausdruck, es demnächst bis auf eine Million Besucher im Jahr zu bringen. Wie schrieb Hansi im Schlußwort der bereits zitierten Satire: »Denn schließlich mag man über den Wiederaufbau der Hohkönigsburg denken wie man will, eins steht fest: nämlich daß die Tausende deutscher Touristen, welche die Burg täglich besuchen, den umliegenden Gasthöfen und Hotels ein schönes Stück Geld einbringen.« Das gilt heute nicht nur für die Deutschen, sondern auch für ihre Nachbarn, die Franzosen!

von der Besatzung verlassenen Gebäude an. »Die beträchtlichen, an Umfang und guter Erhaltung die übrigen Schlösser des Elsaß übertreffenden Ruinen«, so ein Kunst- und Altertumsführer von 1876, schenkte die Stadt Schlettstadt 1899 dem deutschen Kaiser Wilhelm II., der die **Haut-Kœnigsbourg** durch den jungen Berliner Architekten Bodo Ebhardt wieder aufbauen ließ.

Ebhardt schuf eine Anlage, die Neues und Altes eng miteinander verbindet. Der Unterbau des quadratischen Bergfrieds und Teile der Mantelmauer der Hochburg mit einer romanischen Fenstergruppe stammen noch

20

»Drey Schlösser auff einem Berge«

Zu den drei Burgen über Ribeauvillé

Die drei Rappoltsweiler Schlösser sind im Elsaß sprichwört-lich bekannt: »Drey Schlösser auff einem Berge / Drey Kirchen auff einem Kirchhoffe / Drey Städte in einem Thal / Ist das gantze Elsaß überall.«

Die klassische Halbtagswanderung auf den Spuren der Herren von Rappoltstein verbindet die Besichtigung von St-Ulrich, Girsberg und Hohrappoltstein mit dem Besuch der Marienwallfahrt von Dusenbach und einem Gang durch die ehemalige Residenzstadt, die dem Besucher nicht nur viele historische Bauwerke, sondern auch zahlreiche Restaurants und Weinstuben bietet.

WEGVERLAUF UND MARKIERUNG: Ribeauvillé, OT Grand'Rue – Ribeau-villé, Place de la République (15 Min.); Rotes Rechteck/GR 5: St-Ulrich (40 Min.); gelbes Kreuz: Girsberg – St-Ulrich (10 Min.); rotes Rechteck u. gel-bes Kreuz: Haut-Ribeaupierre/Hohrapp-poltstein (15 Min.) – Notre-Dame de Dusenbach/Marienwallfahrt (45 Min.); blaues Dreieck: Ribeauvillé, Place de la République (35 Min.); Ribeauvillé, OT (15 Min.)

DAUER: 2.55 Std.

LÄNGE: 9 km

SCHWIERIGKEITSGRAD: Mittel-schwere Wanderung, erst ein Stück-chen durch die Weinberge, dann durch trockenen, lichten Wald; ein tüchtiger Aufstieg von Ribeauvillé (240 m) nach Haut-Ribeaupierre (645 m)

KARTE: Vom Club Vosgien und IGN die Wanderkarte Colmar, Munster, Gérard-mer, St-Dié, im Maßstab 1 : 50 000 oder die Freizeitkarte TOP25 3718 OT (Colmar, Kaysersberg), im Maßstab 1 : 25 000

EINKEHRMÖGLICHKEIT: In Ribeauvillé Hotels u. Gasthäuser; gastronomisch: *Les Vosges* (Mo. u. Di.mittag Ruhetag); traditionell: die *Wistub zum Pfifferhus* (Mi. u. Do. Ruhetag). Unterwegs in Dusenbach im *Abri du Pèlerin* Geträn-ke u. Imbiß (während der Messe u. von 12–13 Uhr geschl.). Grand-Cru-Lagen: Osterberg, Geisberg, Kirchberg de Ribeauvillé. In 9 km Ent-fernung Illhäusern mit der bekannten *Auberge de l'Ill*

ANFAHRT: Ribeauvillé liegt an der Weinstraße, genau in der Mitte zwi-schen Colmar u. Sélestat. Parken am unteren Ende der Altstadt, in unmittel-barer Nähe der Weinstraße (am Stadt-park od. an der Place du Général de Gaulle). Bahnstation in 4 km Entfernung

Spezialitäten beim Metzger in Ribeauvillé

OFFICE DE TOURISME: 1 Grand'Rue, 68150 Ribeauvillé, ✆ 89 73 62 22

VARIANTE DES WANDERWEGS: Ribeauvillé und die drei Burgen sind auch ein beliebter Ausgangspunkt für eine Tageswanderung zum Taennchelmassiv. Weil es mehrere Routen gibt, braucht man unbedingt eine Wanderkarte.

BESONDERE HINWEISE: Mit gutem Schuhwerk läßt sich die Tour sogar an einem schönen, trockenen Wintertag machen.
Am ersten Sonntag im September findet in der Stadt eines der volkstümlichsten elsässischen Feste statt, der Pfeifertag.

DER WANDERWEG

Ribeauvillé, zu deutsch Rappoltsweiler, am Fuß der drei Burgen, gehört zu den größeren Städtchen an der Weinstraße. Bis zur Französischen Revolu-

tion war die aus einer älteren Siedlung hervorgegangene Stadt Hauptort der Herrschaft Rappoltstein, Ribeaupierre, und viele historische Bauwerke haben sich aus dieser Zeit erhalten. Die Hauptachse der Unterstadt, die Grand'Rue, führt vom Stadtpark, dem ehemaligen Herrengarten (1617 von Eberhard von Rappoltstein angelegt), vorbei am ehemaligen Gasthof *Zur Stadt Nancy* (Hausnummer 7, prächtiges Renaissanceportal) und der bekannten Wistub zum Pfifferhus (Erker mit geschnitzter Verkündigung, um 1680), zum historischen Rathausplatz. Im Vorbeigehen werfen wir einen Blick auf den reichverzierten Renaissancebrunnen (Bär mit dem rappoltsteinschen Wappen auf dem Brunnenstock, 1536), die ehemalige Augustinerkirche (zweigeteiltes Portal, um 1360) und den Metzgerturm (Sockel aus Bossenquadern 13. Jh., Renaissanceobergeschoß 1536), der früher die Oberstadt von der Unterstadt trennte. Eine Sammlung kunstvoller Pokale aus Markircher Silber, Geschenke der Herren von Rappoltstein an den Rat der Stadt, ist ausgestellt im barocken Rathaus (1773), und wir können sie viel-

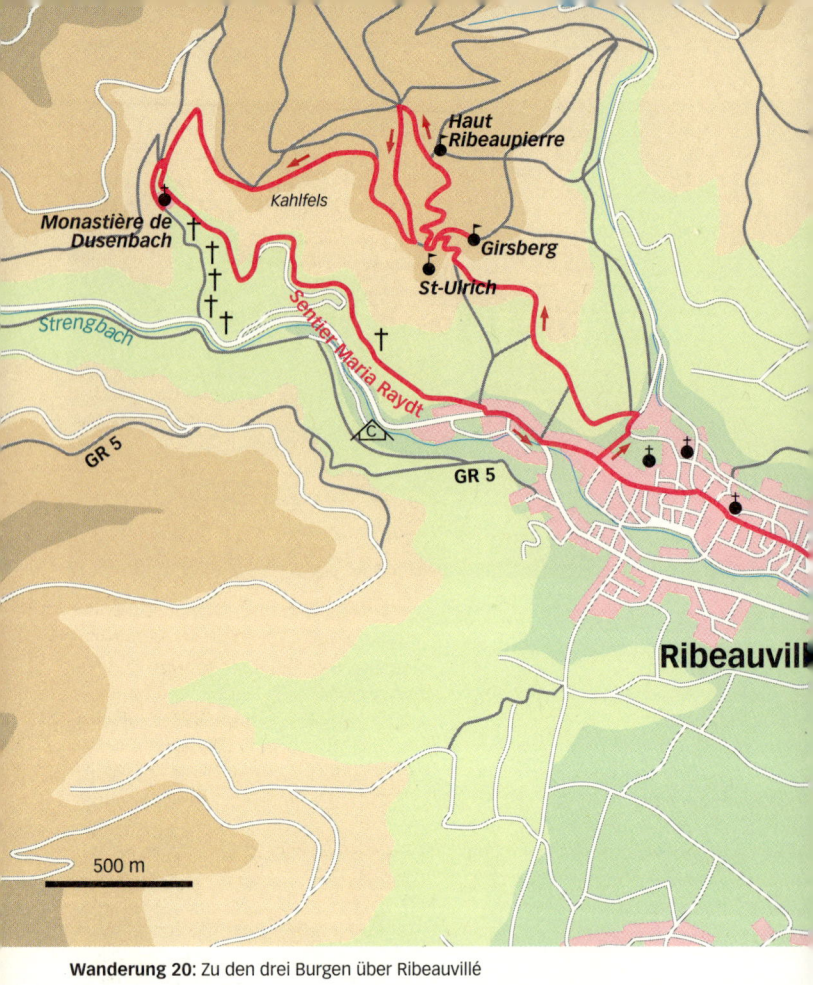

Wanderung 20: Zu den drei Burgen über Ribeauvillé

leicht auf dem Rückweg bewundern (in der Saison 10–12 u. 14–15 Uhr, außer Mo. u. Sa.). Weiter geht es dann auf der Grand'Rue über den Place de la Sinn (Brunnen von 1862) bis zur Place de la République, und hier beginnt, am Gasthaus *Aux Trois Châteaux*, die eigentliche Wanderung (15 Min.).

Mit dem roten Rechteck (GR 5) steigen wir zunächst in die Weinberge und später in den Wald hinauf, bis zum unteren Burgtor von **St-Ulrich**, dessen gewaltige Mauern sich über uns auftürmen (55 Min.). Der Weg ist steil, stellenweise in den Felsen gehauen, und bei sommerlicher Hitze gerät man hier

leicht ins Schwitzen. Da sind die zahlreichen Ruhebänke – die man übrigens überall auf dieser Wanderung antrifft – besonders willkommen. Auf einem kleinen botanischen Lehrpfad sehen wir unterwegs einige der typischen Bäume und Sträucher der trockenen, heißen Vorberge: die Edelkastanie, im Elsaß auch Kestebaum genannt, die Wintereiche, die Kiefer und die Hagebuche, die seltene Felsenbirne und die Elsbeere.

Nach der Besichtigung von St-Ulrich machen wir einen Abstecher zum nahen **Girsberg** (gelbes Kreuz, hin und zurück 10 Min., 1.05 Std.), und dann steigen wir von St-Ulrich nach **Haut-**

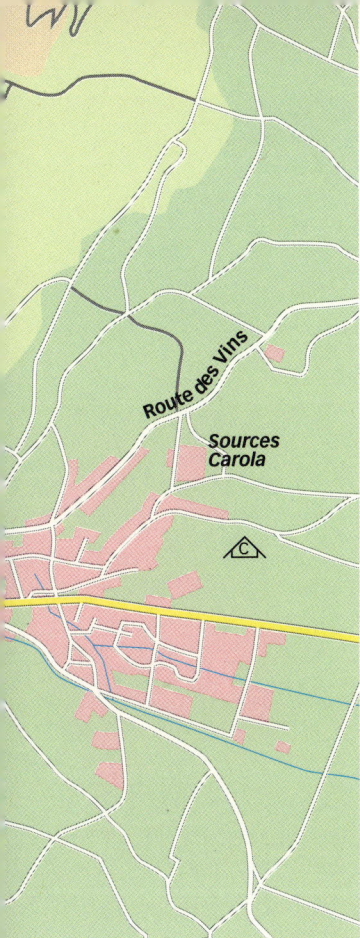

Route des Vins

Sources Carola

Bäume) bis zum Kahlfelsen auf der linken Wegseite (1.50 Std.). Hier verlassen wir den Forstweg und steigen am Felsen vorbei auf einem schmalen, steinigen Pfad in den Wald hinunter. Dieses Wegstück ist nicht besonders gut gekennzeichnet – wenn wir uns links halten, erreichen wir jedoch ohne größere Schwierigkeiten die hoch über der Schlucht gelegene Marienwallfahrt **Notre-Dame de Dusenbach** (2.05 Std.). Sie ist eine der ältesten elsässischen Wallfahrten und geht zurück auf einen Herrn von Rappoltstein, der hier im 13. Jh. eine Kapelle errichten ließ für ein wundertätiges Marienbild, das er von einem Kreuzzug heimgebracht hatte. Nach mehrmaliger Zerstörung der historischen Gebäude wurde der heutige Wallfahrtsort erst am Ende des 19. Jh. neu aufgebaut. – Messe oder Marienandacht am Sonntag: 8, 10, 14.45 u. 16 Uhr.

Der *Sentier Maria Raydt* (blaues Dreieck) – so genannt nach einer frommen Bruderschaft – führt am Hang des Strengbachtals in einer halben Stunde durch Wald und Rebberge bequem und hübsch nach **Ribeauvillé** zurück. Ausgangspunkt dieses Pfades ist die XI. Kreuzwegsstation am Eingang des Wallfahrtsortes. Am Ortsrand von Ribeauvillé (2.35 Std.) gehen wir dann auf der Straße ein Stückchen in Richtung Stadtmitte, und wenn wir uns an der ersten größeren Kreuzung leicht links halten (nicht: *toutes directions, centre ville*), gelangen wir wieder in die Grand'Rue (2.40 Std.) und bummeln nun gemütlich zum Auto zurück. Die Wistub zum Pfifferhus und das feine Hotel Les Vosges liegen direkt an unserem Weg.

Ribeaupierre hinauf, der dritten Burg der Rappoltsteiner. Für den Hinweg, für den wir ca. eine Viertelstunde brauchen (1.20 Std.), wählen wir den steilen Pfad, der rechts oberhalb des Burgtores von St-Ulrich beginnt (*Château Haut-Ribeaupierre*, Thannenkirch, rotes Rechteck/GR 5); zurück gehen wir gemütlich – beim Verlassen von Haut-Ribeaupierre halten wir uns rechts (*St-Ulrich facile*, ebenfalls rotes Rechteck).

Wenn wir, etwas westlich von St-Ulrich, auf einen breiten, ebenen Forstweg stoßen (1.35 Std.), gehen wir rechts und wandern nun mit dem gelben Kreuz (an einem der nächsten

DIE RAPPOLTSWEILER BURGEN

Groß-Rappoltstein oder St-Ulrich, Hohrappoltstein und Girsberg auf dem

Schloßberg über Rappoltsweiler waren einst im Besitz der mächtigen Herren von Rappoltstein, die im mittleren Elsaß begütert waren. Als der Adel zu Beginn der Neuzeit aus seinen unbequemen Höhenburgen in komfortablere Wohnstätten zog, erbauten auch die Rappoltsteiner gegen Ende des 15. Jh. ein neues Schloß in der Stadt (heute eine Schule), und die drei alten Burgen waren spätestens am Ende des Dreißigjährigen Krieges verlassen.

1806 bestieg der durch die Französische Revolution vertriebene letzte Graf von Rappoltstein als Maximilian I. den bayrischen Königsthron. Ein kostbarer Pokal aus Markircher Silber, der »Rappoltsteiner Pokal«, befindet sich heute in der Schatzkammer der Residenz zu München.

Stammsitz des Geschlechts und schönste Burg war Groß-Rappoltstein, später nach dem Patron der Kapelle allgemein St-Ulrich genannt. Oberhalb des heutigen Eingangs erhebt sich zur Rechten der wahrscheinlich um die Mitte des 12. Jh. erbaute mächtige Bergfried, dessen Plattform eine prächtige Rundsicht bietet. Gegenüber, etwas tiefer, liegt die Anlage vom Anfang des 13. Jh.: die Mauern eines großen Wohnturms, davor die Kapelle und der Rittersaal mit sieben gekuppelten Fenstern, der als ein Meisterwerk staufischer Burgenarchitektur gilt.

Künstlerisch weniger anspruchsvoll sind die beiden anderen Burgen, die wahrscheinlich ebenfalls im 13. Jh. entstanden. Das auf einer steilen Kuppe thronende kleine Girsberg kam 1304 als Lehen an Rappoltsteinsche Dienstleute. Hohrappoltstein (Haut-Ribeaupierre) entstand am Platz einer frühgeschichtlichen Wall- und Grabenanlage, deren Spuren noch heute hinter der Burg zu sehen sind.

Blick auf die Rappoltsweiler Burgen

21

Originelle Trockenrasenflora

Zwei Wanderungen über die Vorhügel und durch die Weinberge bei Soultzmatt

Nördlich von Guebwiller ist das vom Ohmbach durchflossene kleine Soultzmatter Tal eine Reblandschaft von ganz besonderem Charakter. Die schmale Vorhügelzone der Vogesen erweitert sich hier zu einem breiten Bruchfeld, aus dem einzelne, ganz isolierte Bergrücken aufragen. Während die trockenen Höhen kahl oder nur mit niedrigem Buschwerk bewachsen sind, gedeihen an den Hängen, in günstiger Sonnenlage, ausgezeichnete Weine. – Beide Kurzwanderungen sind besonders schön im Frühling, wenn die seltenen Trockenrasenpflanzen ihre Blütenkelche öffnen.

ERSTER WANDERVORSCHLAG:
WEGVERLAUF UND MARKIERUNG:
Rote Raute: Soultzmatt – Zinnkoepfle
(30 Min.) – Notre-Dame du Hubel
(20 Min.); rotes Dreieck: Strangenberg
(20 Min.) – Westhalten (20 Min.) –
Soultzmatt (25 Min.)

DAUER: 1.55 Std.

LÄNGE: 6 km

SCHWIERIGKEITSGRAD: Leichte bis
mittelschwere Wanderung mit einem
ziemlich steilen Anstieg von Soultzmatt (280 m) zum Zinnkoepfle (468 m);
in den Weinbergen meist geteerte
Wirtschaftswege, auf dem Höhenrücken steinige Pfade durchs Gebüsch

KARTE: Vom Club Vosgien und IGN die
Wanderkarte Colmar, Munster, Gérardmer, St-Dié, im Maßstab 1 : 50 000
oder die Freizeitkarte TOP25 3719 OT
(Grand Ballon), im Maßstab 1 : 25 000

EINKEHRMÖGLICHKEIT: Gasthäuser in
Soultzmatt und Westhalten; gastronomisch in Westhalten die *Auberge Cheval Blanc* (So.abend u. Mo. Ruhetag).
Grand-Cru-Lagen: Zinnkoepfle u. Vorbourg

ANFAHRT: Soultzmatt liegt an der
Weinstraße, westlich von Rouffach.
Parken an der Hauptstraße, auf dem
Platz neben dem Rathaus

OFFICE DE TOURISME: 8 Place de
la République, 68250 Rouffach,
✆ 89 78 53 15

VARIANTE DES WANDERWEGES: Der
erste und der zweite Wandervorschlag
lassen sich verbinden, wenn man von
Westhalten nicht nach Soultzmatt
zurückkehrt, sondern weiter, an der
Auberge Cheval Blanc vorbei, zum Bollenberg hinaufsteigt. Die Gesamtwanderzeit verlängert sich dann etwa auf
4 Std.

BESONDERE HINWEISE: Vor heißen Sommernachmittagen in dieser besonders trockenen Gegend sei gewarnt! Steckt der Grand Ballon dagegen in Wolken und Regen, was ziemlich häufig der Fall ist, dann hat man im Soultzmatter Tal immer noch eine Chance auf gutes Wetter. Weinlehrpfad in Soultzmatt und Westhalten; im Sommer Führungen mit anschließender Weinprobe. Am 1. Wochenende im August feiert Soultzmatt *La Nuit des Grands Crus* (Zinnkoepflefascht).

ZWEITER WANDERVORSCHLAG: WEGVERLAUF UND MARKIERUNG: Rotes Dreieck: Soultzmatt – Westhalten (30 Min.); schwarzer Kreis, roter Kreis, rote Raute: Westhalten – Kapelle auf dem Bollenberg (45 Min.); rote Raute: Orschwihr (10 Min.) – Val du Pâtre/Notre-Dame du Schaefertal (45 Min.) – Soultzmatt (35 Min.)

DAUER: 2.45 Std.

LÄNGE: 9 km

SCHWIERIGKEITSGRAD: Angenehme Wanderung, mit einem leichten Anstieg von Soultzmatt (280 m) zum Bollenberg (363 m); z. T. geteerte Wirtschaftswege in den Weinbergen u. über den Höhenrücken, Waldwege von Orschwihr nach Soultzmatt. **Karte**, **Anfahrt** u. **Fremdenverkehrsamt** s. erster Wandervorschlag

EINKEHRMÖGLICHKEIT: s. erster Wandervorschlag; dazu ein Gasthaus in Orschwihr u. ein renommiertes Weingut mit Hotel-Restaurant auf dem Bollenberg, *Domaine du Bollenberg-Aux Vieux Pressoir* (℡ 89 49 62 47 u. 89 49 60 04). Grand-Cru-Lage von Orschwihr: Pfingstberg

VARIANTE DES WANDERWEGES: Wer ein gutes Essen mit einem Spaziergang durch die Weinberge verbinden möchte, fährt bis Westhalten oder bis zum Hotel auf dem Bollenberg (Abzweigung von der N 83 südl. von Rouffach) und wandert dann mit herrlichem Blick über den Bergrücken bis zur Kapelle.

DER WANDERWEG

Erster Wandervorschlag:
Das historische Winzerstädtchen **Soultzmatt** nennt sich nach der noch heute sprudelnden Mineralquelle: *Sulzmatte* (Salzwiese). Von den sieben »Schlössern«, die hier im Mittelalter gestanden haben sollen, und nach denen sich das Tal stolz *Vallée noble* nennt, bleibt nur noch die im 16. Jh. erbaute Wagenburg mit Renaissanceportal und Treppenturm an der Hauptstraße, jetzt ein bekanntes Weingut. Gleich am Rathaus liegt die Post und daneben eine Bäckerei mit den Schildern des Club Vosgien: unser Weg zum **Zinnkoepfle** (rote

Tulpenblüte im Weinberg

Raute) fällt zunächst zusammen mit
dem Weinlehrpfad *(Sentier viticole).* Wir
steigen die schmale Rue d'Or hinauf,
gehen am Ende der Gasse rechts und
biegen gleich danach, an einem Kreuz,

steil in die Weinberge hoch. An der
Stelle, an der sich die rote Raute und
die Weintraube trennen (5 Min.),
machen wir ein paar Schritte in Richtung rote Raute, klettern dann jedoch

Wanderung 21:
Zwei Wanderungen über die Vorhügel
und durch die Weinberge bei Soultzmatt

wieder auf den Hauptweg zum Zinnkoepfle und den Sentier viticole stoßen,
gehen wir rechts weiter. Unterwegs,
am Wegrand, sehen wir einige Schautafeln des Weinlehrpfades, die uns u. a.
den Grand Cru Zinnkoepfle vorstellen,
den edelsten Wein dieser Gegend.

An der Tafel »La Vallée noble« (20
Min.) müssen wir die Weinberge und
den Sentier viticole endgültig verlassen.
Hinter dem Schild mit der roten Raute
klettern wir in einer Steinrinne, die von
niedrigem Gebüsch eingerahmt wird,
steil den Hang hinauf. Vom Plateau am
südlichen Ende des Zinnkoepfles haben
wir einen schönen Blick auf das Soultz-
mattertal und die Rheinebene (30 Min.).

Der Kammweg, den wir nun ein-
schlagen, führt uns über Trockenrasen,
der an vielen Stellen von Buschwerk
überwuchert ist – Weißdorn, Schlehen,
Hagebutten, Brombeeren, Haselsträucher, Eichen. Die Markierung hier oben
ist nur spärlich. Wir halten uns
zunächst rechts – nach einigen Metern
erscheint an einem Bau die rote Raute,
ein Stück weiter müssen wir an einer
Weggabelung links gehen. Der Pfad
steigt jetzt leicht an und wird eine
kurze Strecke von Steinen eingefaßt.
Nach dem Schild »Conservatoire des
Sites Alsaciens, Naturreservat« kommen wir in einen Akazien- und Hainbu-
chenwald und gehen immer geradeaus
bis zur großen Eiche, an der in einem
Kästchen ein modernes Vesperbild
hängt, *Notre-Dame du Hubel* (50 Min.).

Eine kleine asphaltierte Straße führt
uns jetzt nach rechts hinunter, Richtung Westhalten (rotes Dreieck). Bald
gelangen wir wieder in die Weinberge,
lassen den Weg zum Schauenberg in
der Senke links liegen (1.05 Std.) und
steigen weiter geradeaus zum vor uns
liegenden **Strangenberg** hinauf. Wir

über ein Treppchen direkt in die Rebberge hinauf. Der schmale Pfad am
abschüssigen Hang gibt uns eine kleine
Ahnung von der anstrengenden Arbeit
der Winzer! Wenn wir nach ca. 5 Min.

folgen dem asphaltierten Fahrweg in die Rechtskurve (1.10 Std.), erreichen gleich darauf einen Parkplatz (der Weg ist jetzt für den Autoverkehr gesperrt) und wandern nun, uns immer leicht rechts haltend, auf dem kaum erkennbaren Fußpfad über den kahlen Kamm nach Süden. Herrlicher Blick ins Rheintal und auf die Hochvogesen!

Helm-Knabenkraut

Ca. 10 Min. nach der großen Kurve (1.20 Std.) steigen wir an einem mit der roten Raute bezeichneten Stein nach rechts steil in die Weinberge hinunter und gelangen bald auf asphaltierten Wirtschaftswegen zu den ersten Häusern von **Westhalten** (1.30 Std.).

Wir gehen die Rue Haute herunter, biegen links in die Rue de l'Eglise und stehen gleich darauf an der Hauptstraße. Hier können wir wählen. Wenden wir uns nach rechts, erreichen wir unseren Ausgangsort Soultzmatt auf dem direkten Weg in ca. 20 Min. Und das geht so: Wir folgen der Rue de Soultzmatt, gehen an der *Serrurerie Obrecht* rechts hoch und biegen gleich darauf links in die Weinberge (rotes Dreieck). Der gepflasterte Weg ist einige Minuten ziemlich steil, dann schlagen wir am Wasserhaus einen ebenen Feldweg ein, der parallel zur Autostraße im Tal verläuft. Oberhalb von Soultzmatt gelangen wir wieder auf den Weinlehrpfad, den wir auf dem Hinweg benutzt haben, und gehen in 5 Min. bequem zu unserem Auto zurück (1.55 Std.).

Feinschmecker, die in Westhalten die ausgezeichnete Auberge Cheval Blanc nicht versäumen möchten, lenken ihre Schritte an der Hauptstraße nicht nach rechts, sondern nach links, in die Rue de Rouffach. Frisch gestärkt an Leib und Seele kehren sie dann auf dem beschriebenen Weg nach Soultzmatt zurück oder treten den zweiten Teil der Wanderung an, die am Cheval Blanc vorbei zum Bollenberg und ins Val du Pâtre führt.

Küchenschelle

Zweiter Wandervorschlag:
Die Tour beginnt wie der erste Wandervorschlag in Soultzmatt. Vom Postgebäude gehen wir die Rue Haute hinauf, biegen jedoch etwa 5 Min. später in den Weinbergen scharf nach rechts und wandern mit dem roten Dreieck parallel zum Talweg nach **Westhalten**. Dort folgen wir der Hauptstraße ins Dorf bis zur Auberge Cheval Blanc (30 Min.) und gehen nun bis zum Ortsrand ohne eine besondere Markierung: Rue de la Fontaine (rechts), Rue de la Liberté (rechts), Rue d'Orschwihr (links). Wir überqueren den Ohmbach und danach die Autostraße nach Soultzmatt (40 Min.), folgen der Rue d'Orschwihr noch ca. 5 Min. und biegen dann nach links auf einen asphaltierten Wirtschaftsweg in die Weinberge (Bollenberg, schwarzer Ring).

Am Waldrand, bei einer Bank, stoßen wir auf den mit einem roten Ring markierten Hauptpfad (50 Min.) und wandern nun nach rechts zwischen

Weinbergen und Wald zum kahlen Bergrücken des **Bollenberg** hinauf. Wir halten uns immer geradeaus. Wenn der schwarze und der rote Ring kurz hintereinander nach links zur Domaine du Bollenberg weisen (Station für Feinschmecker, Hin- und Rückweg ca. 20 Min.), ist ein kleines Wegstück nicht markiert; dann erscheint die rote Raute der Route Rouffach – Orschwihr (nicht die blaue Raute wie auf der Karte des Club Vosgien) und der blaue Kreis, und mit diesen Zeichen erreichen wir, ca. 25 Min. nach unserem Abmarsch von der Bank, die kleine Kapelle auf der südlichen Spitze des Bollenberg (1.15 Std.). Der windige Ort mit dem weiten Blick ins Land war einst berüchtigt als Sammel- und Tanzplatz der Hexen im südlichen Elsaß – darum wird die **Kapelle Sainte-Croix** manchmal auch ganz unheilig *Chapelle des sorcières* (Hexenkapelle) genannt.

Bis Soultzmatt bleibt unser Wegzeichen nun die rote Raute. Von der Kapelle führt sie uns hinunter nach Orschwihr, geradeaus durchs Dorf (Rue du Bollenberg, Grand'Rue) und am Ortsausgang (1.35 Std.) durch einen Hohlweg hinauf in den Wald. Hohe Eichen, Kiefern und Edelkastanien bilden hier den typischen Baumbestand der trockenen Vorhügelwälder. Ca. 10 Min. und noch einmal ca. 30 Min. nach unserem Abmarsch von Orschwihr müssen wir uns rechts halten (besonders auf die zweite Abzweigung achten, gelber Punkt), dann erreichen wir über eine Lichtung die auf einem Wiesenplatz hübsch gelegene Wallfahrtskapelle **Notre-Dame du Schäfertal** (Val du Pâtre, 2.10 Std.). Nach der auch auf einem Votivbild dargestellten Legende schlug die Jungfrau Maria, als sie einst an einem schwülen Tag die Schafe weidete, auf dieser einsamen Trift eine sprudelnde Quelle aus dem Boden, und das heilsame Wasser erfreute sich bei den Bewohnern der umliegenden Orte bald großer Beliebtheit. Die mehrfach erweiterte spätgotische Kapelle ist seit 1984 durch die *Amis du Schaefertal* ganz mustergültig restauriert worden.

An einem Nußbaum vor dem ehemaligen Bruderhaus weist uns die rote Raute dann auf den schnurgeraden alten Kreuzweg, an dessen Ende uns ein breiter Forstweg weiter geradeaus durch den Wald nach **Soultzmatt** herabführt (2.40 Std.). Am Ortseingang halten wir uns links zur Kirche, und am Kirchplatz gehen wir rechts zum Rathaus und zum Parkplatz zurück (2.45 Std.). Wer nicht zu erschöpft ist, wirft noch einen Blick auf die Kirche, die durch ihre Maße beeindruckt. Schönster und ältester Teil ist der hohe romanische Turm mit Blendarkaden und säulengekuppelten Fenstern. Bemerkenswertester Grabstein im Innern ist das Denkmal für Wilhelm Capeler und seine Ehefrau, die als Stifterfiguren auf einem Verkündigungsrelief erscheinen (1495). Mehrere an der Kirchhofsmauer stehende merowingische Steinsärge wurden bei der Ausgrabung einer Vorgängerkirche gefunden.

Brand-Knabenkraut

Trockenrasenpflanzen im Jahreskreis

Im Regenschatten des Großen und Kleinen Belchen bilden die bis zu 500 m hohen Vorhügel im Soultzmatter Tal eine kleine trockene und heiße Insel, auf deren Kalkböden eine für das Elsaß einzigartige wärmeliebende Flora gedeiht. Im März, wenn die Blüten der Küchenschelle den Trockenrasen der Höhenrücken violett färben, beginnt der Frühling. Die seltene blaue Kugelblume, das verbreitete gelbe Sonnenröschen und die rot-violette Karthäuser-Nelke sind andere, später blühende typischen Trockenrasenpflanzen. An Standorten, die ein wenig Feuchtigkeit aufweisen, in lichten Gebüschen und auf Halbtrockenrasen, gedeiht im Frühsommer der blutrote Storchenschnabel und eine Anzahl seltener Orchideengewächse: das Kleine Knabenkraut, das Brand-Knabenkraut, das Helm-Knabenkraut, die Hummel- und die Fliegenorchis.

Wenn sie nicht mit Chemikalien behandelt wurden, haben auch die Weinberge ihre ganz besonderen Blumen. Die stark duftenden, leuchtend gelben Tulpen und die blauen Traubenhyazinthen, beide wahrscheinlich im 16. Jh. aus Ziergärten verwildert, öffnen ihre Blüten fast gleichzeitig Ende März – Anfang April. Etwas später, von Mai bis Juni, finden wir dann die seltene Osterluzei und das Salomonssiegel oder die Weißwurz, die als zauberkräftige »Springwurz« in unseren Märchen verschlossene Türen öffnet und Quellen sprudeln läßt.

Zahlreiche Sträucher und Hecken tragen in der ersten Jahreshälfte ebenfalls zum blühenden Aussehen der Vorberge bei. Die ersten Haselkätzchen zeigen sich schon im Februar, im März und April folgen die Schlehen, Ende April – Anfang Mai der Weißdorn und die seltene Felsenbirne; im Mai blühen der Wollige Schneeball und der seltene Sauerdorn, im Juni Heckenrosen und Liguster und schließlich, ganz zuletzt, im Juni und Juli, die weitverbreitete stachelige Brombeere.

Dann brennt die heiße Sommersonne auf die Vorberge, färbt das kurze Gras der Trockenwiesen grau und wärmt mit ihren Strahlen eine Anzahl kleiner Tiere, die aus dem Mittelmeerraum ins Elsaß gekommen sind – die Gottesanbeterin, die Bergzikade und die große grüne Eidechse, die bis zu 30 oder 40 cm lang werden kann. Unterdessen reifen in der Hitze die wilden Beeren und Trauben, und Ende September beginnt die sorgfältig vorbereitete Weinlese.

Der blutrote Storchenschnabel mitten in einer blühenden Wiese

22

Bergbau im »Silbertal«

Von Echery zum Grand Brézouard

Das Tal der Lièpvrette, mit dem Städtchen Sainte-Marie-aux-Mines, war einst berühmt für seine Silberminen, die ihm auch den stolzen Namen Val d'Argent (Silbertal) eintrugen. Durch ein Seitentälchen der Lièpvrette, das Rauenthal, in dem die Silbergruben des Neuenbergs lagen, führt die Tagestour durch schattige Wälder auf den 1228 m hohen Grand Brézouard. Nach dem anstrengenden Aufstieg bietet der Rückweg über den Chauffour an vielen Stellen schöne Blicke hinunter ins Tal.

WEGVERLAUF UND MARKIERUNG: Rot-weiß-rotes Rechteck: Echery – *Refuge des Amis de la Nature* u. Parkplatz (1.55 Std.); rot-weiß-rotes Rechteck u. rotes Rechteck/GR 5: Grand Brézouard (20 Min.) – Hütte des Club Vosgien – Parkplatz (25 Min.); roter Punkt: *Baraque de l'Etoile* (55 Min.) – Chauffour (30 Min.) – St-Pierre-sur-l'Hâte (30 Min.) – Echery (15 Min.)

DAUER: 4.50 Std.

LÄNGE: 15 km

SCHWIERIGKEITSGRAD: Mittelschwere, lange Wanderung, größtenteils über Waldwege, empfehlenswert im Sommer und Herbst; der Aufstieg von Echery (422 m) zum Grand Brézouard (1228 m) ist im letzten Teil ziemlich steil.

KARTE: Vom Club Vosgien und IGN die Wanderkarte Colmar, Munster, Gérardmer, St-Dié, im Maßstab 1 : 50 000 oder die Freizeitkarte TOP25 3617 ET (Ste-Marie-aux-Mines), im Maßstab

1 : 25 000; letztere ist in der einsamen Gegend von besonderem Nutzen.

EINKEHRMÖGLICHKEIT: Unterhalb des Brézouard liegen das Naturfreundehaus, *Refuge des Amis de la Nature* (Wochenende und Schulferien, ✆ 89 47 21 73) und die *Ferme Auberge Haïcot* (Do. Ruhetag, ✆ 89 47 21 46). Kein Gasthaus in Echery, aber Gasthäuser in Ste-Marie-aux-Mines u. die *Ferme Auberge Lièpvrette*, 2 km nach Echery an der Straße zum Col des Bagenelles (Mo. Ruhetag, ✆ 89 58 68 24).

ANFAHRT: Echery liegt an der D 48, zwischen Ste-Marie-aux-Mines und dem Col des Bagenelles. Parken auf dem Platz neben der Brücke, gleich hinter der Abzweigung, die nach St-Pierre-sur-l'Hâte führt.
Linienbus SNCF von Sélestat nach Ste-Maire-aux-Mines

OFFICE DE TOURISME: *Maison de Pays*, Place du Prensureux, 68160 Ste-Marie-aux-Mines, ✆ 89 58 80 50

VARIANTE DES WANDERWEGES: Die Ferme Auberge Haïcot ist auch mit dem Auto zu erreichen (weiter auf der D 48 bis zum Col des Bagenelles u. von dort auf einem geteerten Sträßchen zum Gasthof); dann ist man in nur 20 Min. auf dem Gipfel.

Zu den ehemaligen Silberminen im Rauenthal führt der ebenfalls in Echery beginnende *Sentier minier* (Bergmannspfad, zwei gekreuzte Hämmer, Rundwanderung von ca. 3 Std.).

BESONDERE HINWEISE: Um den schönen Talblick nicht im Rücken zu haben, empfiehlt sich die Wanderung in der beschriebenen Richtung. Ganz zugewachsen und ohne Aussicht ist der anderorts häufig beschriebene Abstieg vom Haïcot nach Echery über den Rain de l'Horloge (gelbes Kreuz). Die **Maison de Pays** in Ste-Marie-aux-Mines informiert über Textilindustrie, Silberbergwerk u. Mineralien: Juni bis Sept.: 10–12 u. 14–18 Uhr. Besichtigung von Silberminen werden auf Anfrage vom Office de Tourisme organisiert.

DER WANDERWEG

Das Dörfchen **Echery**, heute Ortsteil von Ste-Marie-aux-Mines, gilt nach alten Chroniken als die Wiege des Bergbaus im Val d'Argent. Zwei Einsiedler, Wilhelmus und Acharius (Echeric), hätten hier ein Kloster gegründet, und gleichzeitig - wahrscheinlich im 10. Jh. - sollen die ersten Silbergruben aufgefunden und ausgebeutet worden sein. An einem Baum auf dem Parkplatz finden wir unser Wegzeichen für den Aufstieg zum Brézouardgipfel, das rotweiß-rote Rechteck, *Haïcot-Brézouard par le Rauenthal*. Wir folgen ihm die Dorfstraße hinauf in Richtung St-Pierre-sur-l'Hâte, erblicken zur Rechten den einstigen »Uhrturm« der Bergleute (*Tour de l'Horloge*), überqueren nach ca. 5 Min. den Bach und nehmen dann das Sträßchen ganz rechts ins **Rauenthal.** Ein kleines Schild mit zwei gekreuzten Hämmern zeigt an, daß wir uns auch auf dem *Sentier minier* befinden, einem Lehrpfad, der zu den ehemaligen Silbergruben des Neuenberg führt. Gegenüber dem Forsthaus (20

Am Wege : St-Pierre-sur-l'Hâte

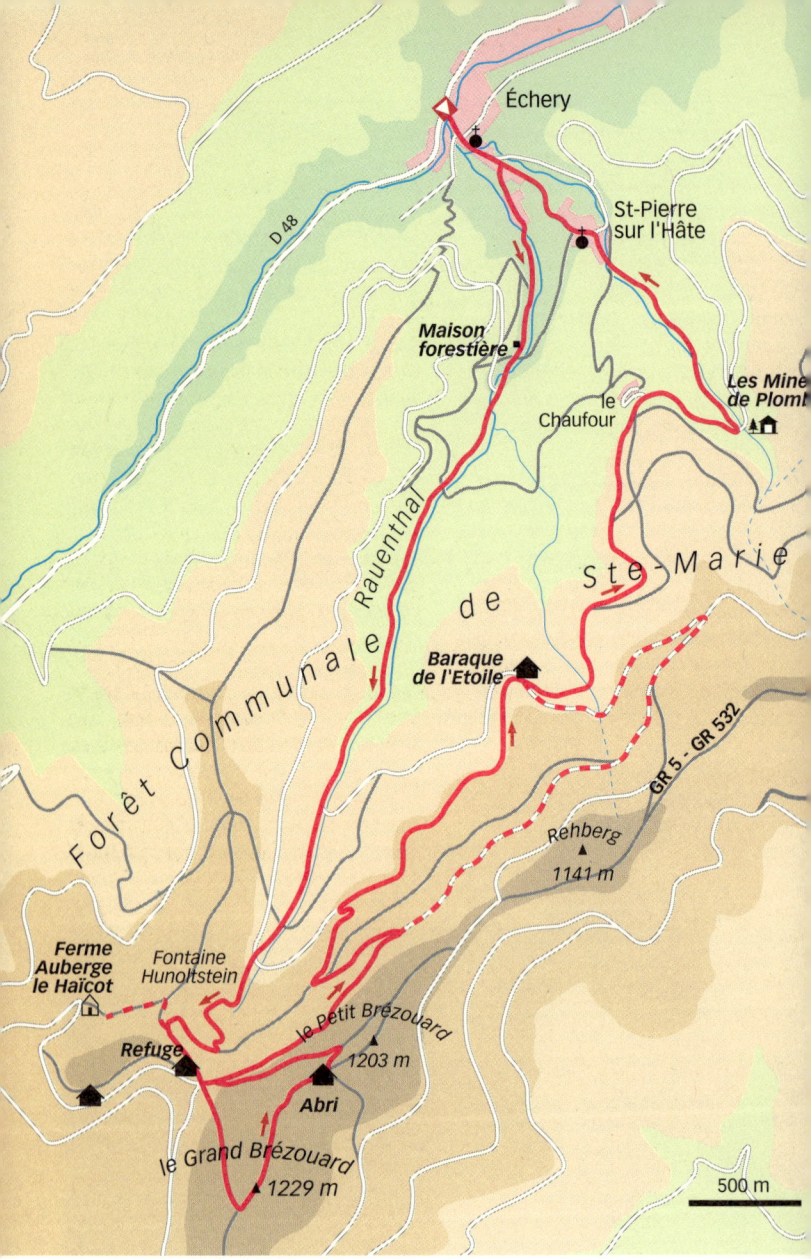

Wanderung 22: Von Echery zum Grand Brézouard

Min.) liegen in einem eingezäunten Tümpel die Reste eines großen Mahlsteins der Farbmühle – hier wurde Kobaltblau gewonnen für die Tuchfärberei und, im Elsaß besonders beliebt, zum Hausanstrich.

Nach dem Forsthaus biegen wir nicht nach rechts auf den *Sentier des*

Vosges (ebenfalls mit dem rot-weiß-roten Rechteck bezeichnet) und den Sentier minier, sondern bleiben weiter im Tal auf der kleinen Asphaltstraße, die allmählich in einen schlechten Schotterweg übergeht. Wenn die verstreut gelegenen Höfe ganz aufhören, ist das Sträßchen mit einem Schlagbaum für den Autoverkehr gesperrt (40 Min.), und der Weg beginnt jetzt stärker anzusteigen. Selten markiert, stellenweise mit Gras überwachsen, ist er trotzdem nicht zu verfehlen, da er immer geradeaus das Tal hinaufführt. Ca. 1.10 Std. nach unserem Abmarsch vom Parkplatz findet sich an einer größeren Kreuzung das rot-weiß-rote Rechteck auf einem Stein am Boden; eine Viertelstunde später stoßen wir auf einen breiten Forstweg, gehen rechts und gleich darauf links steil in den Wald hinauf bis zum Brunnen, der laut Inschrift 1898 vom Freiherrn von Hunoltstein erbaut wurde (1.35 Std.). Es folgt ein weiterer kräftiger Anstieg von einer Viertelstunde (1.50 Std.), und dann stehen wir auf einem ebenen Weg, der links zum **Naturfreundehaus** und rechts über den Rain de l'Horloge nach Echery zurückführt (gelbes Kreuz). Hier winkt Stärkung und Erholung! Wir haben die Wahl. Ganz nah, direkt an unserer Route, liegt zur Linken mitten im Wald mit schöner Aussicht ins Rauenthal das Naturfreundehaus und 100 m dahinter der große Parkplatz unterhalb des Brézouard (1.55 Std.).

Wer eine Rast auf grünen Matten vorzieht, kann an dieser Stelle aber auch einen kleinen Abstecher zur **Ferme Auberge Haïcot** machen (hin und zurück ungefähr 15 Min., bei der Gesamtwanderzeit nicht berücksichtigt). Dazu geht man mit dem gelben Kreuz ein Stück nach rechts bis zum Waldrand (ca. 3 Min.) und nimmt dort den nicht besonders markierten Pfad, der am Weidezaun entlang nach links in 5 Min. zum Bauerngasthof führt. Zurück zum Ausgangspunkt unseres Abste-

chers geht es auf derselben Route, die wir uns auf dem Hinweg gut eingeprägt haben (zunächst rot-weiß-rotes Rechteck und gelbes Kreuz; vor dem Waldrand scharf rechts auf der Höhe bleiben, nicht hinunter nach Echery) und dann auf dem ebenen Pfad weiter geradeaus zum Naturfreundehaus und zum Parkplatz.

Hier beginnt der eigentliche Aufstieg zum **Brézouard.** Wir überqueren den Platz und finden – vielleicht nicht ganz ohne Mühe – auf einem Stein, gleich darauf auch an einem Baum, unsere Wegzeichen: das rot-weiß-rote Rechteck und das rote Rechteck, die sich zunächst abwechseln. Ungefähr 15 Min. steigen wir steil hinauf in den Nadelwald, dann führt uns das rote (!) Rechteck scharf nach links, und 5 Min. später stehen wir auf dem nur noch mit niedrigem Gebüsch, Heidelbeeren und Heidekraut bewachsenen Gipfel des Grand Brézouard (2.15 Std.). Während die Sicht nach Osten von Bäumen begrenzt wird, reicht sie nach Süden und Westen weit über die Vogesen.

Über den Bergrücken wandern wir nun auf dem nur spärlich mit dem roten Rechteck markierten Pfad immer geradeaus bis zur Hütte des Club Vosgien (2.30 Std.), und von dort steigen wir nach links wieder hinunter zum Parkplatz (*Ste-Marie par Echery*, rot-weiß-rotes Rechteck, 2.40 Std.).

Mit prächtiger Aussicht beginnen wir jetzt den Rückweg auf dem breiten, ebenen Forstweg, der rechts von uns beginnt und durch einen Schlagbaum für den Autoverkehr gesperrt ist. Er dient im Sommer als Fahrradweg (Dreieck und zwei Kreise), im Winter als Skipiste (roter und blauer Pfeil) und wurde erst im Sommer 1994 als Wanderroute mit dem roten Punkt neu markiert – das Zeichen befindet sich etwas links von unserem Standort an einem Baum. Da der Punkt auf der TOP25 Karte nicht an der richtigen Stelle eingetragen ist, folgen wir hier aufmerksam unserer Weg-

Blick vom Col de Bagnelles in das Lièpvrette-Tal

skizze, die sich an der Markierung im Gelände orientiert: ca. 20 Min. auf dem schon beschriebenen bequemen Forstweg geradeaus (wir müssen uns nach 10 Min. leicht links halten, nicht zum Kamm hinauf!), dann nach links auf einem Pfad steil hinunter in den Wald, und nach weiteren 20 Min. nach rechts auf einen breiten Wirtschaftsweg, bis zur **Baraque de l'Etoile** (3.35 Std.), einer meist unverschlossenen Hütte mit Bank und Tisch.

Wer etwas mehr Zeit hat und bequemer gehen möchte, kann auch auf den ersten Forstweg bleiben und an der Flanke des Berges ungefähr 50 Min. immer geradeaus wandern, bis er (10 Min. nachdem er auf den *Sentier horizontal Haïcot-Adelspach* gestoßen ist) an einer großen Linkskurve ziemlich versteckt den Wegweiser *Le Chauffour, Mines de Plomb, Echery* findet, der ihn in einer Viertelstunde ebenfalls zur führt. Der Wanderweg verlängert sich so um 10 Min. Von der **Baraque de l'Etoile** steigen wir dann mit dem

roten Punkt nach rechts weiter durch den Wald hinab. Bald nachdem wir eine Schranke passiert haben (4.05 Std.), sehen wir unter uns auf einer Wiese die Gebäude der privaten Feriensiedlung Chauffour, und in 10 Min. erreichen wir dann das mitten im Wald gelegene Heim des UCJG (CVJM, 4.15 Std.). Im Tälchen hinter dem Haus verstecken sich die Abraumhalden einer ehemaligen Bleigrube.

Jetzt verlassen wir den breiten Forstweg und nehmen den steinigen Pfad am Bach hinunter zum alten Bergmannsdörfchen **St-Pierre-sur-l'Hâte** (4.35 Std.). Die Kirche mit dem romanischen Westturm (12. oder 13. Jh.) und dem spätgotischen Chor (bezeichnet 1531) ist leider meist verschlossen. An der Kirchhofsmauer entlang gehen wir dann auf der schmalen geteerten Straße in einer Viertelstunde bequem nach **Echery** zurück (4.50 Std.). Die Sicht über die mit Obstbäumen bestandenen Wiesen hinunter ins Tal ist hier besonders schön.

Bergbau im Val d'Argent

Die große Zeit des Silberbergbaus beginnt im Tal von Ste-Marie-aux-Mines um 1500. Der Basler Kosmograph Sebastian Münster, der 1545 selbst eine Mine besucht hat, berichtet ausführlich von mehr als 30 Silbergruben, in denen bis zu 3000 Bergleute arbeiten – darunter viele Deutsche aus dem Harz, aus Thüringen und Sachsen. Ste-Marie-aux-Mines, das bis dahin nur aus einzelnen Häusergruppen bestanden hatte, wächst damals zur Stadt zusammen und wird zum Hauptort des Tals. Aufsehenerregende Kunde von Blöcken gediegenen Silbers, die mehr als 100 kg wiegen, verbreitet sich weit über die Landesgrenzen. 1581 findet ein Arbeiter in La Petite Lièpvre oberhalb von Echery Silber im Gewicht von 592 kg – das ist der bedeutendste Fund, den man jemals im Tal gemacht hat.

Brunnen in
Ste-Marie-aux-Mines

In der Regel ist das Leben der Bergleute jedoch weniger sensationell als gefährlich und ungesund. 2 mal 4 Stunden beträgt die tägliche Arbeitszeit in der Mine. Eine Wollmütze mit Augenschlitzen und eine riesige Lederschürze, in die sich der ganze Mann wickeln kann (Arschleder), schützen den Bergmann nur notdürftig vor Feuchtigkeit und herabfallendem Gestein, die Öllampe verbreitet in den nur schwach erleuchteten Gängen erstickenden Qualm, und Fäustel und Keil, die einzigen Werkzeuge, erlauben nur ein zentimeterweises Vordringen. Ganze 20 bis 50 m, je nach der Härte des Gesteins, kann ein Stollen im Jahr vorangetrieben werden. Bis zur Einrichtung von Seilwinden müssen Frauen und Kinder das Sickerwasser in Eimern aus der Grube schöpfen, und vor der Aufstellung von Blasebälgen läßt man zur Ventilation kleine Kinder in den Gängen hin und her laufen!

Ein stark entwickeltes Gemeinschaftsbewußtsein und eine straffe korporative Organisation erleichtern die schweren Lebensbedingungen. Im Gegensatz zu den anderen Talbewohnern unterstehen die Bergleute nur dem vom Landesherrn eingesetzten Bergrichter, und schon um 1550 organisieren sie selbst eine Art obligatorische Versicherung, die Bruderbüchse, Vorläuferin der Knappschaftskasse, die vom Brudermeister verwaltet wird. Mit dem Bruderpfennig unterhält man ein Hospital, bezahlt einen Pfarrer und einen Lehrer und läßt Witwen und Waisen eine kleine Unterstützung zukommen. In Ste-Marie-aux-Mines wird um 1545 eine prachtvolle evangelische Bergmannskirche errichtet, die Mattenkirche (1881 abgebrochen), und die Bergleute besitzen ihre eigenen Kirchenlieder und Gebete. Hilfe und Trost sucht man allerdings nicht nur in der Religion. Nicht weniger als 72 Gasthäuser soll es damals, zur Zeit des Silberbooms, in Fertrupt, einem Dörfchen bei Ste-Marie-aux-Mines, gegeben haben. Auf die Beliebtheit des Alkohols spielt auch die letzte Strophe eines alten im Tal gesungenen Bergmannsliedes an: »Die Berglaut sein kreuzbrave Leut / Die tragen das Leder vor dem Arsch, bei der Nacht / Und saufen Schnaps«

Nach der großen Zeit des Silberbergbaus beginnt schon um 1600 ein langsamer Niedergang, der durch den Dreißigjährigen Krieg besiegelt wird. Wasser dringt in die Gänge, die Adern scheinen erschöpft, der Preis des Silbers fällt durch die Importe aus der Neuen Welt. Eine letzte Epoche relativer Prosperität im 18. Jh., in der neben Silber vor allem Blei, Kupfer und Kobalt gefördert wird, findet ihr Ende beim Ausbruch der Französischen Revolution. Die Gemeinden weigern sich, das zum Betrieb der Werke nötige Bauholz unentgeltlich abzugeben, und der Bergbau kommt zum Erliegen.

Während alle Versuche, die Minen neu zu beleben, erfolglos bleiben, entwickelt sich Ste-Marie-aux-Mines seit der Mitte des 18. Jh. zu einem der Mittelpunkte der elsässischen Textilindustrie. Wegen der harten Konkurrenz des Weltmarktes kämpft sie heute, mit mehr oder weniger großem Erfolg, um ihr Überleben.

An den ehemals blühenden Bergbau erinnern nicht nur die über 1000 Halden, die sich überall im Gelände finden, sondern auch eine Reihe von Gebäuden aus der Glanzzeit der Zunft: Renaissancehäuser des 16. und 17. Jh. in Ste-Marie-aux-Mines und Echery, kenntlich an ihren runden Treppentürmen, die alte Bergmannskirche in St-Pierre-sur-l'Hâte mit ihrem Friedhof und der Uhrturm in Echery, der den Bergleuten einst als Gefängnis gedient haben soll. Neu belebt wurde das Interesse an den Bergwerken durch die Verbindung von Speleologie und Archäologie, die um 1960 ihren Ausgang in Ste-Marie-aux-Mines nahm. Die Gesellschaft für die Erforschung und den Schutz der ehemaligen Minen (*Association Spéléologique pour l'Etude et la Protection des Anciennes Mines*, ASEPAM) begründete im Val d'Argent die Bergwerksarchäologie, die sowohl das Studium der Archive wie die Höhlenforschung vor Ort umschließt. Aus der ganzen Welt beschickt wird auch die *Bourse aux Mineraux*, Mineralienbörse, die einmal im Jahr in Ste-Marie-aux-Mines stattfindet.

Eingang in
die Mine St-Louis

23

Im Pays Welche

Aussichten um Fréland

Hinter Kaysersberg, im oberen Tal der Weiss, liegt das Pays Welche (sprich: Welsch), in dem man seit Jahrhunderten nicht Elsässerditsch spricht, sondern einen romanischen Dialekt. Hier prägt die traditionelle Weidewirtschaft noch heute das Landschaftsbild, und die aussichtsreiche Wanderung von Fréland über den Col du Chamont führt uns durch zwei charakteristische Wiesenhochtäler mit Kühen, Obstbäumen und zahlreichen kleinen Weilern. Auf geteerten Wirtschaftssträßchen spazieren wir bequem vom Frühling bis zum Herbst mit sauberen Schuhen.

WEGVERLAUF UND MARKIERUNG: Rote Raute: Fréland – Col du Chamont (55 Min.) – rot-weiß-rotes Rechteck und grünes Dreieck: Ribeaugoutte, *Ferme Auberge Chemin des Romains* (25 Min.) – Pleins Champs (15 Min.); grünes Dreieck und rote Raute: Fréland (55 Min.)

DAUER: 2.30 Std.

LÄNGE: 8 km

SCHWIERIGKEITSGRAD: Angenehme Wanderung, vorwiegend über Wiesen; leichter Anstieg von Fréland (430 m) zum Col du Chamont (679 m)

KARTE: Vom Club Vosgien und IGN die Wanderkarte Colmar, Munster, Gérardmer, St-Dié, im Maßstab 1 : 50 000 oder die Karte TOP25 3718 OT (Colmar, Kaysersberg), im Maßstab 1 : 25 000

EINKEHRMÖGLICHKEIT: In Fréland Restaurant in der *Maison du Pays Wel-*che (Mi. Ruhetag). In Ribeaugoutte *Ferme Auberge Chemin des Romains* (✆ 89 47 56 70). Zahlreiche Hotels u. Restaurants im nahe gelegenen Kaysersberg

ANFAHRT: Von Colmar auf der N 415 Richtung Kaysersberg, Col du Bonhomme; hinter Kaysersberg auf der D 11III bis Fréland. Parken an der Hauptstraße an der *Maison du Pays Welche.*

OFFICE DE TOURISME: Hôtel de Ville, 68370 Orbey, ✆ 89 71 30 11

BESONDERE HINWEISE: Das Museum in der Maison du Pays Welche ist nur mit einer Führung zu besichtigen. So.:15 Uhr; Juli u. Aug.: 10, 15 u. 16.30 Uhr; ✆ 89 71 90 52. Man kann die Wanderung mit einem Besuch der Albert Schweitzer-Stadt Kaysersberg verbinden oder mit einem Abstecher nach Lapoutroie ins Schnapsmuseum: **Musée des Eaux-de-Vie** – kein Ruhetag; mittags geschlossen.

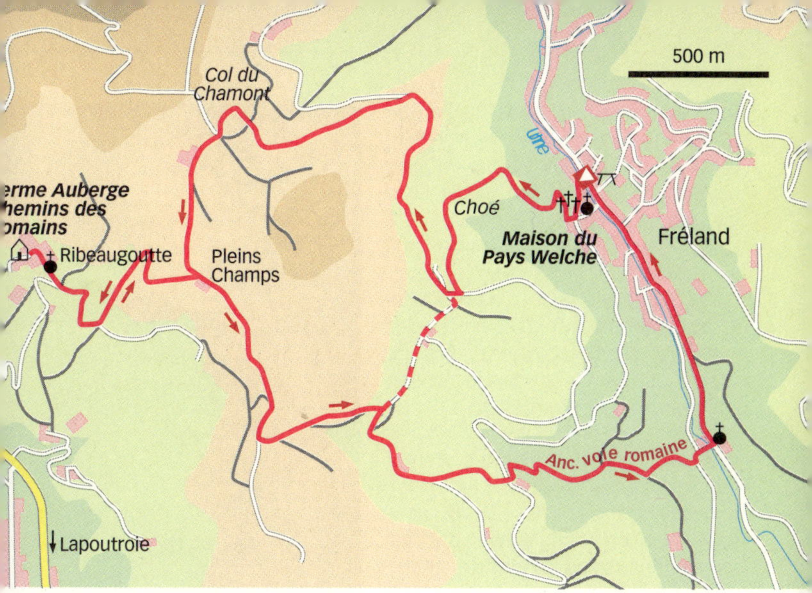

Wanderung 23: Aussichten um Fréland

DER WANDERWEG

Das Gebirgsdorf **Fréland** zieht sich entlang der Ure, einem Nebenflüßchen der Weiss, am Südhang des Brézouard. Hier beginnt unsere Wanderung im Ortszentrum, wo die weithin sichtbare Kirche Notre-Dame, das Rathaus und die Maison du Pays Welche nah beieinander liegen. Wir folgen dem Schild des Club Vosgien mit der roten Raute (Choé, Col du Chamont) von der Hauptstraße in die Rue de l'Eglise, biegen gleich an der Friedhofsecke rechts hoch auf einen steinigen, steilen Feldweg und wandern nun – immer mit weitem Blick ins Tal – über die mit Kirschbäumen bestandenen Weiden den Hang hinauf. Die einzelnen Gehöfte am Weg beherbergen unter einem Dach Mensch und Vieh. Weil sie traufseitig an den Berg gestellt sind, hat man für das an der Hinterfront gelegene Tennentor besondere, schräge Auffahrten konstruieren müssen, die oft eine beachtliche Höhe erreichen. Ungefähr 25 Min. nach unserem Abmarsch von Fréland gelangen wir in der Nähe eines solchen Hofes auf ein breiteres, asphaltiertes Sträßchen, das uns nun nach rechts durch den Wald zum **Col du Chamont** bringt (55 Min.).

Kaysersberg

Hier auf der Höhe stoßen wir auf den Weg vom Brézouard nach Lapoutroie und folgen jetzt dem rot-weiß-roten Rechteck geradeaus hinunter ins Tal der Béhine. Die Sicht über die Weiden ist ausgezeichnet, und wenn wir den Weiler **Pleins Champs** links liegen lassen (1.05 Std.), können wir die *Ferme Auberge Chemins des Romains* in

Ribeaugoutte, die gleich hinter der Laurentius-Kapelle liegt, nicht mehr verfehlen (1.20 Std.). Einmal im Jahr, am zweiten Sonntag im August, wird hier das Laurentiusfest gefeiert – eine Messe unter freiem Himmel mit anschließendem großen Fest.

Frisch gestärkt geht es dann auf der Straße, auf der wir gekommen sind (*ancienne voie romaine*, grünes Dreieck) wieder zurück bis zu den schon erwähnten Häusern von Pleins Champs (1.35 Std.), und hier wandern wir nun in Richtung Lapoutroie (gelber Punkt), Fréland (grünes Dreieck). An einem hohen Mast auf der linken Straßenseite dürfen wir dann den Feldweg mit dem grünen Dreieck nach **Fréland** nicht verpassen (1.45 Std.), der uns in ca. 10 Min. durch den Wald zu einem kleinen Weiler bringt, bei dem wir wieder ein geteertes Sträßchen erreichen (1.55 Std.).

An diesem Punkt haben wir die Wahl. Wenn wir auf der Spur der Römer bleiben wollen, folgen wir aufmerksam weiter dem grünen Dreieck, das uns über die Wiesen und durch den Wald hinab an den Ortseingang von Fréland führt (2.15 Std., dazu eine Viertelstunde Weg durchs Dorf bis zum Auto). Im Gegensatz zur übrigen Wegstrecke ist dieser historische Pfad jedoch ziemlich schlecht unterhalten – eventuell muß man durch einen Stacheldrahtzaun kriechen, und das letzte Stück vor der Hauptstraße gleicht, trotz der römischen Steine, oft eher einem Bach als einem Weg.

Wer sich keine nassen Füße holen möchte oder ganz einfach die Bequemlichkeit vorzieht, wendet sich darum an den obengenannten Häusern nach links und wandert auf der zunächst nicht markierten Straße ungefähr 10 Min. geradeaus, bis zur Kreuzung, die wir schon auf dem Hinweg berührt haben (2.05 Std.). Hier stoßen wir wieder auf die rote Raute und kehren nun ohne Schwierigkeiten nach **Fréland** zurück (2.30 Std.). Für den Römerpfad und für

den bequemeren Weg braucht man ungefähr die gleiche Zeit.

AM WEGE

Lapoutroie, Orbey, Labaroche, Fréland und Le Bonhomme, diese fünf Gemeinden im hinteren Kaysersberger Tal oder Val d'Orbey bilden das **Pays Welche**, das über die Grenzen des Elsaß hinaus kaum bekannt ist. Von ihren Nachbarn unterscheiden sich die Bewohner dieser Dörfer durch ihren katholischen Glauben und vor allem durch die »welsche« Sprache, eine französische, mit dem Lothringischen verwandte Mund-

Gebirgsdorf Fréland am Südhang des Brézouard

art, deren Herkunft ungeklärt ist. Sicher ist, daß man bis zum Beginn des 20. Jh. im Pays Welche sehr zurückgezogen lebte, vor allem von Holzwirtschaft und Viehzucht, auch ein wenig von der Schnapsbrennerei. Der Munsterkäse aus dem Val d'Orbey genießt noch heute einen guten Ruf. Anders als die bekannten Melker im Munstertal ziehen die hiesigen Melker jedoch nicht im Sommer mit ihrem Vieh hinauf auf die Alm, sondern sie bewirtschaften die Weiden von ihren Höfen aus.

In einer sich verändernden Welt soll die **Maison du Pays Welche** die Spuren des täglichen Lebens der Vergangenheit bewahren. Das Haus wurde 1989 im ehemaligen Zehnthof der Grafen von Rappoltstein eröffnet, die bis zur Französischen Revolution Besitzer des Tals waren, und deren Wappen mit der Jahreszahl 1618 sich noch heute über dem Eingang der Scheune befindet. In diesem Nebengebäude befinden sich jetzt Küche, Wohnstube und ein Raum, in dem die Geräte für die traditionelle Käseherstellung gezeigt werden. Über eine im 18. Jh. erbaute Holzgalerie gelangt man in das Haupthaus, dessen Empfangssaal mit Kamin, Stuck und Holzverkleidung einst seine bescheidene Pracht in dieser abgelegenen Gegend entfaltete. Die Brennerei für Obstschnaps und der Ofen zum Brotbacken vervollständigen die Ausstellung.

24

»Alpinismus« im Munstertal

Über den Sentier des Roches zum Gaschney und Hohneck

Bekannt für die reichste alpine Flora im Elsaß ist das Hohneckmassiv über dem Munstertal, und besonders schön ist diese Gebirgswanderung Anfang Juni, wenn die Alpenanemonen ihren weißen Blütenteppich über die Hochweiden breiten oder an einem klaren Herbsttag, wenn sich im Süden die Schneegipfel der Schweizer Alpen abzeichnen. Der Felsenpfad fordert jedoch ein bißchen Kondition und ist für kleinere Kinder nicht geeignet.

WEGVERLAUF UND MARKIERUNG:
Blaues Rechteck / GR 531: Col de la Schlucht – *Ferme Auberge Frankenthal* (1.30 Std.) – Le Gaschney (1.20 Std.); rot-weiß-rotes Rechteck: *Ferme Auberge Schiessroth* (30 Min.); rotes Rechteck / GR 5: Col du Schaeferthal (25 Min..) – Hohneck (20 Min.) – Col de la Schlucht (1.05 Std.)

DAUER: 5.10 Std.

Früh blühende Narzissen

LÄNGE: 16 km

SCHWIERIGKEITSGRAD: Der *Sentier des Roches* am Anfang der Wanderung gilt zu Recht als einer der eindrucksvollsten und gefährlichsten einheimischen Gebirgspfade. Von Le Gaschney (888 m) zu Hohneck (1362 m) ein kräftiger Aufstieg, dann angenehmer Abstieg zum Schluchtpaß (1139 m).

AUSRÜSTUNG: Bergstiefel und Regenzeug

KARTE: Vom Club Vosgien und IGN die Wanderkarte Colmar, Munster, Gérardmer, St-Dié, im Maßstab 1 : 50 000 oder die Freizeitkarte TOP25 3618 OT (Le Hohneck, Gérardmer), im Maßstab 1 : 25 000

EINKEHRMÖGLICHKEIT: Am Schluchtpaß und auf dem Hohneck Gasthäuser. Am Wege die Fermes Auberges *Frankenthal* (Juni bis Sept. ✆ 89 77 22 43), *Gaschney* (✆ 89 77 63 73) u. *Schiessroth* (Ende Mai bis Ende Sept., ✆ 89 77 63 63)

Wanderung 24: Über den Sentier des Roches zum Gaschney und Hohneck

ANFAHRT: Von Colmar auf der D 417 (Richtung Gérardmer, Epinal) bis zum Col de la Schlucht. Parken am Paß. Linienbus STAHV: Colmar – Gérardmer – Epinal

OFFICE DE TOURISME: 1 rue du Couvent, 68140 Munster
℡ 89 77 31 80

VARIANTE DES WANDERWEGS: Die Wanderung wird abgekürzt, indem man ca. 10 Min. nach der Frankenthalalm über die Grotte Dagobert zum Col du Schaeferthal hinaufsteigt (blaues Dreieck), wo man wieder auf den GR 5 trifft. Die Grotte liegt versteckt ca. 10 Min. nach der Abzweigung zum Schaeferthal abseits vom Wege in einer Felswand über einem kleinen moorigen Platz.

BESONDERE HINWEISE: Wanderzeit von Ende Mai bis Oktober. An Sommerwochenenden herrscht auf dem Sentier des Roches reger Verkehr! Einheimische und fremde Alpenflora finden Liebhaber der Botanik im *Jardin d'Altitude du Haut Chitelet*, 2 km südlich vom Col de la Schlucht an der Route des Crêtes (Juni bis 15. Oktober, mittags geschlossen).

► DER WANDERWEG

Nach dem historischen Hauptort nennen die Elsässer das Tal der Fecht westlich von Colmar das Munstertal. Am Zusammenfluß der Großen und Kleinen Fecht entwickelte sich die Stadt um das im 7. Jahrhundert gegründete Benediktinerkloster (*monasterium Sancti Gregori*), weshalb das obere Munstertal bis heute auch Gregoriental oder Val Saint-Grégoire genannt wird.

Ab 1354 gehörte die »Gemeinde der Stadt und des Tales Münster«, die bis 1847 einen einzigen Gemeindebann bildete, zum Bündnis der 10 freien Städte des Elsaß, und sie funktionierte stolz wie ein eigenständiger kleiner Staat mit eigenen Gesetzen und eigener Verwaltung. Heute ist **Munster** ein lebendiger Ferienort, Ausgangspunkt vor allem für Sommerwanderungen in den Hochvogesen und seit 1991 Sitz des Parc Naturel Régional des Ballons des Vosges.

Der **Sentier des Roches** (blaues Rechteck/GR 531), der vorm Ersten Weltkrieg von dem Munsterer Oberförster Strohmeyer angelegt wurde, beginnt gegenüber dem Hotel *Relais des Roches* am östlichen Ende des Schluchtpasses:Col de la Schlucht. Wir steigen neben der Straße, die von Munster heraufkommt, eine kleine Treppe herunter und halten uns zunächst rechts. Der Weg führt durch den Wald

steil am Hang entlang, ist an vielen Stellen in den Felsen gehauen und mit Seilen und Eisengeländern gesichert. Da der Granitboden sehr feucht ist – an den Rinnsalen und Bächlein wachsen im Frühling viele große gelbe Sumpfdotterblumen, ist der Untergrund oft ziemlich rutschig. Am **Krappenfels**, einer Felsengruppe auf der linken Seite mit schöner Sicht ins Tal, haben wir den beschwerlichsten Teil der Wegstrecke hinter uns (45 Min.). Der Pfad führt jetzt kontinuierlich durch den Wald abwärts, wir folgen immer dem blauen Rechteck, Richtung Frankenthal.

Bald erblicken wir über uns den kahlen Kamm des Gebirges, erreichen das Ende des Sentier des Roches (1.05 Std.) und gehen dann nach rechts auf dem breiten Forstweg bis zur **Frankenthalalm**, deren Weiden in einem tiefen Talkessel zwischen Martinswand und Hohneck liegen (1.30 Std.). Während auf der Wiese um den Hof im Spätfrühling die gelben Narzissen blühen, bleiben die Schneereste an den Felswänden bis zum Sommer.

Vogesenstiefmütterchen

Auf einer kleinen Brücke überqueren wir den Bach neben der Alm und steigen dann in Kehren wieder in den Wald hinauf (blaues Rechteck). Der Weg am felsigen Hang des Kleinen Hohneck vorbei am **Bloyfelsen**, über Rinnsale und Baumstämme, ist weniger berühmt als der Sentier des Roches, zunächst aber auch nicht gerade ein bequemer Spazierpfad.

Alpenanemonen

Wenn er sich ungefähr 45 Min. nach unserem Abmarsch vom Frankenthal verbreitert (2.15 Std.), können wir bis zum Ortsrand von **Le Gaschney** wieder besser ausschreiten (2.50 Std.). Le Gaschney, über dem Großen und Kleinen Munstertal, ist im Winter vielbesuchte Skistation und im Sommer Ziel von zahlreichen Autofahrern. Wir halten uns rechts, kommen an einer großen naturkundlichen Informationstafel vorbei und gehen zum weithin sichtbaren Sessellift hinauf (zum Hinterschlafern, auch im Sommer in Betrieb), neben dem die Ferme Auberge Gaschney liegt.

Oberhalb des Sessellifts finden wir ein großes Holzschild »**Ferme Auberge Schiessroth** 900 m« und dann auch das rot-weiß-rote Rechteck des Club Vosgien. Der breite Forstweg ist steil und steinig, im Sommer fehlt der Schatten. Bald nach dem Bergbauerngasthof (3.20 Std.) stoßen wir wieder auf den GR 5 (rotes Rechteck), der vom **Lac de Schiessrothried** heraufführt. Links unter uns sehen wir den See durch die Bäume schimmern, auf

der rechten Seite erheben sich über uns die Zacken des Kleinen Hohneck. Am **Col du Schaeferthal** (3.35 Std.) lassen wir die Baumzone endgültig hinter uns und steigen auf einem der vielen ausgewaschenen Pfade über die Bergweiden hinauf zum **Hohneck** (3.55 Std.). Wir müssen uns links halten, die Orientierung ist hier etwas schwierig, da man das Gasthaus auf dem Gipfel von unten nicht sehen kann.

Berühmt ist der weite Rundblick vom Hohneck – am westlichen Fuße die lothringischen Seen, nördlich die Schlucht, im Osten das Große und Kleine Munstertal, dahinter die Rheinebene und im Süden die Spitzköpfe und die Belchen. Von 1871 bis 1918 verlief hier über den Gipfel die deutsch-französische Grenze.

In den Wäldern um den Hohneck konnte man übrigens noch am Anfang des 19. Jh. Bären begegnen. »Man erzählte uns, daß eine Frau, die Haselnüsse sammelte, ganz nahe bei ihr dergleichen aufknacken hörte, und bald zu ihrem Schrecken wahrnahm, daß der Gewerbegenosse ein Bär sey« (Ch. M. Engelhardt, Wanderungen durch die Vogesen, 1821).

Auf dem großen Kammweg (GR 5, rotes Rechteck) gehen wir vom Hohneck in nördliche Richtung zum **Col de Fallimont**, zu deutsch »Soldatenschlatten«. 200 lothringische Reiter sollen an dieser Stelle während des Bauernkriegs ins Frankenthal hinabgestürzt worden sein. Unter uns erblicken wir den Etang Noir, einen Moorsee, der allmählich verlandet, und die Martinswand, eine bekannte Kletterwand.

Von der freien Hochfläche, die im Spätfrühling mit weißen Alpenanemonen übersät ist, kommen wir nach einer Weile in niedriges Buchengebüsch, überqueren den Weg zur *Ferme Auberge Les Trois Fours* und steigen schließlich durch einen schönen Buchenwald zum **Col de la Schlucht** herab (5.05 Std.).

Blick über den kleinen Hohneck

Der Hohneck

Reiche alpine Pflanzengesellschaft

Die Klimabedingungen auf den Vogesenkämmen – starke, über das ganze Jahr verteilte Niederschläge, hohe Luftfeuchtigkeit, tiefe Durchschnittstemperaturen mit relativ milden Wintern und sehr kühlen Sommern – ähneln den Klimabedingungen in Südisland oder an der Nordküste von Norwegen, und sie haben einen günstigen Lebensraum für eine Alpenpflanzengesellschaft geschaffen, wie sie gewöhnlich nur in wesentlich größerer Höhe gedeiht. Bekannt für die reichste alpine Flora der Hochvogesen sind die **Hautes Chaumes** und die *mégaphorbiée* des Hohneckmassivs.

Als *mégaphorbiée* bezeichnen die französischen Botaniker die üppige subalpine Hochstaudenflora, die sich am Fuß der schützenden Felswände, in Talkesseln und Schluchten, auf feuchten, tiefgründigen und humusreichen Böden entwickelt hat. Ihre schönste Ausbildung erreicht sie über der Waldgrenze, in den Karen des Zentralkamms. Am Hohneck finden wir neben dem weit verbreiteten blauen Alpen-Milchlattich und dem rosa blühenden Filzigen Alpendost, dessen riesige nierenförmige Blätter ganze Felder bilden, noch eine Menge anderer Pflanzen: den giftigen Blauen und Gelben Eisenhut, auch Wolfswurz genannt, die Breitblättrige Glockenblume, die Narzissenblütige Anemone, den weißblühenden Hahnenfuß, den Waldgeiß- oder Bocksbart, der auch in tiefergelegenen Wäldern vorkommt – und viele andere. In den Kesseln und engen Schluchten, in denen der Schnee bis in den Juni liegen bleibt, entfaltet die *mégaphorbiée* ihren ganzen Reichtum erst spät im Hochsommer.

Hautes Chaumes nennen die Franzosen den kahlen Hauptkamm der Vogesen, der sich vom Reisberg über dem Lac Blanc nordwestlich von Munster bis zum Grand Ballon im Süden zieht. Nur hin und wieder durch die typischen Buchenkrüppelbestände unterbrochen, bedeckt eine Mischung von Borstgrasrasen und Zwergstrauchheide (Heidelbeeren, Preiselbeeren, behaarter Ginster, Heidekraut) die gerundeten Gipfel und fast ebenen Hochflächen. Von besonders schöner, intensiver Farbe sind die Alpenblumen dieser baumfreien Gipfelzone. Hier beginnt die Saison ungefähr Ende Mai mit einer großen Menge von Alpenanemo-

Der Lac Blanc
am Nordzipfel der
Hautes Chaumes

nen, deren weiße Blüten-
blätter außen zottig behaart
und bläulich angehaucht
sind. Weil sie am Großen
Belchen besonders häufig
vorkommen, nennen die
Elsässer sie auch Belchen-
blumen. Die Gelbe Narzisse,
die in tieferen Lagen im
Munstertal und um
Gérardmer auf der West-
seite des Gebirges bereits
Anfang April ihre berühmten
Blütenteppiche gebildet hat,
erscheint jetzt auf den *Hautes Chaumes* ungefähr
zusammen mit der Alpen-
anemone. Schon Ende Juni – Anfang Juli ist dann der Höhepunkt der kurzen Blütezeit erreicht, und weite Strecken der
Hochfläche färben sich gelb mit Berg-Arnika, Pyrenäen-
Löwenzahn und Gelbem Enzian. Zahlreich blüht um dieselbe Zeit auch das im Schwarzwald und in den Alpen
unbekannte Vogesenstiefmütterchen, dessen Farben vom
reinsten Gelb bis zum tiefsten Violett reichen, nebst allen
möglichen Farbmischungen. Andere schöne und interessante Blumen der Hautes Chaumes sind der purpurrosafar-
bene Türkenbund, die violettrote und blaue Bergflocken-
blume, auch als Zierpflanze im Garten beliebt, und der im
Elsaß nur auf dem Hohneck vorkommende Allermannshar-
nisch, dessen Wurzelstock nach altem Volksglauben gegen
die bösen Geister schützt und als Liebeszauber und Heilmittel wirksam ist.

Nach einem blütenlosen Spätsommer belebt sich die einför-
mige Hochweide dann noch einmal im Herbst, wenn die
blutrot gefärbten Heidelbeersträucher der Kammränder
sich von dem goldgelb eingestreuten Bergahorn abheben.

Auffällig und in ihrer Entstehung noch nicht endgültig
geklärt sind die sogenannten Bulte auf den Hautes Chaumes, dicht aneinandergereihte Hügelchen, Maulwurfshau-
fen gleich, deren Oberfläche mit Moosen, Flechten und
Zwergsträuchern bedeckt ist. Ähnliche Pflanzenhügel findet
man im hohen Norden, in Island und Norwegen, und die
schönsten Exemplare der Vogesen kommen im Hohneckmassiv vor, zwischen Hohneck und Kastelberg.

25

Bei den »Melkern« im hinteren Munstertal

Die abwechslungsreiche Gebirgstour führt uns durch eines der eindrucksvollsten Gletschertäler in den Südvogesen auf die bewirtschafteten Hochweiden hinauf. Während die Gebirgsseen am Wege noch in idyllischer Abgeschiedenheit liegen, herrscht in den beiden Fermes Auberges in der Nähe der Route des Crêtes oft reger Betrieb. Hier haben wir die Gelegenheit direkt beim Erzeuger die Spezialität der Gegend, einen herzhaften, pikanten Weichkäse, zu kosten.

WEGVERLAUF UND MARKIERUNG: Rotes Rechteck/GR 5: Mittlach – Fischboedle (1.15 Std.); blaues Kreuz: Kerbholz (50 Min.); blaues Rechteck/GR 531: *Ferme Auberge Kastelberg* (15 Min.) – *Ferme Auberge Firstmiss* u. Rainkopfsattel/Collet du Rainkopf (45 Min.); gelbes Kreuz: Altenweiher (1 Std.) – Mittlach (1.10 Std.)

DAUER: 5.15 Std.

LÄNGE: 16 km

SCHWIERIGKEITSGRAD: lange, z. T. schwierige, steile Wanderung; kräftiger Aufstieg von Mittlach (529 m) zum Rainkopfsattel (1200 m)

AUSRÜSTUNG: Bergstiefel und Regenzeug

KARTE: Vom Club Vosgien und IGN die Wanderkarte Colmar, Munster, Gérardmer, St-Dié, im Maßstab 1 : 50 000 oder die Freizeitkarte TOP25 3618 OT (Le Hohneck, Gérardmer), im Maßstab 1 : 25 000

EINKEHRMÖGLICHKEIT: Gasthäuser in Mittlach und Metzeral. Unterwegs die *Ferme Auberge Kastelberg* (Mitte Mai bis Mitte Okt., ✆ 89 77 62 25) und die *Ferme Auberge Firstmiss* (Mitte Mai bis Mitte Okt., ✆ 29 63 26 13); wenn man in der Saison nicht reserviert, sollte man vorsichtshalber ein Picknick einpacken.

ANFAHRT: Von Munster auf der D10 nach Metzeral, dann auf der D10 IV bis Mittlach. Parken an der Hauptstraße ein Stück vor der Kirche, gegenüber dem Gasthaus *Valneige.* Schienenbus Colmar-Munster-Metzeral

OFFICE DE TOURISME: 1 rue du Couvent, 68140 Munster, ✆ 89 77 31 80

Durch das Munsterta

Wanderung 25: Tageswanderung von Mittlach zum Kastelberg

BESONDERE HINWEISE: Wanderzeit von Ende Mai bis Mitte Oktober. Das Arbeitsleben der Holzfäller, Köhler und Wagner vor der Mechanisierung zeigt das kleine **Musée de la Schlitte et des Métiers du Bois** in Mulbach-sur-Munster (Juli bis Ende August). Mitte April, wenn die Narzissen blühen, wird in Mittlach die *Fête de la jonquille* gefeiert.

DER WANDERWEG

Die Wanderung beginnt vor dem Gasthof Valneige in **Mittlach**, dem jüngsten Dorf des Munstertals, das um 1770 von katholischen Holzfällern aus Tirol gegründet wurde. Unser Zeichen bis zum Fischboedle ist das bekannte rote Rechteck (GR 5). Wir überqueren einen Arm der Fecht, nehmen rechts den *Chemin de la Wormsa* und gehen auf dem *Chemin du lièvre* (Hasenpfad) neben dem Bach her durch die Wiesen. Nach ungefähr 10 Min. steigen wir auf der linken Seite hinauf in den Wald (die Markierung ist etwas versteckt angebracht), halten uns weiter links und stoßen nach kurzer Zeit auf einen größeren Weg, der von Metzeral heraufführt (20 Min.).

Jetzt beginnt, wieder nach links, der Anstieg über die Moränen der **Wormsabachrunz.** Eine hübsche Bergwiese mit Birken, Linden, Eichen, Maulbeerbäumen geht über in Mischwald, der unterbrochen wird von steilen Geröllhalden. Nachdem der Pfad am oberen Ende des Gletschertals mehrere Male den rauschenden Bach überquert,

Baumrinde, damit der Baum abstirbt) war früher übrigens ein gebräuchliches Verfahren zur Gewinnung von Weidefläche.

Hinter dem Gebäude stoßen wir auf den **GR 531** (blaues Rechteck), wenden uns nach links und gelangen nach einem letzten kurzen Anstieg durch den Wald auf den freien Berghang. Unter uns im Tal erkennen wir den Kirchturm von Mittlach, und nach kurzer Zeit erreichen wir die **Ferme Auberge Kastelberg** (2.20 Std.), deren Gäste meist mit dem Auto von der Route des Crêtes herübergefahren sind.

Weiter geht es zum **Berggasthof Firstmiss** (Ferschmuss), zunächst ca. 10 Min. über die breite steinige Fahrstraße aufwärts (das Schild steht hier nicht direkt am Weg, sondern in der Wiese), dann nach links auf einem schmalen Pfad am Hang entlang. Wir bleiben immer in ungefähr 1200 m Höhe und haben an vielen Stellen eine sehr schöne Aussicht. Gleich nach der direkt an der Kammstraße gelegenen Ferme Auberge Firstmiss (3 Std.) kommen wir zur Berghütte Rainkopf, die vom Club Vosgien Mulhouse unterhalten wird, und zum **Rainkopfsattel** (3.05 Std.).

An dieser Kreuzung verlassen wir den GR 531 und nehmen den mit einem gelben Kreuz markierten Weg nach Mittlach über den **Lac d'Altenweiher**. Ein Schild warnt: »charakteristischer und felsiger Pfad, im Winter gefährlich«; das gilt besonders für den sehr steilen und teilweise feuchten Abstieg zum See, der bald nach der verlassenen Alm **Pferreywasen** beginnt (3.15 Std.). Am Altenweiher (4.05 Std.) überqueren wir die 1886–1893 gebaute Staumauer und folgen dann unterhalb des Damms dem kleinen Bach hinab ins Tal. Nach ungefähr 30 Min. geht der steinige Pfad in eine kleine asphaltierte Straße über und nach weiteren 40 Min. haben wir, immer auf dem linken Ufer der Kolbenfecht, unseren Parkplatz in **Mittlach** wieder erreicht (5.15 Std.).

mündet er auf einen breiten Forstweg (1.05 Std.). Wir gehen links und erreichen nach etwa 10 Min. den **Fischboedle** (1.15 Std.), einen aufgestauten Gletschersee, den der Mülhausener Industrielle Jacob Hartmann im 19. Jh. zur Zucht von Forellen anlegen ließ. Ein schmaler Weg führt im Wald am Ufer entlang, im Hintergrund erheben sich die scharfen Zacken der Spitzköpfe.

Am Fischboedle verlassen wir den GR 5 und wandern über das Kerbholz (blaues Kreuz) zum Kastelbergwasen (blaues Rechteck). Dazu gehen wir vom See einige Schritte zum Forstweg zurück, dann nach rechts und gleich darauf wieder nach rechts auf einem ganz schmalen Pfad in den Wald hinauf. Bis zur ehemaligen Sennerei **Kerbholz** müssen wir kräftig steigen (2.05 Std.). Das »Kerben« (d.h. das Abschälen der

Der Munsterkäse und die Melker im Munstertal

Über das Elsaß hinaus ist das kleine Munstertal bis heute durch den nach ihm benannten Munsterkäse bekannt. Dieser herzhafte, pikante Weichkäse, den die Melker seit dem Mittelalter im Sommer auf den Hochweiden hergestellt haben, entsteht in einem Verfahren, das sich bis heute wenig geändert hat. Jeden Morgen wird die entrahmte Milch vom Vorabend zusammen mit der nicht entrahmten Morgenmilch in einem großen Kupferkessel auf 36 bis 38 °C erhitzt und durch Zusetzen von Labferment – früher aus Kälbermagen bereitet – zum Gerinnen gebracht. Nach einer halben Stunde schneidet der Melker dann die gallertartige Masse mit einem Löffel in Würfel, schöpft die Molke vorsichtig ab und füllt die Matte mit einer kupfernen Schaumkelle in 16 cm hohe, runde Formen. Auf einem schrägen Abtropfbrett läuft die restliche Flüssigkeit ab und nach einigen Stunden wird der frische Käse gesalzen. Zwei bis drei Tage später nimmt der Melker den Käse dann aus der Form, salzt ihn noch einmal und läßt ihn anschließend im Käskeller auf großen Holzbrettern drei bis sechs Wochen lang trocknen – dabei muß er den Käse täglich mit einem feuchten Tuch reinigen. Mit Melken, Käsekochen und Arbeit im Käskeller ist der Melker also ständig beschäftigt.

Bis zum Ersten Weltkrieg befanden sich die Keller, in denen der Munster reifte, übrigens im Tal, und der »Kasbub« mußte die Ladung mit Pferd oder Esel mühsam hinuntertransportieren. Heute besitzen die Melkereien ihren eigenen, hochgelegenen Käskeller.

Stolz sind die Munstertäler Melker auch auf ihre ein Jahrtausend alte Geschichte. Wahrscheinlich schon im 10. Jh. erreichten ihre Vorfahren die Hochflächen auf dem Vogesenkamm und drangen dann von dort immer weiter nach Westen nach Lothringen vor. Bis zu 22 Melkereien umfaßte das große lothringische Weidegebiet, das die Gemeinde des Munstertals von 1031 bis 1571 vom Herzog von Lothringen und der Äbtissin von Remiremont pachtete. Als diese Weiden nach den Verwüstungen des Dreißigjährigen Kriegs zu teuer für die Munsterer wurden, richteten sie im 18. Jh. auf der elsässischen Seite der Vogesen neue Melkereien ein – um den Hohneck u.a. Tagweidle, Kerbholz, Frankenthal, Ka-

stelberg, Altenweiher, Pferreywasen. An all diesen Senne-
reien, an die zum Teil nur noch der Flurname erinnert, kommen wir auf unseren Wanderungen vorbei.

Mit der Landwirtschaft haben sich auch Viehzucht und
Käsefabrikation in unserem Jahrhundert stark gewandelt.
Bis heute darf der Munster *Géromé*, dessen Produktion im
Jahre 1982 etwa 8000 Tonnen betrug, nur in den Vogesen
hergestellt werden, aber die Zahl der Melkereien auf den
Bergen ist beständig zurückgegangen. Von 1900 Munsterer
Bergbauern im Jahr 1940 blieben 1980 nur noch 279. Entsprechend werden nur noch 5 % der Munsterkäse an Ort
und Stelle auf der Alm hergestellt. Man findet ihn heute vor
allem in den Bauerngasthöfen der Hochvogesen, den *Fermes Auberges*, die im Munstertal besonders zahlreich sind
(s. Wanderung 29).

Käsespezialitäten des Munstertals: St-Grégoire und Munster

26

»Belchensystem« vor Ort

Halbtagswanderung um den Petit Ballon

Von den Hochweiden des Petit Ballon, zu deutsch Kleiner Belchen oder Kahler Wasen, reicht der Blick weit hinüber zum Rhein und zum Schwarzwald. Viele Berggasthöfe laden dazu ein, die mittelschwere und nicht zu lange Gebirgswanderung auch mit größeren Kindern zu versuchen.

WEGVERLAUF UND MARKIERUNG: Gelbes Rechteck/GR 532: Col de Boenlesgrab – Schellimatt (40 Min.) – Petit Ballon (35 Min.); *Refuge des Amis de la Nature Rothenbrunnen* (5 Min.); rotes Andreaskreuz: Ferme Auberge *Petit Ballon-Kahlenwasen* (15 Min.) – Ferme Auberge *Strohberg* (20 Min.); roter Punkt: Col de Boenlesgrab (30 Min.)

DAUER: 2.25 Std.

LÄNGE: 8 km

SCHWIERIGKEITSGRAD: Mittelschwere Gebirgswanderung, die zum größeren Teil über freie Hochweiden führt; Anstieg vom Boenlesgrab (865 m) zum Petit Ballon (1272 m)

AUSRÜSTUNG: Bergstiefel und Regenzeug

KARTE: Vom Club Vosgien und IGN die Wanderkarte Colmar, Munster, Gérardmer, St-Dié im Maßstab 1 : 50 000 oder die Freizeitkarte TOP25 3719 OT (Grand Ballon), im Maßstab 1: 25 000

EINKEHRMÖGLICHKEIT: Berggasthof *Boenlesgrab* (Mo. Ruhetag, ✆ 89 71 10 88). Ferme Auberge *Kahlenwasen-Petit Ballon* (Mai bis Okt.: tägl. außer Di., ✆ 89 77 32 49) – Reservierung ratsam. Ferme Auberge *Strohberg* (Ende Mai bis Mitte Okt., ✆ 89 77 56 00). 5 Min. vom Weg entfernt die Ferme Auberge *Rothenbrunnen* (Mo. Ruhetag, ✆ 89 77 33 08)

ANFAHRT: Von Guebwiller auf der D430 bis Lautenbach. Kurz nach dem Ortsausgang biegt auf der rechten Seite ein gut asphaltierter Forstweg zum Petit Ballon ab. Parken am Col du Boenlesgrab

OFFICE DE TOURISME: 1 rue du Couvent, 68140 Munster, ✆ 89 77 31 80 oder Hôtel de Ville, 68500 Guebwiller, ✆ 89 76 10 63

VARIANTE DES WANDERWEGS: Die Wanderung kann um zwei weitere Berggasthöfe am Petit Ballon erweitert werden: Ferme Auberge *Buchwald* (Mitte Mai bis Mitte Okt., ✆ 89 77 37 08) und. Ferme Auberge *Wasenmatten* (März bis Okt., ✆ 89 77 25 55); beide sind vom Kahlenwasen aus zu erreichen, s. TOP25 Karte.

DER WANDERWEG

Auf der linken Seite des großen Platzes vor dem Gasthof Boenlesgrab finde

Wanderung 26: Halbtagswanderung um den Petit Ballon

wir den Wegweiser mit dem gelben Rechteck (GR 532): »Schellimatt, Petit Ballon«. Der breite Weg führt uns etwa eine halbe Stunde ziemlich steil in den Wald hinauf, dann biegen wir nach links auf einen schmalen Pfad und erreichen nach 10 Min. (40 Min.) die Jugendherberge *Dynamo* auf der Schellimatt, die etwas abseits auf einer kleinen Wiese gelegen ist. Wir folgen weiter dem gelben Rechteck, lassen den direkten Weg zur Ferme Auberge Strohberg rechts liegen (45 Min, gelber Kreis und rote Raute), kommen aus dem Wald auf die freien Weiden und wandern weiter bis zur Kreuzung Petit Ballon-Naturfreundehaus Rothenbrunnen (1.05 Std.), an der beide Routen mit dem gelben Recht-

eck bezeichnet sind. Zur Besteigung des **Petit Ballon** wenden wir uns nach rechts und stehen 10 Min. später auf dem von einer Marienstatue gekrönten kahlen Berggipfel, der einen ganz prächtigen Rundblick bietet (1.15 Std.).

Im Westen, direkt unter uns, sehen wir das **Naturfreundehaus** (Refuge), zu dem wir nun ohne Markierung bequem über die Matten hinabspazieren (1.20 Std.). Hier führt uns das rote Andreaskreuz auf einem breiten, ebenen Fußweg nach rechts bis zur Fahrstraße, ein kleines Stück auf dieser geradeaus und dann nach rechts über die Wiesen zur **Ferme Auberge Petit Ballon-Kahlenwasen**, die schon von weitem sichtbar ist (1.35 Std.).

Fünfmal Belchen

Das geheimnisvolle »keltische Belchensystem«

Belchen, französisch *Ballon*, heißen gleich fünf verschiedene Berge um den südlichen Oberrhein: der Jurabelchen bei Olten, der Belchen im Schwarzwald und der **Grand Ballon, Petit Ballon** und **Ballon d'Alsace** in den Vogesen. Eine ganz erstaunliche, astronomisch-geometrische Beziehung dieser Belchengipfel zueinander ergaben originelle Messungen, die zwei Forscher aus dem Badischen in den achtziger Jahren durchgeführt haben. Danach erblickt der Beobachter auf dem Ballon d'Alsace, bei klarer Sicht, den Sonnenaufgang zum Mittsommer genau über dem Petit Ballon, zur Zeit der Tagundnachtgleiche über dem Schwarzwaldbelchen, und zum Mittwinter geht die Sonne über dem Jurabelchen auf. Die Entdecker dieses verblüffenden »Belchensystems«, die ihre Untersuchungen natürlich nicht von ungefähr angestellt haben, plädieren dafür, daß wir es hier mit einem astronomisch-kalendarischen Ortungssystem der Kelten zu tun haben – verwandt mit den Kalenderheiligtümern der Megalithkulturen (Stichwort Stonehenge). Durch genaue Beobachtung der Sonne und geometrische Messungen hätten die Kelten das ihnen bekannte Sonnenjahr mit der geographischen Lage der Belchen in Verbindung gebracht, und die fünf Berge gleichen Namens seien danach dem keltischen Sonnengott Belenus oder Bel(a)kus geweiht gewesen!

Hat man morgens kein Glück bei der Tischreservierung gehabt, so kann man auf der Autostraße ein Stückchen nach links gehen und in der nahen Ferme Auberge Rothenbrunnen einkehren – nicht zu verwechseln mit dem Naturfreundehaus gleichen Namens (Hin- und Rückweg 10 Min.).

Von der Ferme Auberge Petit Ballon geht es weiter mit dem roten Andreaskreuz, Richtung Strohberg, Boenlesgrab. Der schmale Pfad, der über die Wiesen wieder zum Wald hinaufführt, beginnt links neben dem Gasthof und ist zu Beginn nicht besonders gut bezeichnet – wenn wir uns auf der Wiese links halten, finden wir die Markierung jedoch bald auf einem Stein am Boden. Ca. 10 Min. nach der Ferme Auberge biegen wir nach links auf einen breiten Fußweg (1.45 Std.) und erreichen, immer dem roten Andreaskreuz folgend, in weiteren 10 Min. einen dritten Bauerngasthof, die

Ferme Auberge Strohberg (1.55 Std.). Ein geschotterter Weg, der mit dem roten Punkt markiert ist, führt uns von hier in einer halben Stunde bequem zurück zum Ausgangspunkt der Wanderung, dem Gasthof Boenlesgrab (2.25 Std.). Während des ganzen Abstiegs haben wir noch einmal einen besonders schönen Blick auf den gegenüberliegenden Schwarzwald mit dem davor gelagerten Kaiserstuhl.

AM WEGE

In einem 1821 erschienenen Büchlein, »Wanderungen durch die Vogesen«, erzählt der Elsässer Christian Moritz Engelhardt von einer Rast in der Melkerei **Kahlenwasen** jenseits des Kleinen Belchen – wahrscheinlich eine der ersten Schilderungen einer künftigen **Ferme Auberge** in den Vogesen.

»Ein kleines Hüttchen aus rohen Steinen, keine 6 Fuß ins Gevierte, das Bretterdach durch Steine vor dem Wegwehen des Windes geschützt, dient dem Melker zur Wohnung. Die Bettstelle wird durch einen Verschlag von Brettern gebildet, worin das Bettwerk liegt, und wohin man durch eine runde Öffnung hinein kriecht. Dabei herrscht nichts desto weniger Reinlichkeit, besonders in den hölzernen und metallenen Gefäßen, die zur Käsebereitung dienen. Erdäpfel, schwarz Brod, und Molken, bilden die gewöhnliche Nahrung der Melker, wozu nur an Sonn- und Feiertagen Fleisch, meist geräuchertes Schweinefleisch, und Wein, gefügt wird. Neben der Melkerhütte ist der hinlänglich geräumige Viehstall. Meist werden auch Schweine gemästet, was mit zur Oekonomie dieser Melker gehört; auch fanden wir hier und auf andern Firsten, Hühner.«

Blick in die Rheinebene vom Petit Ballon

27

Zum höchsten Berg des Elsaß

Wanderung von der romanischen Abteikirche in Murbach auf den Grand Ballon

Le Florival, Blumental, nennen die Elsässer poetisch das Tal der Lauch, das einst unter der Herrschaft der mächtigen Reichsabtei Murbach stand. Von der ehemaligen Klosterkirche, einem der bedeutendsten romanischen Bauwerke am Oberrhein, führt der Weg auf den Grand Ballon, der mit 1424 m der höchste Berg des Elsaß ist. Beim Aufstieg und Abstieg gehen wir beständig durch den Wald – nur zwischen Grand Ballon und Gustiberg treffen wir auf freie Hochweiden.

WEGVERLAUF UND MARKIERUNG:
Weißer Punkt: Murbach – Münsteräckerle (45 Min.); rot-weiß-rotes Rechteck: Judenhutplan/Col du Judenhut (1 Std.) – Grand Ballon (1.05 Std.) – Ferme Auberge *Roedelen* (35 Min.) – Ferme Auberge *Gustiberg* (20 Min.); blaues Kreuz: Lieserwasen (35 Min.) – rot-weiß-rotes Rechteck: Col de Wolfsgrube (30 Min.); roter Punkt: Murbach (30 Min.)

DAUER: 5.20 Std.

LÄNGE: 17 km

SCHWIERIGKEITSGRAD: Lange, anstrengende Wanderung; zwischen Murbach (445 m) und dem Grand Ballon ein Höhenunterschied von fast 1000 m.

AUSRÜSTUNG: Bergstiefel und Regenzeug

KARTE: Vom Club Vosgien und IGN die Wanderkarte, Thann Guebwiller, im Maßstab 1 : 50 000 oder die Freizeitkarte TOP25 3719 OT (Grand Ballon), im Maßstab 1 : 25 000

EINKEHRMÖGLICHKEIT: In Murbach *Auberge de l'Abbaye* (Di. abend u. Mi. Ruhetag) und *Hostellerie St-Barnabé*. Auf dem Grand Ballon ein *Self Service* und das große Hotel-Restaurant des Club Vosgien (℡ 89 76 83 35, beide im Sommer tägl. geöffnet). Unterwegs die Ferme Auberge Roedelen (Mitte Juni bis Mitte Okt., ℡ 89 76 90 19) u. die Ferme Auberge Gustiberg (Di. Ruhetag, ℡ 89 74 05 01)

ANFAHRT: Von Guebwiller auf der N430 bis zum Ortseingang von Buhl u. dort auf die D40II nach Murbach. Großer Parkplatz vor dem Klostertor auf der linken Straßenseite

OFFICE DE TOURISME: Hôtel de Ville, 68500 Guebwiller, ℡ 89 76 10 63

VARIANTE DES WANDERWEGS: Man kann den langen Anmarsch um eine knappe Stunde abkürzen, wenn man mit dem Auto von Murbach über Belchenthal zum Hotel Langmatt fährt und von dort zum Judenhutplan wandert, wo der eigentliche Aufstieg beginnt (rotes Andreaskreuz und rot-weiß-rotes Rechteck). Auch der Rückweg führt dann vom Lieserwasen wieder über den Judenhutplan (blaues Kreuz).

BESONDERE HINWEISE: Wanderzeit von Mitte Juni bis Anfang Oktober. In Guebwiller, einer alten Domäne der Abtei Murbach, haben sich gleich drei bemerkenswerte Kirchen erhalten: die um 1200 entstandene romanische Kirche St-Léger, die im 18. Jh. von den Murbacher Stiftsherren errichtete Kirche Notre-Dame und die ehemalige Dominikanerkirche, ein Muster südwestdeutscher Bettelordensarchitektur (Anfang 14. Jh.), in der im Sommer klassische Konzerte stattfinden. Im **Musée du Florival** sehen wir vor allem Keramiken des aus Guebwiller gebürtigen Théodore Deck (1823–1891), aber auch eine interessante Sammlung alter Ansichten, die die Abtei Murbach vor ihrem Abbruch zeigen (tägl. außer Di. 14–18 Uhr; Sa. u. So. auch 10–12 Uhr).

DER WANDERWEG

Vor der romanischen Abteikirche erhebt sich das mit dem Murbacher Hund geschmückte barocke Klostertor, und gleich dahinter hängt an einem Zaun die alte, aber nützliche Orientierungstafel des Club Vosgien. Sie zeigt uns unser erstes Ziel, das **Münsteräckerle** (Markierung: weißer Punkt). Wir gehen also das linke Sträßchen hinauf, das in einem Bogen um den ehemaligen Klostergarten herumführt, und überqueren nach ungefähr 5 Min. den kleinen Bach zu unserer Linken. Auf mehr oder weniger steilen Pfaden steigen wir jetzt – immer mit dem weißen Punkt – in den Wald hinauf und erreichen ca. 45 Min. nach unserem Abmarsch vom Parkplatz den kahlen Sattel des Münsteräckerles, das eine

schöne Aussicht auf das Rimbachertal und den Schlüsselkopf bietet.

Am Münsteräckerle teilt sich der Weg zum **Judenhutplan** in eine nördliche und eine südliche Route, die beide mit dem rot-weiß-roten Rechteck bezeichnet sind. Der schattige, etwas längere Nordweg führt nach rechts durch den Wald über den Rocher de Waldeck. Die Südroute am kahlen Südhang des Ebenecks, wo Himbeeren prächtig gedeihen, bietet dagegen freie Sicht, und wir können uns, je nach Wetterlage und persönlichem Geschmack, für einen der beiden Wege entscheiden. Sie sind beide ausreichend markiert, und vom Münsteräckerle bis zum Judenhutplan brauchen wir etwa 1 Std. (1.45 Std.).

Zum Gipfel des Grand-Ballon

Der Judenhutplan, eine größere Bergwiese mit Bänken, einer Hütte des Club Vosgien und dem Schlumberger- brunnen gehört zu den wichtigsten Kreuzungen unterhalb der Grand Ballon, und wir wählen zum Aufstieg den Pfad, der am Brunnen vorbeiführt (Ferme du Ballon, Grand Ballon, rot- weiß-rotes Rechteck). Wenn sich der Weg durch den Belchenwald nach ca. 30 Min. teilt (2.15 Std.) – links führt die

Wanderung 27:
Wanderung von der romanischen Abteikirche in Murbach auf den Grand Ballon

rote Raute zur Ferme du Ballon – wandern wir mit dem rot-weiß-roten Rechteck weiter geradeaus, kommen gleich darauf an einem Skilift vorbei und erreichen 20 Min. später (2.35 Std.) auf der freien Höhe den Self Service des Grand Ballon. Gegenüber, auf der anderen Seite der Route des Crêtes, liegt das große Hotel des Club Vosgien, und von hier steigen wir in einer knappen Viertelstunde zum Gipfel empor (2.50 Std.). Die Sicht über das Rheintal bis hin zu

den Schweizer Alpen ist zu Recht berühmt und wird auf einer Panoramatafel erklärt.

Wieder zurück am Hotel (3 Std.), folgen wir der Route des Crêtes in Richtung Markstein, Col de la Schlucht bis zur ersten großen Kurve. Hier verlassen wir die Autostraße und wandern mit dem rot-weiß-roten Rechteck geradeaus, Richtung Ferme Auberge Roedelen, Gustiberg. Am **Roedelen** (3.50 Std.) müssen wir aufpassen: wir gehen

zunächst rechts (Gustiberg, Lac du Ballon) und gleich darauf wieder links (Ferme Auberge Roedelen, Gustiberg) – geradeaus könnten wir direkt über den Judenhut nach Murbach absteigen. Ungefähr 10 Min. nach dem Roedelen erreichen wir die Ferme Auberge Roedelen (3.25 Std.) und 20 Min. später die **Ferme Auberge Gustiberg** (3.45 Std.). Der Weg über die freien Hochflächen der Almen, im Frühsommer mit Alpenanemonen und Stiefmütterchen

übersät, gehört zu den schönsten Abschnitten der Wanderung.

Nach dem Gustiberg tauchen wir wieder in den Wald und steigen nun auf dem mit dem blauen Kreuz markierten breiten Forstweg ungefähr eine halbe Stunde bequem abwärts. Wenn wir 5 Min. nach der Abzweigung zum Schutzle (4.15 Std.) unter uns die Häuser der ehemaligen Alm **Lieserwasen** erblicken (4.20 Std.), müssen wir uns nach links wenden und erreichen auf dem rot-weiß-rot bezeichneten Pfad, der teilweise steil durch den Wald herabführt, in einer weiteren halben Stunde den **Col de Wolfsgrube** (4.45 Std.), wo wir noch einmal einen Unterstand und einen Brunnen finden. Für das letzte Wegstück folgen wir dem roten Punkt, zunächst auf einem breiten Weg, dann rechts hinunter auf einem steinigen Pfad. Bei **Belchenthal** kommen wir aus dem Wald auf die geteerte Straße (5.05 Std.) und gehen nun talabwärts in einer Viertelstunde bequem nach **Murbach** zurück (5.20 Std.). Zur Besichtigung der Abtei müssen wir uns im Ort links halten.

 AM WEGE

In **Murbach**, am Fuß des Großen Belchen, stiftete Graf Eberhard, Enkel des elsässischen Herzogs Eticho und Neffe der hl. Odilie, zu Beginn des 8. Jh. eine **Benediktinerabtei**, deren Aufbau er dem berühmten Abt und Wanderbischof Pirmin übertrug. Durch ein Jahrtausend war die dem hl. Leodegar geweihte Niederlassung eine der mächtigsten Abteien im oberen Rheintal, und in ihren vielfältigen Geschicken spiegelt sich die elsässische Geschichte.

Eine glänzende Rolle spielt die Murbacher Klosterschule bald nach ihrer Gründung, während der karolingischen Renaissance im 8. und 9. Jh., und nach der Überwindung des verheerenden Ungarneinfalls von 936 tritt die Abtei in Verbindung zu den großen Reformklöstern Hirsau und Cluny. Später finden sich ihre Äbte in der Umgebung der Staufer, und zu Beginn des 13. Jh. werden sie in den Reichsfürstenstand erhoben. Sie bauen eine Grundherrschaft im Lauch- und Thurtal auf, errichten Burgen und befestigen ihre Städte Gebweiler und St. Amarin. Nach der Niederschlagung des Bauernaufstandes wird Murbach im 16. Jh. ein fester Stütz-punkt der Habsburger im südlichen Elsaß und ein Zentrum der katholischen Gegenreform. 1680, nach der Beendigung des Dreißigjährigen Krieges, bestimmt die Vereinigungskammer in Colmar die Angliederung des Fürstentums an Frankreich. Die Mönche, denen die Abgeschiedenheit ihrer Wälder immer weniger gefällt, erreichen 1764 die Umwandlung des Benediktinerklosters in ein weltliches Ritterstift, und sie ziehen in ihre Stadt Gebweiler, wo die Liebfrauenkirche mit Murbacher Baumaterial errichtet wird. Einen Teil der ehemaligen Abteikirche überläßt man dem Dorf Murbach, das eine neue

Romanische Abteikirche in Murbach

Pfarrkirche benötigt. Nur wenige Jahre später beendet die Französische Revolution die tausendjährige Geschichte der Abtei: das Ritterstift wird aufgehoben und das Schloß 1789 von den Bauern geplündert.

Im stillen Waldtal überraschen die hochaufragenden, gewaltigen Reste der ehemaligen Stiftskirche den heutigen Besucher. Nach dem Abriß des Langhauses im 18. Jh. bleiben das Querhaus, über das sich zwei quadratische Türme erheben, und der flachgeschlossene, durch sechs Fenster gegliederte Chor mit den beiden Nebenchören. Die westliche Seite des Querschiffs ließ das Kapitel um 1760 durch eine Mauer schließen, und an der Stelle des ehemaligen Langhauses liegt heute der Friedhof. Reiche ornamentale und figürliche Bauplastik findet sich vor allem am Löwenportal des südlichen Querhauses, gegenüber dem heutigen Eingang, und hochoben im dreieckigen Giebelfeld des Hauptchors. Die Monumentalität der Architektur, die klare Außengliederung, die Schönheit der Quaderbehandlung, die Phantasie des plastischen Schmucks machen die im 12. Jh. entstandene Anlage zu einem Meisterwerk romanischer Kunst am Oberrhein.

28

Blutiges Schlachtfeld im Ersten Weltkrieg

Die Schützengräben am Hartmannswillerkopf

Der Hartmannswillerkopf, Le Vieil Armand, hat als blutiger Kriegsschauplatz des Ersten Weltkriegs traurige Berühmtheit erlangt. Sechzigtausend französische und deutsche Soldaten sind beim Kampf um den Berg gefallen, und die Franzosen errichteten am Col du Silberloch unterhalb des Berges ein großes Nationaldenkmal mit einem Soldatenfriedhof. Der Gang durch das Gewirr der Unterstände und Schützengräben kann das Fürchten lehren!

WEGVERLAUF UND MARKIERUNG:
Rot-weiß-rotes Rechteck u. roter Kreis: Col du Silberloch, Orientierungstafel hinter dem Nationalfriedhof – *Abri du 2ème Génie* – Aussichtsfelsen u. Denkmal des 152. franz. Infanterieregiments *Monument du 152ème R. I.* (30 Min.) – Deutsches Jägerdenkmal (10 Min.); *Courbe 6* (5 Min.) – *Courbe 7* (15 Min.) – Bastion (5 Min.) – Bischofshut – Ziegelrückenstollen – Cäcilien-Graben - Gipfelkreuz auf dem Hartmannswillerkopf (10 Min.); rot-weiß-rotes Rechteck: Orientierungstafel (10 Min.)

DAUER: 1.25 Std.

LÄNGE: 5 km

SCHWIERIGKEITSGRAD: von der Schleife 7 (885 m) zum Gipfel (956 m) beschwerlicher, teilweise nicht markierter Aufstieg durch ehemalige Schützengräben.

AUSRÜSTUNG: Taschenlampe zur Besichtigung der Unterstände

KARTE: Vom Club Vosgien und IGN die Freizeitkarte TOP25 3719 OT (Grand Ballon), im Maßstab 1 : 25 000 oder die Spezialkarte Hartmannswillerkopf, im Maßstab 1:7500, hg. durch die *Amis du Hartmannswillerkopf*, erhältlich im Kiosk am Silberloch. Auf der TOP25 Karte sind nicht alle Wege eingezeichnet. Die zweite Karte ist sehr detailliert, aber auf den ersten Blick nicht sehr übersichtlich.

EINKEHRMÖGLICHKEIT: Am Col du Silberloch ein kleines Gasthaus. Ca. 3,5 km entfernt die *Ferme Auberge Molkenrain* (Ostern bis 11. November tägl., außer Mo.; ✆ 89 81 17 66). Hier drehte François Truffaut 1961 einen Teil seines Filmes »Jules et Jim« mit Jeanne Moreau.

Blick auf den Hartmannswillerkopf

ANFAHRT: Der Hartmannswillerkopf liegt am südlichen Ende der Route des Crêtes (D431) zwischen dem Grand Ballon und Uffholtz.
Parken am Col du Silberloch

OFFICE DE TOURISME: 1 rue Latouche, 68700 Cernay, ℂ 89 75 50 35

VARIANTE DES WANDERWEGS: Für einen leichten Rundgang, der vom Aussichtsfelsen mit dem Monument du 152e R. I. direkt zurück zum Betonkreuz auf dem Gipfel führt, braucht man ungefähr 1 Std. Man versäumt dann aber den eindrucksvollen Aufstieg durch die Schützengräben.

BESONDERE HINWEISE: Im Sommer zieht die Gedenkstätte, zu der auch ein kleines Museum gehört, zahlreiche Besucher an; auch viele Busse mit Schulklassen und Senioren. Führungen über das Schlachtfeld im Juli u. Aug. am Mi.nachmittag.

DER WANDERWEG

Der Rundgang beginnt an der großen Orientierungstafel am unteren Ende des **Nationalfriedhofs**. Wir folgen zunächst dem Wegweiser *Monument du 152ème R.I.* (Markierung rot-weiß-rotes Rechteck), das uns auf einem breiten, steinigen Weg durch niedrigen Laubwald und Gebüsch in Richtung Gipfel führt. Nach ungefähr 10 Min. biegen wir mit dem roten Kreis nach rechts auf einen schmalen Pfad (*Monument du 152ème R.I. par abri du 2ème Génie*), auf dem wir einen der wenigen guterhaltenen französischen Unterstände besichtigen können. Am Boden immer wieder Reste von Stacheldraht, verbogene Eisenstangen, Gräben, dazwischen roter und gelber Fingerhut. Ein Stück weiter auf der linken Seite ein

Schild »*premières lignes françaises – allemandes*«: hier verlief auf nur wenige Meter Entfernung die deutsch-französische Front zwischen 1916 und 1918: im Westen die Franzosen, im Osten die Deutschen.

Es folgen eine Reihe befestigter Stellungen, die man mit einer Taschenlampe besichtigen kann: Bremer Ratskeller, Schweinsbergsgraben, Rohrburg, Feste Grossherzog. Am **Bremer Ratskeller** (20 Min.) stoßen wir wieder auf den großen Weg zum hartumkämpften **Aussichtsfelsen**, der östlichen Kuppe des Gebirgszuges, die von den Deutschen gehalten wurde. Vom 1919 errichteten großen Kreuz aus umfaßt unser Blick weite Teile des Oberrheintals, vom Schwarzwald bis zum Jura – die Bedeutung des Berges als strategischer Beobachtungsposten läßt sich hier gut erkennen. An der Felswand unterhalb des Gipfels befindet sich das **Kriegerdenkmal** des 152. Französischen Infanterieregiments, das in einer Großoffensive im Dezember 1915 über die Kuppe vorstoßen konnte: fünf stürmende Soldaten mit Granate und gezücktem Bajonett, der Frieden ist noch weit! Seit unserem Abmarsch von der Orientierungstafel ist ungefähr eine halbe Stunde vergangen.

Vom französischen Denkmal steigen wir nach rechts auf dem rot-weiß-rot markierten Hauptweg (*Jägerdenkmal direct, Sentier de liaison, Mont. Serret, Silberloch*) in 10 Min. durch den Wald abwärts zum **Jägerdenkmal** (40 Min.). Die Inschriften erinnern an Regimenter aus ganz Deutschland, deren Soldaten auf dem Hartmannswillerkopf gefallen sind: aus Baden, aus Württemberg, aus Aachen, aus Potsdam, aus dem Großherzogtum Mecklenburg, aus dem Herzogtum Lauenburg.

Unser nächstes Ziel ist die **Courbe 6** (Schleife) des großen Serpentinenwegs, den die Deutschen 1915 zum Transport von Truppen und Material anlegten. 1000 Mann arbeiteten damals am Bau

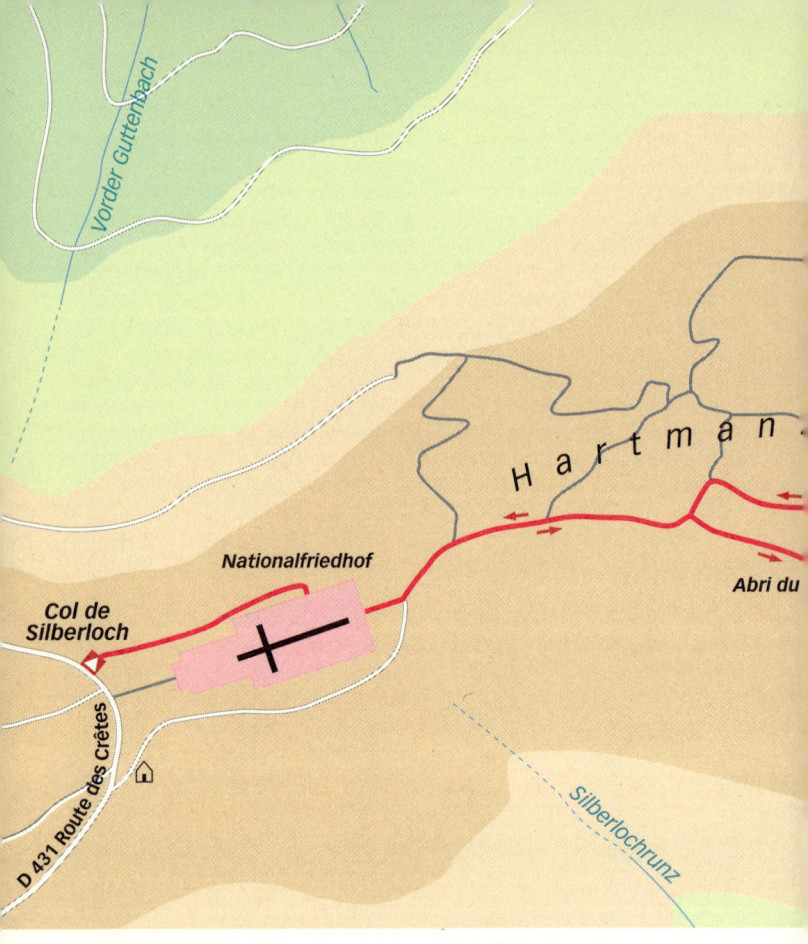

Vorder Guttenbach

Hartman

Nationalfriedhof

Abri du

Col de
Silberloch

D 431 Route des Crêtes

Silberlochrunz

Wanderung 28: Die Schützengräben am Hartmannswillerkopf

dieser wichtigen Verbindung. Wir folgen dem Schild *courbe 6 par abris-cavernes* auf einem schmalen Pfad nach links und gleich darauf nach rechts in den Wald hinunter (nicht zu verwechseln mit dem ebenen Weg: *sentier des roches*/Felsenweg) und erreichen bald die Schleife direkt unterhalb eines Bunkers (45 Min.).

Auf dem breiten, leicht ansteigenden Weg wandern wir jetzt wieder nach links etwa eine Viertelstunde bequem durch hohen Mischwald (Markierung rot-weiß-rotes Rechteck) bis zur siebten und letzten Schleife des Serpentinenwegs (1 Std., das Schild »Bastion,

voie serpentine courbe 7« steht auf der linken Seite). Am Berg sind hintereinander eine Reihe von Unterständen, einfache offene Wellblechbaracken, in den Hang eingelassen.

Der nun folgende Abschnitt, zwischen der **Courbe 7** und dem Gipfel, das Gebiet der Bastion, des Bischofshuts und des Ziegelrückengrabens war »unzweifelhaft die jeweils entscheidende Frontstelle auf dem Berg«. Von hier haben die deutschen Truppen den erfolgreichen zweiten und dritten Vorstoß zum Gipfel unternommen. Sehen wir uns die Überreste, die noch heute beeindrucken, selber an! Der Weg ist

zunächst nicht besonders markiert, führt zur Linken des Serpentinenwegs über Treppen und Schützengräben steil bergan. Wir gehen zunächst geradeaus, nach ungefähr 2 Min. halten wir uns links und erreichen gleich darauf die **Bastion** (1.05 Std.). Hier benutzen wir die linke Treppe zum **Bischofshut**, der direkt über der Bastion liegt, halten uns weiter links zum Unterstand Friedensengel und dann nach rechts zum Ziegelrückenstollen.

Während der schweren Kämpfe im Januar 1916 explodierte hier die gesamte aufgestapelte schwere Munition (ein weiter unten stehender deutscher Minenwerfer hatte zu kurz geschossen) und begrub über 60 Soldaten, die sich im Stollen befanden. Am **Ziegelrückenstollen** stoßen wir wieder auf den mit dem roten Kreis markierten Rundweg. Wir folgen ihm nach rechts, gehen bald danach geradeaus unter der Erde durch den **Ziegelrückengraben** und halten uns nach dem **Cäcilien-Graben** im Gewirr der Stollen links. Wir können uns bald an dem 22 m hohen **Betonkreuz** auf dem Berggipfel orientieren, zu dem wir in wenigen Minuten emporsteigen (1.15 Std.). Auf dem Plateau zeigt ein Gedenkstein die Grenze der französischen Front, daneben ein halb

Der erbitterte Kampf um den Vieil Armand

Nach einem ersten Durchbruch im Oberelsaß gleich zu Beginn des Krieges mußten die französischen Truppen schon Ende August 1914 die besetzten Städte Mulhouse und Colmar wieder räumen. Man brauchte sie dringend im nördlichen Abschnitt der Westfront, und sie setzten sich in der Folge auf den Vogesenkämmen und im Thanner Tal fest. Nach der Beendigung der Marneschlacht begann im Dezember 1914 eine neue französische Offensive im Oberelsaß mit den blutigen Kämpfen um Cernay (Sennheim) westlich von Mulhouse, und bei dieser Gelegenheit entdeckten Franzosen und Deutsche ungefähr gleichzeitig die strategische Bedeutung des etwas nördlich gelegenen Hartmannswillerkopfes (Vieil Armand), der ein vorzüglicher Beobachtungsposten für die Oberrheinebene ist. Bis zur endgültigen Besetzung durch deutsche Soldaten im Januar 1916 sollte er der am heftigsten umkämpfte elsässische Kriegsschauplatz werden.

Auf beiden Seiten standen Elitetruppen: bei den Franzosen die Alpenjäger (*Bataillon de chasseurs alpins*) und das berühmte 152. Infanterieregiment aus Gérardmer, *les diables rouges* (die roten Teufel), das die Ehrenlegion trug. Bei den Deutschen waren es, neben der Landwehr, Gardeschützen und Gardejägerbataillone sowie eine neu aufgestellte Minenwerferabteilung, die entscheidend in den Kampf eingriff. »Totentanz auf dem Hartmannsweilerkopf 1914–1917« hat der junge Leutnant der Reserve und Führer dieser Minenwerfer-Kompanie, Hans Killian, seine detaillierte und spannende Schilderung der Ereignisse überschrieben.

N'en parlez jamais, y pensez toujours (Sprechen wir nie davon, denken wir immer daran), so hatte um die Jahrhundertwende die französische Parole nach dem Verlust von Elsaß-Lothringen gelautet. Wahrscheinlich liegt hier ein Teil der Erklärung für den verbissenen Kampf im Grenzland Elsaß. Die wichtigen Entscheidungen an der Westfront fielen weiter im Norden, bei Verdun und an der Somme.

Nationalfriedhof am Col du Silberloch

in die Erde gegrabener, gepanzerter Beobachtungsstand. Zu Beginn der Kämpfe, im Winter 1914/15, wuchsen auf dieser Kuppe riesige alte Tannen, und die französischen Alpenjäger schossen aus den Wipfeln der Bäume. Heute wächst auf dem Plateau nur noch ver-

krüppeltes Buschwerk. Über den mit dem rot-weiß-roten Rechteck markierten breiten Weg (Zeichen zunächst auf einem Stein am Boden) erreichen wir in westlicher Richtung in 10 Min. wieder die Orientierungstafel hinter dem Friedhof (1.25 Std.).

29

Urige Berggasthöfe im Thurtal

Über den Rossberg und den Thanner Hubel

Die sehr schöne Gebirgswanderung über die Hochweiden des Rossbergs und seines Nebengipfels, des Thanner Hubels, bietet einen weiten Blick ins Thur- und Dollertal. Abseits der vielbefahrenen Route des Crêtes haben die vier Fermes Auberges am Weg ihren ursprünglichen Charakter gut bewahrt. Hier kochen Wasser und Suppe noch im großen Kessel über der offenen Feuerstelle, und man sitzt gemütlich zwischen Hühnern und anderem Getier auf der Wiese vorm Haus.

Weidewirtschaft
in den Südvogesen

WEGVERLAUF UND MARKIERUNG:
Rotes Rechteck / GR 5: Col du Hundsruck – Refuge Waldmatt des Ski Clubs Rossberg (1 Std.) – Vogelsteine (25 Min.) – Ferme Auberge *Belacker* (20 Min.); rotes Dreieck: Ferme Auberge *Gsang* (45 Min.) – Ferme Auberge *Rossberg* (20 Min.) – Ferme Auberge *Thanner Hubel* (15 Min.) – Kreuzung am *Sentier Alfred Bucher* (35 Min.); rotes Rechteck: Col du Hundsruck (15 Min.)

DAUER: 3.55 Std.

LÄNGE: 12 km

SCHWIERIGKEITSGRAD: Gebirgswanderung durch den Wald und über freie Matten; kräftiger Aufstieg vom Col du Hunsruck (748 m) zu den Vogelsteinen (1180 m)

AUSRÜSTUNG: Bergstiefel und Regenzeug

KARTE: Vom Club Vosgien und IGN die Wanderkarte, Thann, Guebwiller, im Maßstab 1 : 50 000 oder die Freizeitkarte TOP25 3620 ET (Thann, Masevaux), im Maßstab 1 : 25 000

EINKEHRMÖGLICHKEIT: Ferme Auberge Belacker (im Sommer tägl., sonst Mo. Ruhetag, ✆ 89 82 34 20). Ferme Auberge Gsang (im Sommer tägl. geöffnet, sonst Fr. Ruhetag; ✆ 89 38 96 85). Ferme Auberge Rossberg (im Sommer an Sonn- u. Feiertagen, ✆ 89 81 50 91). Ferme Auberge Thanner Hubel (Mitte Mai bis Mitte Okt., ✆ 89 38 85 81)

ANFAHRT: Der Col du Hundsruck liegt an der Route Joffre (D 14bis) zwischen Masevaux und Bitschwiller-lès-Thann. Parkplatz am Col. Nächste Bahnstation Thann (am GR 5, bis zum Col du Hundsrucken ca. 1.30 Std.)

OFFICE DE TOURISME: 6 place Joffre, 68800 Thann, ✆ 89 37 96 20

VARIANTE DES WANDERWEGS: Zur Abkürzung des Weges kann man auf den Besuch des am weitesten nördlich gelegenen Belacker verzichten und von den Vogelsteinen in einer Viertelstunde direkt zur Ferme Auberge Gsang absteigen (blaues Dreieck).

BESONDERE HINWEISE: Wanderzeit von Ende Mai bis Anfang Oktober

DER WANDERWEG ▶

Gegenüber dem Parkplatz befindet sich eine Orientierungstafel, und dahinter beginnt der *Sentier Alfred Bucher*, ein Teilstück des GR 5 (rotes Rechteck), dem wir bis zur Ferme Auberge Belak-

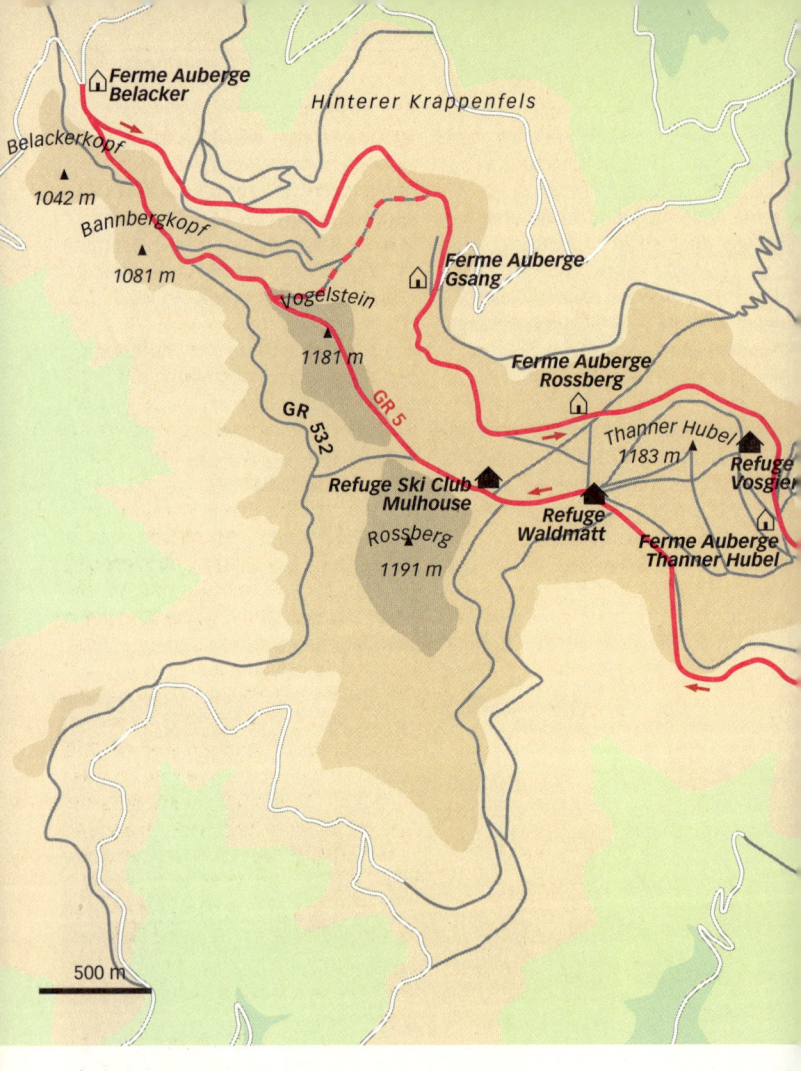

Ferme Auberge Belacker

Hinterer Krappenfels

Belackerkopf
1042 m

Bannbergkopf
1081 m

Ferme Auberge Gsang

Vogelstein
1181 m

Ferme Auberge Rossberg

GR 532

GR 5

Thanner Hubel
1183 m

Refuge Vosgien

Refuge Ski Club Mulhouse

Refuge Waldmatt

Rossberg
1191 m

Ferme Auberge Thanner Hubel

500 m

ker folgen werden. Nach einem kräftigen Anstieg durch den Wald überqueren wir eine Lichtung (20 Min.) und gehen geradeaus weiter in Richtung Rossberg, Vogelsteine, Belacker. Wenn wir rechts über uns einen kleinen Bildstock erblicken (50 Min.), treten wir bald aus dem Wald hinaus auf die Hochweiden. Wir folgen dem breiten Weg ca. 10 Min. die Wiese hinauf bis zur **Schutzhütte Waldmatt** des Ski-Clubs Rossberg, die gut sichtbar vor uns auf dem Col du Rossberg liegt, zwischen dem Thanner Hubel und dem Rossberg (1 Std.). Hinter dieser Hütte biegt der GR 5 scharf nach links. Wir übersteigen den Zaun, gehen ein Stück daneben her, lassen eine zweite Schutzhütte *Refuge du Ski Club Sportif de Mulhouse*, rechts liegen und wandern dann auf der Nordflanke des Rossbergs über die mit Wetterbuchen besetzten Hochweiden bis zu den **Vogelsteinen**, interessante Überreste eines kleinen Vulkans aus dem Erdaltertum (1.25 Std.). Zwischen dem Tal von Thann im Norden

Wanderung 29:
Über den Rossberg und den Thanner Hubel

inkloetz

Route Joffre

GR 5

Kuppelthannkopf

▲
886 m

du
sruck

P

ed Bucher

mündet, kreuzt wiederholt breitere Forstwege, und wir müssen auf die Markierung achten. Gleich nach der Überquerung eines Baches kommen wir am **Hinteren Krappenfels** vorbei. Wenn wir aus dem Wald treten, sehen wir zunächst in einiger Entfernung die Ferme Auberge Rossberg und die Schutzhütte Waldmatt, die uns schon vom Hinweg bekannt ist; bald darauf liegt direkt vor uns die Ferme Auberge **Gsang**. Vom Belacker bis zum Gsang brauchen wir ungefähr 45 Min. (2.30 Std.). Weiter geht es mit dem roten Dreieck zur Ferme Auberge **Rossberg**, die sehr hübsch inmitten der Wiesen unterhalb des Col du Rossberg liegt (2.50 Std.). Jetzt müssen wir aufpassen. Hinter den Gebäuden führt der nicht markierte Weg zunächst weiter geradeaus – nicht den rot-weiß-rot markierten Pfad nach Willer hinunter nehmen! Bald darauf stoßen wir dann wieder auf das rote Dreieck, das uns nach links zur Ferme Auberge **Thanner Hubel** weist, die wir in einer Viertelstunde erreichen (3.05 Std.). Neben dem Haus steht ein prächtiger Ahornbaum mit einer Bank, und von hier haben wir, bevor wir wieder endgültig in den Wald hinunter steigen, noch einmal den weiten Blick auf die Rheinebene.

Vom Thanner Hubel gehen wir Richtung Col du Hundsruck geradeaus an der Vorderfront des Hofes vorbei zum Waldrand, und folgen dann weiter aufmerksam dem roten Dreieck. Bald beginnt das steinigste Stück unserer Wanderung: die großen roten Felsen am Wegesrand heißen schlicht »Steinkloetz«, und wahrscheinlich sind wir froh, wenn wir die Lichtung am Sentier Bucher wieder erreichen (3.40 Std.). Hier schließt sich der Kreis, und wir steigen auf dem GR 5 (rotes Rechteck) zum Parkplatz am **Col du Hundsruck** hinunter (3.55 Std.).

und dem Tal von Masevaux im Süden bietet sich hier ein ganz vorzüglicher Aussichtspunkt. Anschließend führt der Weg über felsiges Gestein ziemlich steil in die Tiefe – bei Feuchtigkeit Rutschgefahr! Bald taucht unter uns inmitten der Hochweiden die Ferme Auberge **Belacker** auf, die uns nun als Orientierung dient. Am **Belacker** (1.45 Std.) verlassen wir den GR 5 und wandern mit dem roten Dreieck in südöstliche Richtung zur Ferme Auberge Gsang. Der schmale Pfad, der bald wieder in den Bergwald

Die Fermes Auberges

Seit dem Mittelalter bewirtschaften die Melker oder »Malker«, wie man im Elsaß die Sennen nennt, die Hochweiden in den Südvogesen (s. Wanderung 25 u. 26). Zu Beginn des Sommers, Ende Mai, sobald die Wiese grünt, treiben sie ihre gedrungenen Schwarzrückenschecken in langem, festlichen Zug auf die Berge, und am Sankt Michaelstag, dem 29. September, wenn die Weiden kahl zu werden beginnen, ziehen sie mit der Herde wieder hinunter ins Tal.

»O du truriger Michelsdaj
Triebsch die Malker vo de Beri rà
Kas un Butter mien m'r vergasse
Krut un Ruewe mien m'r frasse.«
(Strophe aus einem alten Melkerlied)

Dramatisch verschlechterte sich die wirtschaftliche Lage der Melkereien ab dem Ersten Weltkrieg, der in den Hochvogesen große Schäden anrichtete. Allein um den Rossberg verschwanden in der ersten Hälfte des 20. Jh. die Melkereien Unterer Rossberg (heute Schutzhütte Waldmatt), Oberer Rossberg und Sattelhütte. Auf der Suche nach einem Ausweg aus dieser Misere besann sich eine Gruppe von elsässischen Melkern auf die Tradition der Gastfreundschaft, die von alters her im Gebirge lebendig war. Sie organisierten die Bewirtung von hungrigen Wanderern, die seit der Gründung des Vogesenclubs immer zahlreicher auf den Bergen erschienen, und schufen die Fermes Auberges genannten »Bauerngasthöfe«, in denen der Gast in rustikaler Umgebung einfache einheimische Gerichte und Getränke findet. »Zurück zur Natur« war die erfolgreiche Parole, und den 35 Melkern aus dem Haut-Rhin, die 1971 die erste Vereinigung der Fermes Auberges gründeten, schlossen sich schon nach wenigen Jahren die übrigen französischen Regionen an.

Unter Leitung der Landwirtschaftskammer besitzen die Fermes Auberges heute eine nationale Organisation und ein einladendes, offizielles Markenzeichen: ein Tisch mit großem Krug und dampfender Suppenterrine, davor ein Körner pickendes Huhn. Die Landwirtschaftskammer wacht streng darüber, daß die bäuerliche Wirtschaft erhalten bleibt, und die angebotenen Produkte aus dem eigenen Betrieb stammen. Die vorgeschriebenen 70 % Eigenproduktion sind frei-

Käseherstellung in
der Ferme Auberge
Kastelberg

lich nur schwer einzuhalten. Neben Getränken und Grund-
nahrungsmitteln, die er kaufen muß, braucht ein Bauern-
gastwirt in den Vogesen vor allem Räucherfleisch in Mengen, die er nicht allein produzieren kann. Deshalb hat das
Departement Haut-Rhin, Pionier der Fermes Auberges, seit
1982 eine eigene Charta, die bestimmt, daß die Gerichte
mit Zutaten bereitet werden, die aus dem Elsaß oder den
Vogesen kommen – das läßt sich leichter bewerkstelligen.
In diesen Rahmen passen dann sowohl die urtümlichen kleinen Fermes Auberges, die am Ende eines steinigen Pfades
auf den müden Wanderer warten, als auch die großen Bauerngasthöfe der vielbefahrenen Route des Crêtes, deren
Gäste in der Hochsaison scharenweise im Auto oder Omnibus anreisen.

An langen Holztischen sitzen sie dann einträchtig nebeneinander, Wanderer und Autotouristen, und lassen sich die
kräftige regionale Küche schmecken. Besonders beliebt ist
die sogenannte Melkermahlzeit *(repas marcaire)*: ein Stück
Fleischpastete und Salat als Vorspeise, danach geräucher-
ter Schweinenacken *(collet)* mit in der Asche gebratenen
Kartoffeln (*roigebrageldi*) und zum Nachtisch *Siasskas*, eine
Art Quark mit Kirschwasser und Zucker, vielleicht auch ein
Stück Heidelbeerkuchen. Neben diesem opulenten Menü
(die Melker aßen früher sehr viel bescheidener Käse, den
sie aus der Molke des Munsterkäse herstellten), gibt es
natürlich kleine Vespergerichte wie Suppe, Eierkuchen mit
Speck, *Bibeleskäs* (Quark mit Zwiebeln und Schnittlauch)
und viele andere. Dazu bieten die meisten Fermes Auberges eigene Erzeugnisse, vor allem Käse, zum Mitnehmen
an. Ein Teil der Bauerngasthöfe besitzt auch einfach ausgestattete Gästezimmer.

30

Eiszeitseen im Dollertal

Wanderung zu den beiden Neuweihern und zum Lac des Perches

Die urtümlichen Eiszeitseen im südlichsten Gebirgstal der Vogesen kann man nur zu Fuß über steinige Saumpfade erreichen. Tannen- und Wetterbuchenwälder, steile Hänge mit Steinschotterlawinen und weite Hochweiden verleihen der Landschaft ihren alpinen Charakter.

WEGVERLAUF UND MARKIERUNG:
Blauer Punkt: Ermensbach – Petit Neuweiher und Grand Neuweiher (1 Std.); blaues Rechteck/GR 531: Moyenne Bers (50 Min.) – *Lac des Perches*/Sternsee (25 Min.) – Col des Perches (15 Min.) – Berggasthof *Rouge Gazon* (20 Min.) – Col des Perches (20 Min.); rotes Rechteck/GR 5: Col des Charbonniers (50 Min.); blaues Dreieck: Ferme Auberge *Gresson Moyen* (30 Min.) – Ermensbach (1.05 Std.).

DAUER: 5.35 Std.

LÄNGE: 18 km

SCHWIERIGKEITSGRAD: Lange, anstrengende Gebirgswanderung mit schwierigen und feuchten Abschnitten; von Ermensbach (560 m) zum Rouge Gazon (1171 m) ist ein tüchtiger Höhenunterschied zu überwinden.

AUSRÜSTUNG: Bergstiefel u. Regenzeug

KARTE: Vom Club Vosgien und IGN die Wanderkarte, Thann Guebwiller, im Maßstab 1 : 50 000 oder die Freizeitkarte TOP25 3620 ET (Thann, Masevaux), im Maßstab 1 : 25 000

EINKEHRMÖGLICHKEIT: Hotel Ferme-Restaurant *Rouge Gazon* (✆ 29 25 12 80). Ferme Auberge *Gresson Moyen* (✆ 89 82 00 21)

ANFAHRT: Von Masevaux auf der D466 bis Oberbruck, dort in Richtung Rimbach auf der D14 bIll. Nach ca. 1 km links nach Ermensbach abbiegen. Parken gleich nach der Abzweigung auf dem großen Platz an der linken Straßenseite. Oberhalb dieses Parkplatzes ist das Parken verboten.

OFFICE DE TOURISME: 36 Fossé des Flagellants, 68290 Masevaux, ✆ 89 82 41 99

VARIANTE DES WANDERWEGS: Den anstrengenden Aufstieg über den Lac des Perches vermeidet, wer an der Moyenne Bers den direkten Weg zum Rouge Gazon nimmt (blau-weiß-blaues Rechteck, ca. 30 Min.). Dann erblickt man den See allerdings nur auf dem Rückweg aus der Vogelperspektive. Reicht die Zeit nur zum Halbtagsausflug, kann man ganz auf den Lac des Perches verzichten und vom Grand Neuweiher sogleich zur Ferme Auberge Gresson Moyen hinaufwandern (blaues Rechteck, ca. 30 Min.).

BESONDERE HINWEISE: Wanderzeit von Ende Mai bis Ende September. Angler finden in den Gebirgsseen Forellen und Karpfen. Für den Fang des seltenen Seesaiblings *(omble)* gelten besondere Bestimmungen. Genaue Auskunft und den notwendigen Angelschein gibt es für den Lac des Perches im Berggasthof Rouge Gazon und für die beiden Neuweiher vor Ort in der Schutzhütte des Alpenvereins.

DER WANDERWEG

Vom Parkplatz gehen wir die schmale Straße nach **Ermensbach** hinauf, kommen an der Kapelle Unserer Lieben Frau vorbei und biegen dann nach rechts in die Rue de la Mine (10 Min.). Hier finden wir unsere Markierung, den blauen Punkt. Nach den letzten Häusern überquert der Pfad eine Wiese auf der linken Seite der Straße und führt bald darauf steil in den **Riesenwald** hoch. Stege aus Baumstämmen überbrücken kleine Rinnsale, zwischendurch gibt es immer wieder schöne Ausblicke auf die Hochweiden von Gresson, über die wir zurückkommen werden. Ungefähr eine Stunde brauchen wir bis zum **Petit Neuweiher**, der vom 20 m höher liegenden **Grand Neuweiher** durch einen Damm getrennt wird. Wir gehen links am Ufer des kleinen Weihers entlang und dann am Bach zum großen Weiher hinauf.

Unsere neue Markierung, das blaue Rechteck (GR 531), führt uns jetzt nicht zur Schutzhütte des Alpenvereins, sondern nach rechts über den Damm und anschließend steil den mit Maulbeerbüschen, Heide und Heidelbeersträuchern bewachsenen Felshang hinauf. Durch einen schönen Wetterbuchenwald gelangen wir dann zur **Moyenne Bers** (1.50 Std.), einer nicht mehr bewirtschafteten Hochalm. Niedriges Gebüsch

und Farnkräuter überwuchern allmählich die Weidefläche, aber ihre Grenzen sind noch an den niedrigen Steinmäuerchen zu erkennen. Weiter geht es über einen kleinen Sattel zum **Krappenfels** (2.05 Std.), und von dort über große Felsbrocken hinunter zum **Lac des Perches** oder Sternsee (2.15 Std.). Der schwierige Weg ist an dieser Stelle mit Pfeilen auf den Steinen gekennzeichnet. Am Lac des Perches überqueren wir den Deich und – von Stein zu Stein springend – den kleinen Bach. Dann müssen wir oberhalb des Ufers im Wald aufpassen, das Schild *Col des Perches, Rouge Gazon* (blaues Rechteck) nicht zu versäumen. Nach einem sehr steilen, beschwerlichen Anstieg von einer Viertelstunde verschnaufen wir ein bißchen am **Col des Perches** (2.30 Std.), überqueren anschließend den Platz und brauchen dann noch einmal 20 Min., bis wir den großen Berggasthof Rouge Gazon erreichen, der vor allem im Winter von Skifahrern besucht wird (2.50 Std.).

Nach der wohlverdienten Stärkung nehmen wir den Rückweg wieder über den Col des Perches (3.10 Std.). Dort steigen wir nicht zum Sternsee ab, sondern biegen nach rechts auf den GR 5 (rotes Rechteck, *Neuweiher par Obere Bers*). Unser Weg führt zunächst mit sehr schöner Aussicht hinunter zum See, dann durch den Wald, anschließend ein Stück über die Weiden der **Oberen Bers**, die wir weiter unten schon auf dem Hinweg überquert haben, und schließlich wieder durch den Wald, bis zum **Col des Charbonniers** (4 Std.). Hier müssen wir den GR 5 verlassen und steigen mit dem blauen Dreieck hinunter zur Ferme Auberge Gresson (sollte an dieser Stelle die Markierung fehlen, orientieren wir uns an dem Schild Ferme Auberge). Bald nachdem wir aus dem Wald auf die Hochweide kommen, stoßen nacheinander von rechts die Wanderwege mit dem blauen Kreuz und dem blauen Rechteck

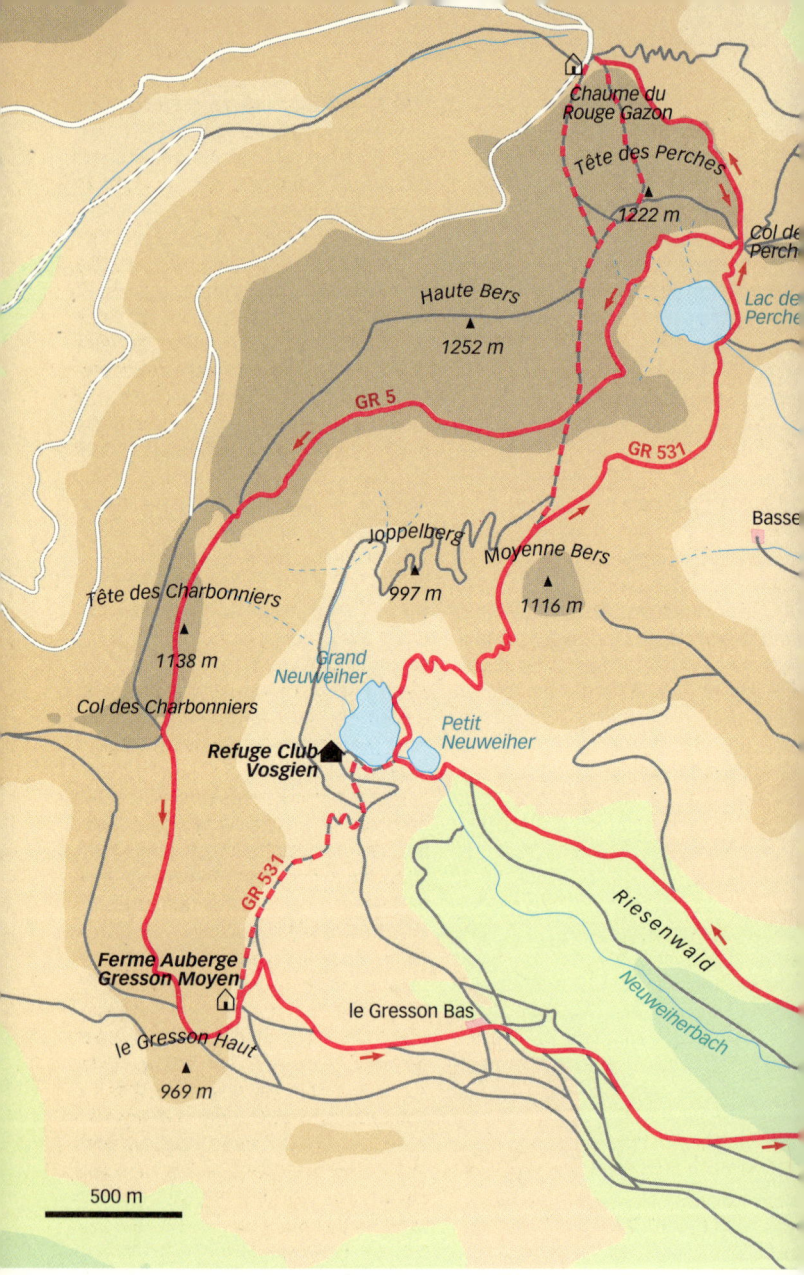

auf unsere blaue Dreiecks-Route. Alle drei Zeichen weisen uns in Richtung **Gresson** – sie führen am Weidezaun entlang und dann quer über die Wiese zur Ferme Auberge Gresson Moyen

(4.30 Std.). Am Gasthof vorbei steige[n] wir mit dem blauen Dreieck (zunächst Oberbruck) auf einem breiten Schotter weg weiter zu Tal. Kurz nachdem wi[r] ein Gatter passiert haben, führt ei[n]

Wanderung 30: Wanderung zu den beiden Neuweihern und zum Lac des Perches

Std.), halten uns leicht rechts, bis wir gleich danach auf der linken Seite das blaue Dreieck wieder sehen. Dann wandern wir durch den Wald auf einem steilen, sehr steinigen Pfad nach Ermensbach hinunter. Diese letzte Wegstrecke verwandelt sich bei einem Regenguß schnell in ein richtiges, kleines Bachbett. Nach der Brücke über den **Neuweiherbach** (5.25 Std.) gehen wir rechts auf der Rue des Neuweiher zurück zu unserem Auto (5.35 Std.).

AM WEGE

Die beiden **Neuweiher** und der **Lac des Perches** gehören zu den ruhigsten, noch naturbelassenen Bergseen in den Hochvogesen. Der Lac des Perches ist von besonderem geologischen Interesse, da seine Entstehung wahrscheinlich schon auf eine präglaziale Verschiebung von Gesteinsschollen zurückgeht: zu unterscheiden sind die Grauwacke des Gazon Rouge im Westen und der Granit auf der Ostseite des Sees. Als spätere eiszeitliche Einflüsse die Reste einer Moräne am nördlichen Ende des Dammes und Rundhöcker, die am Südufer bei niederem Wasserstand zutage treten. Alle drei Seen waren bis zur Revolution im Besitz der Abtei Masevaux, welche die Wasserrechte an die Besitzer der Hüttenwerke im Dollertal verpachtete. Wiederholt mußten die Staudämme, die die Seen an der Talseite abschlossen, im Lauf der Jahrhunderte erhöht werden. Als die Mittel der Abtei nach der großen Flutwelle von 1778 für eine notwendige Konsolidierung nicht ausreichten, legte man die Neuweiher für einige Jahrzehnte ganz trocken, und am Platz des Grand Neuweiher errichtete man damals ein Gehöft.

(Kartentext:)
Rimbachkopf
▲
1195 m

Rimbach-près-Masevaux

pelle
Ermensbach

P

Pfad nach links über die Wiesen (4.45 Std., Ermensbach, Rimbach). Hier erhebt sich eine mächtige, weit ausladende Linde. An der Sennerei Gresson as überqueren wir einen Weg (4.50

Im Sundgau

Sundgau, ursprünglich eine karolingische Grafschaft (Süd-
gau), die das gesamte Oberelsaß umfaßte, heißt heute der
äußerste Zipfel des Elsaß, der schon nicht mehr im Schatten
der Vogesen liegt. Das sanft gewellte, fruchtbare Hügelland
südlich von Mulhouse, in dem Äcker und Wiesen, Hecken
und Laubwälder einander abwechseln, wird begrenzt durch

die ersten Höhenzüge des Jura, der sich weiter in die Schweiz und nach Frankreich fortsetzt.

Während das Bauernland mit den vielen kleinen Fachwerkdörfern und alten Kirchen nur wenige Touristen anzieht, sind die von weißgrauen Kalkfelsen überragten grünen Matten des Juragebirges ein beliebtes Erholungsgebiet für die Bewohner der nahen Großstädte Mulhouse und Basel.

Ländliche Idylle im Sundgau

31

Durch stille Dörfer und Buchenwälder

Von Illfurth nach Flaxlanden und Luemschwiller

Abseits der vielbereisten Touristenstraßen verbergen sich hier die Zeugen alter und neuer Geschichte: Reste eines keltischen Oppidums, ein Altaraufsatz mit altdeutscher Malerei, ein fast vergessener jüdischer Friedhof und ein großer deutscher Soldatenfriedhof aus dem Ersten Weltkrieg. – Besonders schön ist die Wanderung durch Felder und Wälder im Frühsommer mit Baumblüte und jungem Buchengrün.

WEGVERLAUF UND MARKIERUNG:
Rote Raute / *Sentier Interregio*: Illfurth – *Cimetière militaire allemand* (25 Min.) – Kapelle St-Brice (10 Min.) – Britzgyberg (20 Min.) – *Grand Canon de Zillisheim* (35 Min.) – *Auberge du Canon* (10 Min.) – Flaxlanden, Friedhof (30 Min.); gelber Punkt u. gelbes Kreuz: Schwalberg – Galgen (50 Min.) – *Vierge de Paulrath* (15 Min.) – Luemschwiller (30 Min.) – Jüdischer Friedhof (15 Min.); blaues Rechteck u. gelbes Kreuz: Buchsberg (50 Min.) – Illfurth (20 Min.).

DAUER: 5.20 Std.

LÄNGE: 18 km

SCHWIERIGKEITSGRAD: Lange, aber nicht besonders schwere Wanderung über Feld- und Waldwege; mäßiger Anstieg von Illfurth (260 m) zum Galgen (404 m). Im Sommer kann der Weg über die offenen Felder heiß werden.

KARTE: Vom Club Vosgien und IGN die Wanderkarte Sundgau, im Maßstab 1 : 50 000

EINKEHRMÖGLICHKEIT: Man sollte ein Picknick einpacken, weil das einzige Gasthaus am Weg, die *Auberge du Canon*, ziemlich am Anfang der Wanderung liegt. In Illfurth das Restaurant *Au Coq* (Mi. Ruhetag), wo man eine Spezialität der Gegend, gebackenen Karpfen mit Pommes Frites und Mayonnaise serviert – schmackhaft, aber nicht gerade leicht bekömmlich! Am Sonntag empfiehlt es sich, seinen Platz zu reservieren.

ANFAHRT: Von Mulhouse nach Süden auf der D 432, Richtung Altkirch. Parken auf dem Rathausplatz, gegenüber der Kirche. Bahnstation

SYNDICAT D'INITIATIVE: Place Xavier Jourdain, 68130 Altkirch, ✆ 89 40 95 77

VARIANTE DES WANDERWEGS: Wer den Weg abkürzen möchte, verzichtet auf den Schwalberg bei Flaxlanden und wandert in einer halben Stunde von der Auberge du Canon direkt zum Galgen (gelbes Dreieck).

BESONDERE HINWEISE: Die Kirchen sind leider nur sonntags während des Gottesdienstes geöffnet.

DER WANDERWEG

Für die erste Etappe unserer Wanderung, Illfurth – Flaxlanden, benutzen wir den Sentier Interregio, dessen spezielle Markierung, drei schwarze Rechtecke auf gelben Grund, zur Zeit auf französischem Gebiet meist durch die rote Raute ersetzt wird. Vom Rathausplatz geht es neben dem Restaurant Au Coq zum Bahnübergang (5 Min.) und dann weiter die Rue St-Brice hinauf zum deutschen Soldatenfriedhof (Cimetière militaire allemand). Bald nach dem Forsthaus verlassen wir an einem Parkplatz die asphaltierte Straße und erreichen in knapp 10 Minuten den einsam am Hang gelegenen **Friedhof** (25 Min.). Unter einfachen Steinplatten zwischen niedrigen Buchen liegen hier 2000 im Ersten Weltkrieg gefallene Soldaten, unter ihnen der Leutnant Mayer, der als erster deutscher Soldat in einem Scharmützel noch vor der offiziellen Kriegserklärung am 2. August ums Leben kam.

Nachdem wir vom Friedhof zum Weg mit der roten Raute zurückgekehrt sind, biegen wir vom größeren Weg bald scharf links auf den schmalen Pfad und gelangen zur *Kapelle St-Brice* (35 Min.). Die während der Revolution zerstörte und 1870 wiederaufgebaute Kapelle geht sicherlich auf ein älteres Heiligtum zurück; ein behauener Stein trägt die Jahreszahl 1589. Spuren eines keltischen **Oppidums** (Adelssitzes) aus der Hallstattzeit (750–450 v. Chr.), ein Erdwall in geringer Entfernung von der Kapelle, sind im Gelände noch gut zu erkennen. Archäologische Bodenfunde dieser reichen Kultur, der auch der Breisacher Münsterberg und die Heuneburg bei Sigmaringen angehören, sind im Straßburger Archäologischen Museum ausgestellt.

Durch niedrigen Wald und offenes Land geht es von der Kapelle fast eben auf dem Bergrücken bis zum **Britzgyberg** (55 Min.), der heute von riesigen Maisfeldern bedeckt ist. Es gibt, ausnahmsweise, keine Aussicht und gar nichts zu besichtigen.

Wir nehmen den Fuhrweg nach rechts durch die Felder, wenden uns ca. 10 Min. später nach links und erreichen bald darauf, bei einer Hütte, den nun wieder gut signalisierten Weg mit der roten Raute, der uns durch den Buchenwald des Altenbergs zur **Großen Kanone** von Zillisheim führt (1.30 Std.). 1916 feuerten die Deutschen aus dieser Marineschnelladekanone mit einer Reichweite von 47,5 km 41 Geschosse in Richtung Belfort; die Bevölkerung von Zillisheim hatte man zuvor vorsichtshalber evakuiert. Auf der großen, gemauerten Plattform steht heute ein kleiner Teich, und es bleiben noch etwa 500 m unterirdische Galerien.

Die Auberge du Canon, knapp 10 Min. von der Großen Kanone entfernt (1.40 Std.), ist ein beliebtes Ausflugslokal, besonders am Wochenende Ziel zahlreicher Familien, die die Autostraße von Zillisheim heraufkommen. Wir gehen rechts am Restaurant vorbei, überqueren die kleine Wiese zur Linken und halten uns, wenn wir gleich danach auf einen breiten Forstweg stoßen, noch einmal links. Jetzt folgen wir weiter der roten Raute (aufpassen!), wenden uns, wenn wir nach ungefähr einer Viertelstunde den Waldrand erreicht haben, nach rechts (1.55 Std.), gelangen bald darauf endgültig in die Felder und erreichen **Flaxlanden** nach einer weiteren Viertelstunde, in Höhe des Friedhofs (2.10 Std.).

Wer den Kirchturm aus dem 13. Jh. näher betrachten oder etwas Proviant im Gemischtwarenladen einkaufen möchte, macht einen Abstecher ins Dorf (rote Raute: Rue du Repos, Rue de Bruebach, Grand'Rue). Wenn wir auf den Besuch von Flaxlanden verzichten, gehen wir am Friedhof ein Stückchen auf der Fahrstraße nach rechts und folgen dann der Rue des Cerisiers noch einmal nach rechts den Berg hinauf –

unsere Markierung ist jetzt der gelbe Punkt. Bald nachdem die feste Straße in einen Feldweg übergegangen ist, gabelt sich der Weg. Wir halten uns wieder rechts und wandern nun durc[h] Maisfelder, Wiesen mit Obstbäume[n] und schönen Buchenwald immer gera[-]deaus den **Schwalberg** hinauf, bis w[ir]

Flaxlanden

Schwalberg

Auberge
du Canon

rand
anon

Bois

de

ltenberg

500 m

Vierge de
Paulrath   Galgen

Wanderung 31: Von Illfurth nach Flaxlanden und Luemschwiller

Kreuz gezeichnet ist (*Sentier circulaire du Schwalberg*).

Hier wenden wir uns nach rechts und erreichen in 10 Min. den »Galgen« (3 Std.), ein Schild an einer hohen Buche erinnert daran, daß die Herren von Steinbrunn-les-Bas hier früher die Hochgerichtsbarkeit ausübten. Von der Anhöhe des Galgen, ungefähr 100 m links am Waldrand hoch, hat man einen schönen Blick auf den südlichen Sundgau, der im Herbst allerdings durch hohe Maispflanzen eingeschränkt wird.

Wieder zurück auf unserem Weg, wandern wir jetzt bequem durch den Buchenwald bis zu einem Bildstock mit einer kleinen modernen Marienstatue, *La Vierge de Paulrath* (3.15 Std.). Weiter geht es auf dem Landserweg geradeaus durch Felder und Streuobstwiesen bis nach **Luemschwiller** (3.45 Std.). Die hügelige, fruchtbare Sundgaulandschaft, in der vereinzelt Rebstöcke an den Weinbau erinnern, erscheint hier besonders reizvoll.

Im Luemschwiller betrachten wir, wenn möglich, den Altar der Kirche und machen einen Abstecher zum jüdischen Friedhof. Am Ortseingang folgen wir dem gelben Kreuz die Grand'Rue hinunter, überqueren die Durchgangsstraße nach Tagolsheim und gehen an einem Brunnen vorbei die Rue de l'Ecole zur Kirche hinauf. Wenn wir aufpassen, bemerken wir unterwegs einige Häuser aus dem 17. und 18. Jh., häufig aus Stein der Umgegend erbaut.

Der Weg zum jüdischen Friedhof, ungefähr 300 m oberhalb der Kirche, ist nicht besonders gekennzeichnet, aber leicht zu finden: Rue de Walheim (Fortsetzung der Rue de l'Ecole), dann links in die Rue du Réservoir, die in einen Feldweg übergeht und an der Weggabelung links hinauf in den Wald. Der kleine Friedhof, ohne jede Einfriedung

ungefähr 40 Min. nach unserem Abmarsch vom Friedhof (2.50 Std.) auf den alten Landserweg nach Luemschwiller stoßen, der mit einem gelben

(früher 250–300 Gräber) liegt dann auf der linken Seite des Weges (4 Std.).

Um 1800 waren von den 770 Dorfbewohnern 190 Israeliten. Am Ende desselben Jahrhunderts zog der letzte Jude aus Luemschwiller in die Nachbarstadt Altkirch: »In ere Stadt kame e Dorf verdiene, awer im e Dorf kä Stadt.« Wieder zurück an der Kirche gehen wir geradeaus hinunter zur Hauptstraße (Rue de Tagolsheim) und dann nach links bis zum kleinen Platz am Ortsausgang (4.15 Std.).

Von Luemschwiller zurück nach Illfurth wandern wir jetzt mit dem blauen Rechteck (GR 531), das sich gleich rechts an einem Mast findet. Durch einen steilen Hohlweg, von Pflaumen- und Nußbäumen gesäumt, gelangen wir auf freies Feld und danach in einen schönen Buchenwald (4.35 Std.). 5 Min. später, an der nächsten Weggabelung, gehen wir nicht direkt nach Illfurth hinunter, sondern machen einen Abstecher nach links (Illfurth par Buxberg, gelbes Kreuz), um das ausgedehnte Buchsbaumgehölz am Berghang zu sehen. Die im Mittelmeergebiet heimische Pflanze erreicht hier in Südwestlage auf Kalkboden die nördliche Grenze ihrer Ausdehnung – vor allem bei heißem Wetter verbreitet sie ihren charakteristischen Duft. Wenn wir das Gehölz erreicht haben (4.50 Std.), macht der Pfad eine Spitzkehre, und wir müssen ein wenig aufpassen. Der Buchsbaum bleibt immer zu unserer Linken, und wir wandern im Buchenwald. Am Ortsrand von **Illfurth** stoßen wir wieder auf den Hauptweg mit dem blauen Rechteck (5 Std.). Wir gehen die Rue du 21 Novembre hinunter, weiter nach rechts ein

Am Ortsrand von Illfurth

AM WEGE

Die Jahrzehnte um 1500 sind bekannt als Blütezeit der Tafelmalerei am Oberrhein: Martin Schongauer schuf für die Martinskirche in Colmar die Maria im Rosenhag, Matthias Grünewald den Isenheimer Altar, Hans Baldung Grien den Hochaltar für das Freiburger Münster. Neben diesen groß angelegten, bekannten Meisterwerken haben sich im Elsaß auch mehrere kleinere Altaraufsätze mit altdeutscher Malerei erhalten, so der **Flügelaltar in der Dorfkirche von Luemschwiller.**

Seine Rückseite, die aus zwei festen und zwei beweglichen Flügeln besteht, zeigt in acht fast gleich großen Bildern die vertrauten Geschichten aus dem Marienleben: in der oberen Reihe Verkündigung, Heimsuchung, Geburt Christi und Beschneidung, darunter die Anbetung der Könige, die Darbringung im Tempel, die Flucht nach Ägypten und den Tod Marias. Geöffnet erscheint in der Mitte des Altars eine Marienstatue mit Kind, auf beiden Flügeln im Halbrelief die hl. Barbara (links) und die hl. Katharina (rechts). Auf dem Sockel ist zwischen zwei Engeln mit den Leidenswerkzeugen das Schweißtuch der hl. Veronika gemalt.

Als der ursprüngliche Standort dieses Altaraufsatzes ist das Kloster St. Alban in Basel überliefert. Möglicherweise wurde er vor dem Bildersturm der Reformationszeit in die dem Kloster gehörende Probstei Enschingen bei Altkirch in Sicherheit gebracht und gelangte von dort in das nahe Luemschwiller. Kunstgeschichtler bezeichnen die Tafelmalerei bald als Werk des jungen Hans Baldung Grien, bald als Werk seiner Schule. Wie dem auch sei – die unbekannte, abgelegene Sundgaukirche überrascht den Wanderer allemal mit ihrem kleinen Meisterwerk altdeutscher Malerei.

Stück an der Bahnlinie entlang (Chemin du Buis), überqueren die Schienen ein Stück nach dem Schild »Deutscher Soldatenfriedhof« und erreichen gleich darauf den Ausgangspunkt unserer Wanderung (5.10 Std.).

Zuletzt noch ein Blick auf das originelle moderne Pfarrzentrum am Rathausplatz, das unter verschieden geneigten Dachflächen Kirche, Pfarrhaus und Gemeindezentrum umschließt (Baujahr 1970/71) und auf die Burnkirch, eine der ältesten elsässischen Landkirchen und Mutterkirche von Illfurth, die auf eine Anlage aus dem 7. oder 8. Jh. zurückgeht. Einsam erhebt sich der schlichte, mehrfach veränderte Bau mit dem für den Sundgau typischen Turm auf dem noch heute benutzten Friedhof am südwestlichen Ortsrand, neben der Straße nach Heidwiller (D 18 oder rote Raute).

32

Zu den Höhlen der Erdwibele

Um die Burg von Ferrette

Die kleine Wanderung um den Schloßberg von Ferrette führt uns durch eine typische Juralandschaft, in der durch Auswaschung mächtige Felsklötze und Höhlen im Kalkstein freigelegt wurden – ein idealer Platz für Zwerge und andere Erdgeister. Eindrucksvoll und selten im Elsaß ist der Kontrast zwischen dem hellen Felsengestein und dem Grün des Waldes.

WEGVERLAUF UND MARKIERUNG: Blauer Punkt: Ferrette – Keucht (15 Min.) – *Gorge aux Loups* / Wolfsschlucht und *Grotte des Nains* (10 Min.) – *Plateau des Nains* / Erdwibelefelsen (15 Min.) – Heidefluh (15 Min.); blaues Dreieck u. blauer Punkt: Löchlefelsen (15 Min.); blauer Punkt u. gelbes Rechteck: Untere Burg von Ferrette (25 Min.); blauer Punkt: Ferrette (10 Min.)

DAUER: 1.45 Std.

LÄNGE: 5 km

SCHWIERIGKEITSGRAD: Teilweise steiniger Spazierweg durch den Wald; der Aufstieg von Ferrette (485 m) zur Heidefluh (640 m) ist von größeren Kindern zu bewältigen.

AUSRÜSTUNG: Taschenlampe zur Besichtigung der kleinen Grotte

KARTE: Eine gute Broschüre gibt es im Syndicat d'Initiative: *Promenades et Randonnées sur les Sentiers du Jura alsacien.*

EINKEHRMÖGLICHKEIT: Gasthäuser in Ferrette. Unterwegs, auf der Heidefluh, schöne Grillplätze. Ein angenehmer ländlicher Gasthof ist die *Auberge Paysanne* in Lutter, 8 km von Ferrette entfernt (Mo., evtl. Di.mittag Ruhetag).

ANFAHRT: Von Mulhouse nach Süden über Altkirch auf der D 432. Parken am Rand der Oberstadt (*Haute Ville*), auf dem Platz an der Kreuzung Ligsdorf – Sondersdorf, Kiffis.

SYNDICAT D'INITIATIVE: Hôtel de Ville, 68480 Ferrette, © 89 40 40 01

BESONDERE HINWEISE: Feinschmeckern ist ein Besuch im Sundgauer Kaskeller in Vieux Ferrette zu empfehlen, der die renommierten Restaurants der Region beliefert und auch an Einzelkunden verkauft (Di. geschl.).

DER WANDERWEG

Zu den Sehenswürdigkeiten um **Ferrette** führen viele, sich oft kreuzende Wege, und die relativ kurze Route wird darum im folgenden ausführlicher beschrieben. Unsere Markierung ist durchweg der blaue Punkt, der aber in verschiedener Weise mit anderen Zeichen kombiniert wird.

Wanderung 32
Um die Burg von
Ferrette

Zu Beginn der Wanderung wählen wir die Kombination blauer Punkt / rote Raute (*Sentier Interregio*). Auf der Straße nach **Sondersdorf** gehen wir einige Schritte bis zum Restaurant *Du Jura* und von hier weiter auf der Rue du Colonel Robelin. Über den Gendarmeriekasernen stehen eindrucksvoll die weißgrauen Jurafelsen, die wir auf dem Rückweg besuchen werden. Ungefähr 5 Min. müssen wir neben der geteerten Autostraße wandern, dann steigen wir am Zaun der **Kaserne** nach links hinauf in den Wald. Am oberen Ende des Zauns stoßen wir auf einen breiten Forstweg und halten uns geradeaus (blauer Punkt, rote Raute), bis wir an einer Lichtung den Waldparkplatz **Keucht** erreichen (15 Min.).

Hier verlassen wir den Sentier Interregio (rote Raute), der weiter nach Sondersdorf führt, und kombinieren den blauen Punkt (Grotte des Nains) mit dem rot-weiß-roten Rechteck (*Trois étangs*, Bouxwiller). Wenn die zuletzt genannte Markierung einige Minuten später nach rechts in den Wald hinunterführt, wandern wir, nun nur noch mit dem blauen Punkt, weiter geradeaus und erreichen, etwa 10 Min. nach der Keucht, die **Wolfsschlucht** (Gorge aux Loups), eine schmale Juraklamm, an deren Eingang die **Grotte des Nains**, die Erdwibelehöhle, gelegen ist (25 Min.).

Am oberen Ende der Schlucht (30 Min.) stoßen wir auf den Dreiländerweg (gelbes Rechteck), dem wir ein kurzes Stück nach links folgen, bis uns der blaue Punkt noch einmal scharf nach links führt, hinauf zum Plateau des Nains, zum Erdwibelefelsen (40 Min.).

Von den aufgestellten Bänken haben wir einen weiten Blick über das Illtal und die Rheinebene mit Vogesen und Schwarzwald, bei klarem Herbstwetter bis hin zu den Berner Alpen.

Weiter geht es zu zwei anderen typischen Kalksteinfelsen, der **Heidefluh** mit Grillplätzen und Bänken, und dem **Loechlefelsen** mit der Aussichtskanzel. Vom Plateau des Nains wandern wir mit dem blauen Punkt ungefähr 10 Min. auf der Höhe durch den Wald (50 Min.), dann biegen wir links hoch zur Heidefluh (55 Min.).

Wir verlassen den Felsen auf der rechten Seite des Aussichtsgatters (blaues Dreieck), stoßen gleich darauf wieder auf den blauen Punkt und folgen dem Pfad auf dem Felsengrat, bis wir auf der linken Seite die Kanzel auf dem Loechlefelsen erreichen (1.10 Std.).

Über den Kasernen erblicken wir unser nächstes Ziel, den **Schloßberg** von Ferrette, schon von weitem an seiner bewimpelten Plattform zu erkennen. In steilen Kehren steigen wir hinunter ins Tal, wo wir wieder auf den Dreiländerweg stoßen (gelbes Rechteck, 1.20 Std.). Wir wenden uns nach rechts und gleich darauf wieder nach links (*Ferrette, Église*), überqueren einen kleinen Bach und klettern den Burgberg hinauf. Gut 5 Min. später, fast auf der Höhe, müssen wir links gehen (blauer Punkt, *Château, Ferrette*) und erreichen nach einem letzten Anstieg durch den Wald die untere Burg (1.35 Std.). Geradeaus (blaues Dreieck) stehen wir nach wenigen Schritten im unteren Burghof, nach links führt ein schmaler Pfad (blauer Punkt) außerhalb der Mauern direkt zur oberen Burg – Eingang durch ein verstecktes Törchen zur Rechten (1.40 Std.). Die weitläufige Anlage war einst Stammburg der Grafen von Pfirt oder Ferrette, deren Herrschaft im südlichen Elsaß 1324 durch Heirat an das Haus Habsburg kam. Während das Oberschloß schon am Ende des Dreißigjährigen Krieges von den Schweden zerstört wurde, fiel das 1488 neu angelegte Unterschloß erst während der Französischen Revolution einer Bande aufständischer Bauern zum Opfer. Den besten Überblick bietet die Plattform auf der oberen Burg, die auf den Fundamenten eines Wohnturms aus dem 13. Jh. errichtet ist.

Durch zwei Tore, die Porte Haute und die Porte Basse, steigen wir nach der Besichtigung dann hinunter in die hübsche kleine **Altstadt** (nach der Porte Basse halten wir uns rechts) und bummeln die steile Rue du Château hinunter bis zur Kirche (Chor um 1300, neugotisches Schiff von 1914). Zu unserem Parkplatz am oberen Ortsausgang finden wir bequem zurück mit der roten Raute (Heidefluh, Sondersdorf).

Die Sage von den Erdwibele

In den von August Stöber aufgezeichneten Sagen des Elsasses findet sich auch die Geschichte von den Pfirter Zwergen. Danach hauste in alten, grauen Zeiten in den Felskammern der Wolfshöhle bei Pfirt ein Völklein von »Erdwibele«, die mit den Menschen der umliegenden Ortschaften in freundschaftlichem Verkehr standen. Männlein und Weiblein halfen den Dorfbewohnern mit ihren winzig kleinen silbernen Werkzeugen bei der Ernte, besuchten sie in ihren Häusern, machten ihnen reiche Geschenke und feierten ihre Feste.

Tor zur Unteren Burg in Ferrette

Weil aber die Zwerge immer so lange Kleider trugen, daß man ihre Füße nicht sehen konnte, streuten eines Tages einige fürwitzige Mädchen Sand vor die Höhle und verbargen sich dann im Gebüsch. Als die Zwerglein nun herausgehüpft kamen, ließen sie Spuren von Geißfüßen im Sand zurück, und die neugierigen Mädchen verrieten sich durch lautes Lachen. Da merkten die Erdwibele den Betrug, kehrten traurig in ihre Höhlen zurück und sind seitdem nie wieder zum Vorschein gekommen.

Mehrtägige Wanderungen

Die folgenden mehrtägigen Wanderungen durch das Elsaß benutzen, mit Varianten, den gut ausgeschilderten ältesten Vogesenwanderweg: Wissembourg – Schirmeck (GR 53) – Masevaux – Ballon d'Alsace (GR 5). Von Norden nach Süden, von den niedrigen Sandsteinvogesen zu den kahlen Hochvogesen, wird der Weg zunehmend schwieriger, und der Beginn der Wanderzeit verschiebt sich in den Höhenlagen vom Spätfrühling in den Beginn des Frühsommers – Mitte Juni.

Weil es sich nicht um Tagesrundwanderungen handelt, sind wir für An- und Abreise mehr oder weniger auf die nicht immer kommoden öffentlichen Verkehrsmittel angewiesen, und man erkundigt sich bei der Planung des Unternehmens zweckmäßig bei der SNCF (Französische Eisenbahn) und in den betreffenden Verkehrsbüros. Hier erfährt man auch die Adressen von Hotels, Gîtes d'Etape und Refuges, und man sollte keine längere Wanderung ohne Reservierung antreten.

Soweit Bahn und Bus es erlauben, kann man alle vier Wanderungen auch in Teilstücke zerlegen. Besonders nützlich für die Kenntnis des Wegverlaufs, der nicht in jedem Teilstück beschrieben werden kann, sind die TOP25 Karten im Maßstab 1:25 000 und der »Topo-Guide, GR 5-53, Crêtes des Vosges, Réf. 502«.

Burgenwanderung im Naturpark Nordvogesen

Die Wanderung zu den neun Burgen führt durch ausgedehnte Wälder und folgt vom Fleckenstein an beständig dem gut ausgezeichneten GR 53. Wer »unbeschwert« wandern will, findet überall Hotels mit Gepäckbeförderung. Für unterwegs ist ein Picknick wünschenswert.

1. Tag: ca. 5 Std.
Lembach (Syndicat d'Intiative ℂ 88 94 43 16; nächste Bahnstation Wissembourg, dann Taxi oder Bus; Gepäckbeförderung: Hotel Au Heimbach, ℂ 88 94 43 46; Refuge ℂ 88 94 21 19) – Gimbelhof (Gasthaus, Mo. u. Di. Ruhetag) – Burg Fleckenstein (s. Wanderung 1) – Froensburg – Col de

Hichtenbach – Burg Wasigenstein (s. Wanderung 2) – Obersteinbach (Syndicat d'Initiative, ✆ 88 94 43 16; Gepäckbeförderung: Hotel Alsace Village, Mo. Ruhetag, ✆ 88 09 50 59; Gîte d'Etape ✆ 88 09 55 26).

Variante des Wanderwegs: Man kann die Wanderung auch in Wissembourg beginnen (Office de Tourisme, ✆ 88 94 10 11; Bahnstation) und übernachtet in Climbach im Hotel-Restaurant Cheval Blanc (Di.abend u. Mi. Ruhetag, Gepäckbeförderung, ✆ 88 94 41 95) oder im Gîte d'Etape (✆ 88 94 44 38). Man folgt dann dem GR 53: Wissembourg – Tour de Scherhol – Col du Pigeonnier – Climbach: ca. 2.30 Std. Der Wanderweg am nächsten Tag: Climbach – Petit Wingen – Col du Litschhof – Col du Hohenbourg – Fleckenstein – Froensburg verlängert sich dann um eine knappe Stunde. Karte: TOP25 3814 ET (Haguenau, Wissembourg)

2. Tag: ca. 5 Std.
Obersteinbach – Wittschloessel – Burg Alt- und Neu-Windstein (Gasthaus, Do. Ruhetag) – Wineckerthal – Col de la Liese – Grand Wintersberg (s. Wanderung 4) – Niederbronn (Office de Tourisme, ✆ 88 80 89 70; Bahnstation; Gepäckbeförderung: Hotel-Restaurant Cully, Restaurant evtl Di.abend u. Mi. geschl., ✆ 88 09 01 42; Gîte d'Etape in Oberbronn, ✆ 88 09 71 96).
Karte: s. 1. Tag

3. Tag: ca. 5.30 Std.
Niederbronn – Wasenburg – Wasenkoepfel (s. Wanderung 5) – Col de l'Ungerthal – Groß-Arnsburg – Untermuehlthal – Lichtenberg und Burg Lichtenberg (Office de Tourisme La Petite-Pierre, ✆ 88 70 42 30; Gepäckbeförderung: Hotel-Restaurant Au Soleil, Mi. abend Ruhetag, ✆ 88 89 96 13; Gîte d'Etape ✆ 88 89 98 99) – Wimmenau (Bahnstation; Hotel-Restaurant A l'Aigle, Mo. Ruhetag). Variante des Wanderwegs: Man kann in Lichtenberg übernachten und am nächsten Tag von Wimmenau aus zurückfahren.
Karte: TOP25 3714 ET (La Petite-Pierre)

Durch die Wälder der Mittelvogesen

Die Mittelvogesen sind bekannt für ihre dunklen, einsamen Wälder, die eine eindrucksvolle Kulisse abgeben für geheimnisvolle keltische Denkmäler und mittelalterliche Burgen. Der Weg folgt beständig dem GR 53 / 5, und in den

Tagesetappen finden wir zahlreiche Unterkunftsmöglichkeiten. Wangenbourg und Le Hohwald zählen zu den im Land beliebten kleinen Luftkurorten, aber für unterwegs ist ein Picknick notwendig!

1. Tag: ca. 7.30 Std.
Saverne (Office de Tourisme, ℰ 88 91 80 47; Bahnstation; Gepäckbeförderung: Fischer's Hotel, Fr.abend Ruhetag, ℰ 88 91 19 53; Camping; Jugendherberge) – Burg Haut-Barr (Restaurant, s. Wanderung 8) – Brotschberg – Hêtre Billebaum – La Hoube (Gasthaus) – Auberge du Rosskopf – Wangenbourg (Office de Tourisme, ℰ 88 87 32 44; Linienbus CTS ℰ 88 32 36 97; Gasthäuser; Gîte d'Etape, ℰ 88 87 34 34; Camping).
Karte: TOP25 3715 OT (Saverne, Sarrebourg)

2. Tag: ca. 4.30 Std.
Wangenbourg – Schneeberg – Burg Nideck (s. Wanderung 11) – Oberhaslach (Gasthäuser) – Urmatt (Syndicat d'Initiative, Oberhaslach, ℰ 88 50 90 15 oder 88 97 40 21; Bahnstation; Gasthäuser).
Variante des Wanderwegs: Man kann im Dorf Oberhaslach übernachten (Gepäckbeförderung: Hotel-Restaurant Aux Ruines du Nideck, Di.abend u. Mi. Ruhetag, ℰ 88 50 19 14) und am nächsten Tag über den GR 532 zum GR 53 hinüberwandern.
Karte: TOP25 3715 OT (Saverne, Sarrebourg) und TOP 25 3716 ET (Mont Ste-Odile)

3. Tag: ca. 6 Std.
Urmatt – Porte de Pierre – Rocher de Mutzig – La Baraque Carrée – Col d'Engin – Donon (s. Wanderung 12) – Plate-Forme du Donon (Syndicat d'Initiative, Schirmeck, ℰ 88 97 00 02; Gasthäuser).
Karte: TOP25 3716 ET (Mont Ste-Odile) und TOP 3616 OT (Le Donon)

4. Tag: ca. 8 Std.
Plate-Forme du Donon – Schirmeck (Gasthäuser) – Struthof – Champ du Messin – Col de la Katzmatt – Rocher de Rathsamhausen – Col du Champ de Feu – Le Hohwald (Office de Tourisme, ℰ 88 08 33 92; Gepäckbeförderung: Hotel-Restaurant Au Pavillon de Chasse, Di.abend u. Mi. Ruhetag, ℰ 88 08 30 08 und Pension Beauregard, ℰ 88 08 30 49; Ferme Auberge Witterthalhof, ℰ 88 08 31 24; Gîte d'Etape ℰ 88 08 33 47; Camping).

Variante des Wanderwegs: Man kürzt den langen Weg um ca. 1.30 Std. ab, wenn man am Champ du Feu übernachtet (Hostellerie du Champ du Feu La Serva, evtl. Mo.abend u. Di. Ruhetag, ✆ 88 97 30 95; Refuge La Chaume des Veaux, ✆ 88 83 48 78).

Karte: TOP25 3616 OT (Le Donon); TOP25 3716 ET (Mont Ste-Odile); TOP25 3717 ET (Sélestat, Ribeauvillé)

5. Tag: ca. 5.30 Std.
Le Howald – Maison forestière Welschbruch (Gasthaus, Mo. Ruhetag) – Mont Ste-Odile (Gasthaus, s. Wanderung 16) – Maennelstein – Landsberg (s. Wanderung 17) – Barr (Office de Tourisme, ✆ 88 08 66 65; Bahnstation; Gasthäuser; Gîte d'Etape ✆ 88 08 95 89)

Variante des Wanderwegs: Wer auch diesen Weg um ca. 1.30 Std. abkürzen möchte, wandert vom Mont Ste-Odile über den Sentier des Pèlerins (weißes Rechteck) hinunter in das hübsche Weindorf Ottrott (Syndicat d'Initiative, ✆ 88 95 87 07); Linienbus CTS ✆ 88 32 36 97; Gasthäuser; Camping)

Karte: TOP25 3717 ET (Sélestat, Ribeauvillé); für die Variante: TOP25 3716 ET (Mont Ste-Odile).

An der Route des Vins

An der Route des Vins liegen nicht nur die bekannten elsässischen Weinstädtchen, sondern auch viele mittelalterliche Burgen. So führt uns der Wanderweg am Ostrand der Vogesen bald durch freie Weinberge, bald über die von Burgruinen gekrönten bewaldeten Vorhügel. Am ersten und zweiten Tag (bis zur Croix Floderer) folgen wir dem großen GR 5, dann benutzen wir für die kleineren Wanderwege eine der TOP25 Karten. In den vielbesuchten Weinorten finden wir überall Verpflegung und Unterkunft, vom einfachen Gasthof bis zur Nobelherberge (wegen der Gepäckbeförderung erkundigt man sich bei den Fremdenverkehrsämtern).

1. Tag: ca. 6 Std.
(vorwiegend durch den Wald, viele Einkehrmöglichkeiten)
Châtenois (Syndicat d'Initiative, ✆ 88 82 75 00; nächste Bahnstation Sélestat, dann Linienbus SNCF, ✆ 36 35 35 35; Gîte d'Etape, ✆ 88 92 26 20 oder 88 82 05 41; Jugendherberge für 1996 geplant) – ehemaliges Forsthaus Wick bei der Montagne des Singes (Imbiß von Ostern bis Ende Sept.)

Wehrkirche von Hunawihr inmitten der Weinberge

– Haut-Kœnigsbourg (Gasthaus, s. Wanderung 19) – Col du Schaentzel – Thannenkirch (Gasthäuser) – Ribeauvillé und die drei Burgen (Office de Tourisme, ☏ 89 73 62 22; Bahn-station; Gasthäuser; Camping; abseits vom GR 5 zwischen der Petite und der Grande Verrerie das Refuge du Schel-menkopf, ☏ 89 73 72 50; s. Wanderung 20).
Karte: TOP25 3717 ET (Sélestat, Ribeauvillé)

2. Tag: ca. 5 Std.
(vorwiegend durch den Wald, Picknick empfohlen)
Ribeauvillé – Col de Seelacker – Abstecher zur Ruine Bil-

stein – Sapin des Français / Croix Floderer – Kapelle St. Alexis (Wirtschaft, Fr. Ruhetag) – Kaysersberg und seine Burg (Office de Tourisme, ℰ 89 78 22 78; Gasthäuser; Camping) **Variante** des Wanderwegs: Man kann von Ribeauvillé nach Kayserberg auch ganz bequem in ca. zweieinhalb Stunden durch die Weinberge spazieren; dann bleibt Zeit zum Besuch der historischen Weinstädtchen: Ribeauvillé – Hunawihr mit dem befestigten Friedhof – Riquewihr – Kaysersberg. Diese Route läßt sich vor allem in der Vor- und Nachsaison empfehlen; im Sommer wird man möglicherweise den Waldesschatten den touristisch belebten Weinorten vorziehen. Karte: TOP25 3718 OT (Colmar, Kaysersberg)

3. Tag: ca. 3 Std.
(durch die Weinberge, überall Einkehrmöglichkeiten)
Kaysersberg – Ammerschwihr – Katzenthal – Abstecher zur Ruine Wineck – Niedermorschwihr – Turckheim (Office de Tourisme, ℰ 89 27 18 08; Bahnstation; Gasthäuser; Camping).
Karte: s. 2. Tag.

4. Tag: ca. 5 Std.
(vorwiegend durch den Wald, Picknick empfohlen)
Turckheim – Bahnhof St-Gilles – Pflixburg – Hohlandsburg – Burg Hageneck – Eguisheim und die drei Exen (Office de Tourisme, ℰ 89 23 40 33; Linienbus Kunegel Colmar-Guebwiller; Gasthäuser; Camping).
Karte s. 2. Tag

5. Tag: ca. 6 Std.
(durch die Weinberge, überall Einkehrmöglichkeiten)
Eguisheim – Husseren-les-Châteaux – Voegtlinshofen – Gueberschwihr – Pfaffenheim – Rouffach (Office de Tourisme, ℰ 89 78 53 15; Bahnstation; Gasthäuser; Camping)
Karte: TOP25 3719 OT (Grand Ballon)

Kammwanderung in den Hochvogesen

Die Kammwanderung über die Hochweiden der Südvogesen darf schon als eine kleine Gebirgstour gelten, und man sollte sie nicht vor der Schneeschmelze auf den Belchen antreten. Besonders schön ist der weite Blick von den kahlen Bergkuppen nach Osten und Westen übers Rheintal und die Wälder der lothringischen Hochebene. Wir bleiben darum möglichst auf der Höhe und verlassen den GR 5, wenn er vom Kamm ins Tal führt. Die Refuges, Schutz-hütten, sind in der Regel in den Sommerferien und an den Wochenenden geöffnet. Man muß vor der Wanderung unbedingt anrufen. Picknick trotz der Fermes Auberges wünschenswert!

1. Tag: ca. 5.40 Std.

Le Bonhomme (Office de Tourisme, Orbey, ✆ 89 71 30 11; Linienbus STAHV Colmar – St-Dié, ✆ 29 34 20 34; Gast-häuser oder das Refuge Etang du Devin, ✆ 89 47 20 29) – Etang du Devin – Tête des Faux – Refuge Tinfronce (✆ 89 71 21 94) – Col du Calvaire du Lac Blanc – Gazon du Faing (Ferme Auberge Gazon du Faing in 5 Min. Entfernung, ✆ 29 63 42 44) – Le Tanet – Col de la Schlucht (Office de Tourisme, Munster, ✆ 89 77 31 80; Linienbus STAHV Colmar – Epinal; Gasthäuser oder Ferme Auberge Trois Fours zwi-schen Schlucht und Hohneck, ✆ 89 77 31 14 Mo. Ruhestein oder Refuge Trois Fours, ✆ 89 77 32 59).

Karte: TOP25 3718 OT (Colmar, Kaysersberg) und TOP25 3618 OT (Le Hohneck, Gérardmer)

2. Tag: ca. 6.50 Std.

Col de la Schlucht – Le Hohneck (Restaurant; s. Wande-rung 24) – Kastelberg – Ferme Auberge Firstmiss / Fer-schmuss (✆ 29 63 26 13) – Rainkopf – Rothenbachkopf – Batteriekopf – Col du Herrenberg – Col du Hahnenbrunnen (Ferme Auberge Hahnenbrunnen, ✆ 89 77 68 99) – Mark-stein (Gasthäuser und mehrere Refuges, Auskunft und eine Liste der Bergheime beim Office de Tourisme, Guebwiller, ✆ 89 76 10 63) – Col du Haag (Ferme Auberge Haag, Mo. Ruhetag, ✆ 89 76 87 62).

Wegverlauf: Zur Fortsetzung der Kammwanderung verlas-sen wir zwischen Hohneck und Col du Herrenberg den GR 5, der ins Munstertal hinabführt, und folgen dem rot-weiß-rot markierten Pfad über die Höhe.

Variante des Wanderwegs: Wer die Übernachtung im Hotel oder Refuge vorzieht, bleibt am Markstein. Dann verkürzt sich die Wanderzeit um 1.20 Std.

Karte: TOP25 3618 OT (Le Hohneck, Gérardmer) u. TOP25 3619 OT (BussangLa Bresse)

3. Tag: ca. 6 Std.

Col du Haag – Grand Ballon (Hotel-Restaurant des Club Vos-gien und Self Service) – Ferme du Ballon (✆ 89 76 95 79) – Col du Firstacker – Col Amic – Burg Freundstein – Ferme Auberge Freundstein (,✆ 89 82 31 63,Di. Ruhetag) – Ferme

Auberge Molkenrain (✆ 89 81 17 66, Mo. Ruhetag) – Camp Turenne – Engelburg – Thann (Office de Tourisme, ✆ 89 37 96 20; Bahnstation; Gasthäuser).

Wegverlauf: Nach Burg Freundstein verlassen wir den GR 5 und wandern auf der Höhe über die Ferme Auberge Freundstein direkt zur Ferme Auberge Molkenrain (rot-weiß-rotes Rechteck); wir sparen uns so den ermüdenden Ab- und Anstieg durch den Wald über den Col du Silberloch.

Variante des Wanderwegs: Man kann die Wanderung abkürzen und in Guebwiller abschließen. Dann wandert man vom Hotel auf dem Grand Ballon mit dem rot-weiß-roten Rechteck in ca. 3.30 Std. ins Tal: Grand Ballon – Judenhutplan – Münsteräckerle – Peternit – Guebwiller (Office de Tourisme, ✆ 89 76 10 63; Linienbus Kunegel nach Mulhouse, ✆ 89 61 72 61; Hotels und Restaurants; s. Wanderung 27)

Karte: TOP25 3719 OT (Grand Ballon) und TOP25 3620 ET (Thann, Masevaux)

4. Tag: ca. 8 Std.

Thann – Plan Diebold-Scherer – Col du Hundsrucken (s. Wanderung 29) – Col du Rossberg / Refuge Waldmatt – Vogelsteine – Ferme Auberge Belacker (evtl. Mo. Ruhetag, ✆ 89 82 34 20) – Col des Perches – Col des Charbonniers – Ballon d Alsace (Office de Tourisme Masevaux, ✆ 89 82 41 99; Hotel Du Sommet, ✆ 84 29 30 60; Auskunft über die Bergheime beim Office de Tourisme, Masevaux).

Karte: TOP25 3620 ET (Thann, Masevaux)

5. Tag: ca. 3 Std.

Ballon d'Alsace – Hotel - Restaurant La Chaumière (✆ 84 29 31 66) – Ferme Auberge Grand Langenberg (Mi. Ruhetag, ✆ 89 48 96 98) oder Auberge du Langenberg (✆ 89 48 96 37) – Sewen (Office de Tourisme, Masevaux, ✆ 89 82 41 99; Linienbus nach Mulhouse, Cars Chopin, ✆ 89 42 17 04;

Gasthäuser).

Wegverlauf: Nach dem Hotel Restaurant La Chaumière verlassen wir den GR 5 und wählen den Weg über den Grand Langenberg (rotes Dreieck) oder den Petit Langenberg (rotes Andreaskreuz).

Karte: s. 4. Tag

ABBILDUNGSNACHWEIS

Archiv für Kunst und Geschichte (Berlin)   S. 57, 127
Braunger, M. (Freiburg)   S. 69, 83, 203, 226
Comité Régional du Tourisme d' Alsace (Straßburg)   S. 10 (Nussbaumer), 138
Damm, F. (Köln)   Titel, 11, 133, 222
Heitz, B. (Straßburg)   Titelvignette Mitte, 2 x 78, 2 x 150, 151, 152, 166, 168, 169
Kirchner   S. 85
Lacoumette, G. (Straßburg)   S. 63, 64, 147, 155, 161, 170, 178, 196, 201, 212
Look (München)   Titelvignette unten rechts, S.1, 21, 22, 122, 144, 159, 188
(alle C. Heeb)
Mariotte, Anne (Dresden)   S. 104, 11, 164
Musée alsacien, Archives municipales (Straßburg)   S. 98, 100
Maison des Arts et des Congrès (Niederbronn)   S. 49, 54
Neumeister, W. (München)   S. 26, 36, 47, 86, 114, 116, 121, 126, 163, 173, 190
Office Départ. de Tourisme (Straßburg)   S. 103 (G.Pleith)
Office Départ. du Tourisme du Bas-Rhin   S. 106 (C. Fleith/Airdiasol)
Richner, W. (Saarlouis)   S. 19, 135, 158, 175
Service Régional de l' Inventaire Général en Alsace (Straßburg) / S.P.A.D.E.M.
S. 15, 43, 112, 130
Spitta, W. (Loham)   S. 18, 29, 31, 33, 38, 41, 62, 68, 75, 89, 93, 110, 118, 141,
182, 185, 195, 216
Thomas, M. (Aachen)   S. 124
Visum (Hamburg)   S. 17, 128 (beide F. Saur)
Windisch, M. (München)   Titelvignette Mitte links, Titelvignette unten links.

Kartographie: Berndtson & Berndtson, Fürstenfeldbruck

Wanderinfos von A – Z

ANREISE

Mit dem Auto: Die Ostgrenze des Elsaß verläuft ungefähr parallel zur deutschen Autobahn A5 zwischen Karlsruhe und Basel. Die wichtigsten Grenzübergänge sind Rastatt – Iffezheim für Haguenau und das Nordelsaß, Appenweier – Kehl für Straßburg, Freiburg – Breisach für Colmar und die Anschlußstelle der französischen Autobahn A36 östlich von Mulhouse für das Südelsaß. In den Sundgau kann man auch über Basel gelangen.

Mit der Bahn: Mit den Fernzügen erreicht man das Elsaß in der Regel über Straßburg oder Basel – Mulhouse. Ein Hochgeschwindigkeitszug (TGV) von Paris nach Südwestdeutschland über Straßburg ist geplant.

AUSKUNFT

Allgemeine Auskünfte und Informationsmaterial erhält man bei den amtlichen französischen Verkehrsbüros.

In Deutschland:
Französisches
Fremdenverkehrsamt
Westendstraße 47,
60325 Frankfurt/M.
✆ (0 69) 7 56 08 30,
Fax (0 69) 75 21 87

Französisches
Fremdenverkehrsamt
Keithstraße 2–4,
10787 Berlin
✆ (0 30) 2 14 12 38,
Fax (0 30) 2 14 12 38

In Paris:
Maison de l'Alsace
39 avenue des Champs-Elysées,
75008 Paris
✆ (1) 42 56 15 94

Im Elsaß:
Office Départemental du Tourisme du Bas-Rhin – Maison du Tourisme
9 rue du Dôme,
67061 Strasbourg
✆ 88 32 17 77

Association Départementale du Tourisme du Haut-Rhin
1 rue Schlumberger,
68006 Colmar
✆ 89 20 10 54

Für Wanderer sind auch folgende Adressen wichtig:
Club Vosgien
16 rue Ste-Hélène (hinter dem Kaufhaus Magmod an der Place Kléber),
67000 Strasbourg
✆ 88 32 57 96

Relais Départemental des Gîtes de France Alsace Bas-Rhin
7 place des Meuniers,
67000 Strasbourg
✆ 88 75 56 50

Relais Départemental des Gîtes de France du Haut-Rhin
9 rue Bruat,
68007 Colmar
✆ 89 20 10 60 u. 89 20 10 62

Parc Naturel Régional des Vosges du Nord
Maison du Parc,
67290 La Petite-Pierre
✆ 88 70 46 55

Parc Naturel Régional des Ballons des Vosges
1 cour de l'Abbaye,
68140 Munster
✆ 89 77 90 20

Die Fremdenverkehrsämter vor Ort Offices de Tourisme (OT) und Syndicat d'Initiative (SI), werden im Text genannt.

AUSRÜSTUNG UND PROVIANT

Die Wanderungen stellen keine besonderen sportlichen Anforderungen. Bei den Tagestouren ist Ausdauer gefragt. Feste Schuhe können allerdings nie schaden. Wenn Bergstiefel nötig und Proviant oder Picknick wünschenswert sind, ist dies im Text vermerkt.

FEIERTAGE

Zu den auch in Deutschland üblichen Feiertagen, 1. Januar, Ostern, 1. Mai, Himmelfahrt, Pfingsten und Weihnachten, kommen im Elsaß, wie in ganz Frankreich, folgende Tage hinzu: 8. Mai (Jahrestag der deutschen Kapitulation 1945), 14. Juli (Sturm auf die Bastille, *Fête Nationale*), 15. August (Mariä Himmelfahrt, *Assomption*), 1. November (Allerheiligen, *Toussaint*), 11. November (Waffenstillstand 1918, *Armistice*).

FESTE UND VERANSTALTUNGEN

Die Fremdenverkehrsämter in Straßburg und Colmar geben jährlich einen ausführlichen, kostenlosen Festkalender heraus, »Manifestations Veranstaltungen Events«. Die wichtigsten Veranstaltungen werden auch in der lokalen Presse angezeigt.

KARTEN

Zur allgemeinen Orientierung benutzt man die bekannte Michelinkarte Nr. 87 (Vosges Alsace), 1 : 200 000, oder vom IGN (*Institut Géographique Nationale*) die beiden Karten der *Série Verte*: Nr. 12 (Strasbourg, Forbach) und Nr. 31 (St-Dié, Mulhouse, Bâle) 1 : 100 000.

Der Wanderer verfügt über zwei Reihen ausgezeichneter Karten, die der Club Vosgien in Zusammenarbeit mit dem IGN herausgibt: die grüne Reihe im Maßstab 1 : 50 000 (Neuauflage in Vorbereitung), und die 1993 begonnene Reihe TOP25 im Maßstab 1 : 25 000, die dem Wanderer besonders auf den kleineren Wegen gute Dienste leistet.

In der Regel findet man die nötigen Karten vor Ort im Fremdenverkehrsamt oder im Buch- und Papierladen. In Straßburg erhält man alles gewünschte Kartenmaterial bei *Géorama*, 20–22 Fossé des Tanneurs (nahe der Place Kléber) oder beim Club Vosgien.

Außer den Karten gibt der Club Vosgien auch noch eine Reihe von speziellen Wanderführern heraus, die besonders bei einem längeren Aufenthalt am Ort von Nutzen sind: Haute Vallée de la Sauer (um Lembach, Obersteinbach und Untersteinbach), Saverne, Le Hohwald, Barr, Alsace Centrale (um Sélestat), Vallée de Munster.

MUSEEN

Außer den großen bekannten Museen in Straßburg, Colmar und Mulhouse gibt es auf dem Land eine Vielzahl kleiner und kleinster Museen, in denen der Wanderer elsässische Geschichte und Kultur näher kennenlernen kann. Da diese Museen meist von freiwilligen Helfern betreut werden, beschränken sich die Öffnungszeiten allerdings oft auf das Wochenende und die Sommersaison.

NOTRUF

Polizei	✆ 17
Notarzt	✆ 15
Feuerwehr	✆ 18

In den Bergregionen wendet man sich im Notfall an die nächstgelegene Ferme Auberge, die den zuständigen Rettungsdienst informiert.

ÖFFENTLICHE VERKEHRSMITTEL

Die öffentlichen Verkehrsmittel lassen für den Wanderer im Elsaß eine Menge Wünsche offen. Die französischen Staatseisenbahnen (SNCF) konzentrieren ihre Anstrengungen vor allem auf die beiden Hauptlinien: Strasbourg – Colmar – Mulhouse – Belfort und Strasbourg – Paris via Saverne.

Aufs Land gelangt man nur mit wenigen Nebenstrecken der SNCF. da sie Unrentabel, sind sie oft von Schließung bedroht. Dazu kommen Linienbusse der Bahn und kommerzieller Unternehmen sowie Privattaxis, die vor allem für kleinere Gruppen interessant sind.

Ein *Guide Régional des Transports* (hg. von der SNCF) erscheint zweimal jährlich im Mai und September und ist in den größeren Bahnhöfen und Verkehrsvereinen kostenlos erhältlich. In diesem Führer findet man auch Angaben zum Transport von Fahrrädern. Telephonauskunft SNCF: ✆ 36 35 35 35.

Bei der Vorbereitung einer Reise tut man also immer gut daran, sich im betreffenden Verkehrsbüro nach der An- bzw. Abreisemöglichkeit zu erkundigen, und oft ist es nicht leicht, vom Auto auf die Bahn umzusteigen.

ÖFFNUNGSZEITEN

Die wöchentlichen Öffnungszeiten der Restaurants sind bei den einzelnen Wanderungen angegeben. Zu beachten ist jedoch die *Fermeture annuelle* (Jahresurlaub), die sich von Jahr zu Jahr ändern kann. Sie wird in den Hotel- und Restaurantverzeichnissen der Offices de Tourisme und im *Guide Michelin* verzeichnet. Das örtliche Syndicat d'Initiative oder Office de Tourisme gibt ebenfalls Auskunft.

ORGANISIERTE WANDERFERIEN

Mehrtägige Themenwanderungen mit Gepäcktransport und Übernachtung organisieren:

Der **Parc Naturel Régional des Vosges du Nord** im Naturpark Nordvogesen, Übernachtung im Hotel oder Gîte.

Horizons d'Alsace, 20 rue Charles de Gaulle, 68370 Orbey, ✆ 89 71 36 16; in mittleren Elsaß im Kaysersbergertal und an der Weinstraße, Übernachtung im Hotel.

Tourhôtels Alsace, Hôtel La Rubanerie, La Claquette 67570 Rothau, ✆ 88 97 01 95; Vogesenmassiv von Wissembourg bis Thann, Übernachtung im Hotel.

Rando Vosges, Hôtel La Roche des Fées, 67420 Saales, ✆ 88 98 70 90 oberes Bruchetal und Departement Vosges, Übernachtung im Hotel.

Office du Tourisme du Val d'Argent, Place du Prensureux, 68160 Ste-Marie-aux-Mines, ✆ 89 58 80 50 Vogesenwanderungen mit Führer Übernachtung im Refuge, einer Ferme Auberge oder im Hotel.

Loisir Accueil Haut-Rhin, B.P. 371 68007 Colmar, ✆ 89 20 10 62; Oberelsaß, Übernachtung im Hotel.

Die **Compagnie des Accompagnateurs en Montagne** in Munster organisiert Gruppenwanderungen für 6 bis 12 Personen nach individuellen Wünschen, Auskunft Office de Tourisme de la Vallée de Munster, place du Marché, 69140 Munster, ✆ 89 77 31 80.

Eine Liste von Hotels mit Gepäcktransport veröffentlicht der Club Vosgien.

Kostenlose Tageswanderungen und Halbtagswanderungen veranstalten der Parc Naturel Régional des Vosges du Nord und der Parc Naturel Régional des Ballons des Vosges. Ein Programm sämtlicher Wanderungen der Saison erhält man am jeweiligen Sitz der Naturparks.

Adressen der Naturparks: siehe Auskunft S. 230

TELEPHONIEREN

Auslandsgespräche:

Vorwahl von Deutschland **nach Frankreich:** ✆ 00 33;
Vorwahl von Frankreich **nach Deutschland:** ✆ 19 49 und die deutsche Ortskennzahl ohne die erste Null;
nach Österreich: ✆ 11 43;
in die Schweiz: ✆ 11 41.

Inlandsgespräche:

In die Provinz: 8 Ziffern, wobei die ersten beiden Ziffern der Vorwahl des Departements entsprechen: 88 für den Bas-Rhin, 89 für den Haut-Rhin.
Nach Paris: 16 1 und 8 Ziffern; bei Auslandsgesprächen nach Paris fällt die 16 weg.

Für die öffentlichen Fernsprecher kauft man auf der Post eine Telephonkarte (carte de téléphone). Die älteren Münzfernsprecher sind aber noch nicht überall verschwunden, und der Wanderer findet sie vornehmlich in einsamen Gegenden. Man braucht also eine Telefonkarte und Münzgeld.

UNTERKUNFT

Um die Unterkunft ist es sehr viel besser bestellt als um die öffentlichen Verkehrsmittel. Hier bietet das gastfreundliche Elsaß seinen Besuchern eine Fülle verschiedener Möglichkeiten – je nach Geschmack und Geldbeutel.

Hotels und Restaurants: Ein ausführliches Verzeichnis mit deutschen und englischen Erläuterungen wird jährlich von den beiden elsässischen Verkehrsämtern herausgegeben und ist dort kostenlos erhältlich. Auf den ersten Blick hilft auch der altbewährte Guide Michelin, der ebenfalls jährlich erscheint und in jeder Buchhandlung zu kaufen ist.

Logis de France sind Hotels mit mittlerem Komfort und guter regionaler Küche, die meist außerhalb der großen Städte liegen. Vor Ort erkennt man sie an ihrem Markenzeichen, dem gelben Kamin auf grünem Grund. Auch sie geben ein Verzeichnis heraus.

Die Organisation **Gîtes de France** vermittelt ein großes Angebot verhältnismäßig preiswerter Übernachtungsmöglichkeiten auf dem Lande – Markenzeichen ein grüner Kreis mit Haus und rotem gallischen Hahn.

Besonders beliebt sind die **Gîtes ruraux** geprüfte Ferienappartements und Häuser, die wochenweise oder übers Wochenende zu mieten sind, sowie die **Chambres d'Hôtes**, ein französisches *bed and breakfast*. Broschüren mit Adressen und Photos (*Guide des Chambres d'Hôtes, Bas-Rhin/Haut-Rhin* und *Vacances en Gîtes de France Bas-Rhin* oder *Haut-Rhin*) kauft man beim *Relais Départemental des Gîtes de France* oder den beiden elsässischen Verkehrsämtern.

Die Gîtes ruraux sind eine praktische Einrichtung zwischen Hotel und Camping, auch wenn man mit kleineren Kindern unterwegs ist. Für die Sommerferien muß man jedoch frühzeitig reservieren, weil es sehr viel Nachfrage gibt.

Camping: Ein jährlich neu erscheinendes Verzeichnis von ca. 150 offiziellen Campingplätzen gibt es kostenlos bei den beiden elsässischen Verkehrsämtern.– Die Gîtes de France bieten eine Reihe von Zeltplätzen auf dem Bauernhof an *(Camping à la Ferme)*, wo man manchmal auch landwirtschaftliche Produkte direkt vom Bauern kaufen kann.

Jugendherbergen *(Auberges de Jeunesse)*: Ein Verzeichnis der französischen Jugendherbergen erhält man bei der *Fédération Unie des Auberges de Jeunesse* (FUAJ), 27 rue Pajol, 75018 Paris, ✆ (1) 44 89 87 27. Jugendherbergen im Departement Bas-Rhin: Grandfontaine (bei Schirmeck im Bruchetal), Saverne, Strasbourg, Wœrth.
Jugendherbergen im Departement Haut-Rhin: Cernay (bei Mulhouse), Colmar, Lautenbach-Schellimatt (am Petit Ballon), Luttenbach-Munster, Mulhouse. Ausländer benötigen einen internationalen Jugendherbergsausweis, den man in Deutschland kaufen kann.

Zu diesen allgemeinen Unterkunftsmöglichkeiten kommen eine Reihe spezieller **Wanderherbergen**: die *Refuges* (Bergheime), die von verschiedenen örtlichen Vereinen betrieben werden (Club Vosgien, Club Alpin Français (CAF), Amis de la Nature (AN), Ski-Clubs, Sportvereine) sowie die den Gîtes de France angeschlossenen staatlich subventionierten *Gîtes d'Etapes*, die Schlafsäle (manchmal auch Einzelzimmer), Aufenthaltsräume und Kochgelegenheit bieten.

Alle Refuges, Gîtes d'Etape und Fermes Auberges (s. u.) sind in den TOP25 Karten eingezeichnet, und man erhält genauere Auskünfte beim örtlichen Fremdenverkehrsamt. Weil diese Unterkünfte oft nur übers Wochenende und in den Ferien geöffnet sind, muß man sich vor Antritt der Wanderung erkundigen und, falls man mit einer Gruppe unterwegs ist, unbedingt auch anmelden. Sonst steht man am Abend nach einem anstrengenden Marsch vor verschlossenen Türen oder findet kein Bett in der Herberge! Dabei ist es auch nicht immer ganz leicht, die für das Heim verantwortliche Privatperson zu erreichen.

Kostenlose Verzeichnisse der Gîtes d'Etape und/oder der Refuges erhält man beim Relais Départemental des Gîtes de France in Straßburg und Colmar sowie beim Club Vosgien in Straßburg (Liste der Clubheime).

Einfache Zimmer oder Gemeinschaftsräume zum Übernachten findet der Wanderer auch in einem Teil der **Fermes Auberges**. Ein *Guide des Fermes Auberges, Hautes Vosges – Alsace* (für den Haut-Rhin) wird in den elsässischen Verkehrsämtern verkauft. Im deutschen Buchhandel erhältlich: Klaus-Jürgen Grosse, Von Ferme zu Ferme in den Vogesen, Freiburg o. J. und Michèle Sturm, Bauern und Berggasthöfe in den Vogesen, 1989.

WANDERWEGE

Von Norden nach Süden führen drei große Wanderwege durch das Elsaß die vom Club Vosgien unterhalten werden:

Der **GR 5/53** (rotes Rechteck), 388 km Wissembourg – Niederbronn – Saverne – Donon – Champ du Feu – Grand Ballon – Ballon d'Alsace – Masevaux. Dieser Weg ist ein Teil des europäischen Fernwanderwegs (E2), der von der Nordsee über die Alpen ans das Mittelmeer führt. Die *Fédération Française de la Randonnée Pédestre* (FFRP) hat zu diesem Wanderweg einen detaillierten 88-seitigen Führer herausgegeben »Topo-Guide, GR 5–53, Crêtes des Vosges, Réf. 502«, mit dessen Informationen (Wegverlauf, Dauer der Etappe Einkehren und Unterkunft) man selber eine mehrtägige Wanderung auf dem GR 5/53 organisieren kann. Dieser Wanderführer ist beim Club Vosgien und im Buchhandel erhältlich.

Der **GR 531** (blaues Rechteck), 343 km: Soultz-sous-Forêt – La Petite-Pierre – Schneeberg – Schlucht – Drumont – Masevaux – Leymen. Ein Topo-Guide wird vom Club Vosgien herausgegeben.

Der **GR 532** (gelbes Rechteck), 358 km: Wissembourg – Wœrth – Phalsbourg – Taennchel – Petit Ballon – Vogelsteine – Sudel – Belfort – Ferrette – Mulhouse. Ein Topo-Guide des Club Vosgien ist in Vorbereitung.

Ein **Ost-Westwanderweg**, *Sentier des Ducs* (gelbe Raute), zwischen Ludwigsburg bei Stuttgart und Montbéliard (Doubs) wird zur Zeit angelegt. Er ist im elsässischen Teil bereits ausgeschildert, aber noch nicht auf allen Karten vermerkt: Marckolsheim – Sélestat – Villé – Saales – Epinal (Vosges).

Drei weitere, grenzübergreifende Wanderrouten verlaufen ebenfalls ein gutes Stück über elsässisches Gebiet und benutzen hier streckenweise die schon vorhandenen Hauptwanderwege.

Im **Nordelsaß:**
Der Wanderweg *Tres Tabernae* (rote Raute): Rheinzabern – Bad Bergzabern – Wissembourg – Saverne. Karte: TOP25 3814 ET (Haguenau, Wissembourg); TOP25 3714 ET (La Petite Pierre); TOP25 3715 OT (Saverne, Sarrebourg).

Im **Südelsaß:**
Der Dreiländerweg *(Sentier des Trois Pays)* führt durch den Schwarzwald, die Vogesen und den Jura; Grenzübergänge bei Alt-Breisach und Lucelle.

Der *Sentier Interregio* führt durch den Breisgau, den Sundgau und den Kanton Basel-Land (drei schwarze Rechtecke auf gelbem Grund oder rote Raute): Grenzübergänge bei Bad Bellingen und Ferrette/Rodersdorf.

WETTERBERICHT

Regelmäßige Wetterberichte und Voraussagen für die nächsten Tage bringen die großen elsässischen Tageszeitungen *Dernières Nouvelles d'Alsace* (DNA) und *L'Alsace*. Eine telephonische Wetterprognose für das Departement Bas-Rhin erhält man unter ℂ 36 68 02 67, für das Departement Haut-Rhin wählt man ℂ 36 68 02 68. Recht zuverlässig sind auch die Wetternachrichten des deutschen Südwestfunks.

ZECKEN

Ein Zeckenbiß sollte keinesfalls verharmlost werden, da Zecken den Virus der Hirnhautentzündung auf den Menschen übertragen können. Zecken finden sich vor allem in den Monaten Mai bis September in Mischwäldern, Jungwäldern, Kahlschlaggebieten und Dikkicht der Waldränder und Lichtungen, an Stellen also, wo sich auch Kleinsäuger aufhalten. Sie lassen sich auf vorbeikommende Warmblüter, also auch auf Menschen herabfallen, bohren sich durch die Haut und saugen sich fest. Eine Zecke sollte niemals gewaltsam entfernt werden, da sonst ihr Kopf in der Haut steckenbleiben könnte. Auch durch Beträufeln mit Öl, wie häufig empfohlen, läßt sie sich nicht entfernen, sie gerät dabei vielmehr in Atemnot und sondert besonders viel Flüssigkeit ab. Statt dessen hebelt man sie vorsichtig heraus und achtet darauf, das ganze Tier zu erwischen. Am besten sucht man schnellstmöglich einen Arzt auf. Der beste Schutz gegen Zecken ist eine Impfung, die jeder Arzt vornehmen kann.

Orts- und Personenregister

DUMONT

RICHTIG WANDERN

»Richtig Wandern‹ mit DUMONT, den ungemein brauchbaren, vielseitig informierenden, praktisch orientierenden besonderen Wanderführern. Die Bände machen einfach Lust, das Ränzel zu schnüren und den vorgeschlagenen Routen zu folgen. Wobei die Wanderungen nicht mit Scheuklappen unternommen werden, sondern sehr viel an Kultur und Geschichte mitgenommen wird.«

Oberösterreichische Nachrichten

»Jede Wanderung wird anhand einer Übersichtskarte und eines Kurztextes beschrieben. Länge, Dauer, Höhenunterschiede, Markierungen, Einkehrmöglichkeiten und Anfahrt sind in Stichpunkten übersichtlich dargestellt. Außerdem bieten die Bände noch zusätzliche interessante Hintergrundinformationen über Geschichte und Kultur.«

Aschaffenburger Zeitung

Weitere Informationen über die Titel der Reihe DUMONT Richtig Wandern erhalten Sie bei Ihrem Buchhändler oder beim DUMONT Buchverlag • Postfach 10 10 45 • 50450 Köln.

DUMONT